KB048204

# TAKEOUT 유럽역사문명

초판 1쇄 인쇄 2023년 11월 13일
초판 1쇄 발행 2023년 11월 17일

지은이 하광용
펴낸이 정해종

펴낸곳 ㈜파람북
출판등록 2018년 4월 30일 제2018-000126호
주소 서울특별시 마포구 토정로 222 한국출판콘텐츠센터 303호
전자우편 info@parambook.co.kr
인스타그램 @param.book
페이스북 www.facebook.com/parambook
네이버 포스트 m.post.naver.com/parambook
전화 (편집) 02-2038-2633 (마케팅) 070-4353-0561

**ISBN** 979-11-92964-68-3 03300
책값은 뒤표지에 있습니다.

이 책은 저작물 저작권법에 따라 보호받는 저작물이므로 무단 전재와 복제를 금하며, 이 책 내용의 전부 또는 일부를 이용하시려면 반드시 저작권자와 ㈜파람북의 서면 동의를 받아야 합니다.

# TAKE OUT
유럽역사문명

하광용 지음

파람북

예술과 문화를 빼고 유럽을 말할 수 없는 것처럼, 유럽의 역사와 문명을 빼고 현대의 교양을 얘기할 수 없다. 예술과 문화에 이어 역사와 문명으로 마침내 유럽의 퍼즐이 맞춰졌다. 단체여행 유럽에서 벗어나 교양의 오솔길을 걷고 싶다면 이 책을 적극 추천한다.

김창완 | 산울림 · 김창완밴드 아티스트

하광용 작가는 순식간에 독자들 앞에 유럽의 고풍스러운 풍경을 펼쳐놓는가 하면 당대의 이야기 속으로 걷잡을 수 없이 빠져들게 하는 신기한 마법을 지녔다. 한 편의 이야기가 끝날 때마다 하나의 사건이 생생히 재구성되는 놀라운 경험을, 이 책을 통해 얻는다.

박재범 | 전 주프랑스 한국문화원장

독서를 강요하지 않으면서도 책을 덮을 수 없게 만드는 책이다. 겸손한 태도로 조곤조곤, 그러나 결코 자리를 뜰 수 없게 만드는 타고난 이야기꾼의 솜씨를 그에게서 발견한다. 몰입의 즐거움, 유익함이 채워지는 기쁨이 이 책 안에 있다.

황주리 | 화가 · 소설가 · 수필가

학창 시절 역사와 인문지리를 좋아했습니다. 그리고 예체능 과목에 해당하는 음악, 미술도 좋아

했습니다. 틈틈이 교과서 이외의 인문 서적을 탐독하고 교내 밴드부와 미술부에서 과외

활동을 하는 것이 학창 시절 저의 일상이었습니다. 문학도 좋아했지만, 그것과 연결된

교과 과정은 딱히 없었으니 유일한 방법은 누구에게나 그렇듯 독서였습니다. 주로 소설

을 즐겨 읽었습니다. 대학에서 문학을 전공했지만, 문학을 본격적으로 배웠다는 느낌은

들지 않습니다. 왠지 문과대라고 하면 문학에 속한 특정 장르나 작품을, 또는 작가를, 아

니면 그 장르의 글을 쓰는 법을 깊이 있게 배우는 곳을 연상하게 되지만, 학부 과정만으

론 그런 경지에 도달하기 부족했고 게다가 글쓰기 자체는 전공에서 그리 중요하게 다루

지 않았던 것입니다. 문학이라는 전공이 취업을 위한 과정일 뿐일까도 싶었지만. 그럼

에도 문학의 소양만큼은 얻어갈 수 있었습니다. 이렇게 저는 철저하게 문과적인 배경과

흥미 속에 학창 시절을 보냈습니다.


그리고 사회에 나와서 정확히 32년간 광고 일을 했습니다. 광고회사에서 글을 주업으로 하는 카

피라이터가 아닌, 광고주를 응대하고 광고 전략을 세우며 프로젝트를 코디네이션하는

기획(AE, account executive)이 오랫동안 제 주요 업무였습니다. 관리자나 경영자로 올

라서자 기획과 크리에이티브까지 모두 총괄하게 되었지만요. 다행히 광고는 저와 잘 맞

는 일이었습니다. 어렸을 때부터 폭넓게 형성되어 온 저의 인문학적 배경이 다양한 산

업과 업종의 상품들을 소비자에게 설득시키는 광고와 잘 어울렸던 것입니다. 그 현장에

서 정말 많은 사람을 만나며 다양한 사회 경험을 하였습니다.

2021년 4월, 직장 생활 말년에 생각지 않게 한 권의 책을 냈습니다. 그간 틈틈이 써놓은 글을 모아

서 펴낸 책이었습니다. 사실 제가 책을 낸다는 것은 언감생심에 전혀 생각하지도 못한

일이었는데, 당시 먼저 책을 낸 시인이자 광고주인 송종찬 님과 작가 친구인 계정민 교

수의 강력한(?) 권유로 용기 아닌 용기를 내어 저지른 일이었습니다. 그 책이 저의 처녀

작인 《지명에서 이순으로의 기행》이라는 책입니다. 제가 어렸을 때부터 학습해 온 인문

학적인 소재와 내용에, 제가 살아오며 겪은 경험을 녹여 쓴 인문교양 에세이입니다.


그때부터 저의 운명이 바뀌었습니다. 출간 후 얼마 지나지 않아 인터넷 언론사인 《뉴스버스》가

창간하면서 저와 선이 닿아 매 주말 〈하광용의 인문기행〉이란 코너에 인문교양 칼럼을

연재하게 된 것입니다. 사실 주 1회 글을 올리는 것이 의무는 아니었지만, 저 스스로 다

짐하고 그렇게 진행해 왔습니다. 그렇게 딱 1년만 한 주도 거르지 말고 써보자며 시작했

는데 막상 1년이 되니 그 루틴을 깨기 싫어 지난 7월 초 2년을 넘겼습니다. 그간 매주 토

요일 아침 신작 영화를 개봉하는 기분으로 원고지 50매 가까운 분량의 글을 써왔습니

다. 회당 1주일에 불과한 원고 집필 기간 안에 계속 새로운 인문학적 소재를 발굴하고

제 안에서 글로 풀어내는 일은 만만치 않았습니다. 과거엔 피상적으로만 알던 것을 좀

더 많은 자료와 관련 서적들을 찾아 읽으며 진정한 앎이 무엇인지 깨닫기도 했고, 때론

확인차 직접 현장을 찾아가 취재에 돌입하기도 했습니다.

이렇게 학창 시절부터 머릿속에만 있던 지식들이 강화되어 저만의 글로 태어났습니다. 그사이 사람들은 제게 '작가'라는 호칭을 붙여주었습니다. 불과 2년 전만 해도 직업인으로는 오직 광고인 하나만 존재하던 제 인생에 작가라는 새로운 인물이 불쑥 들어온 것입니다. 사람들이 자연스럽게 작가라고 부르면 듣는 저는 난색하며 받아들이곤 합니다. 이전에 입던 옷이 아닌 갈아입은 새 옷이 아직은 어색한 것이지요. 하지만 저는 제 나머지 인생이 작가로서의 삶으로 채워지길 소망합니다. 호칭이 무엇이든, 많은 책을 읽고 생각하고 경험하고 글을 쓰면서 학창시절부터 동경해온 르네상스적 인간으로 살았으면 합니다.

사람이 쉽게 변하지 않는 것처럼, 저의 글에도 굳어진 스타일이 있고 일정한 패턴이 있는 것 같습니다. 그것은 '학습과 경험'이라는 키워드로 요약됩니다. 사람이 살면서 무엇을 깨우치고 터득하는 데에는 두 가지 경로가 있는데 하나가 '학습'이고, 다른 하나가 '경험'일 것입니다. 학습은 타인이 만들어놓은 결과물을 배우는 것입니다. 그것은 학문적인 내공이 깊은 위대한 대가들이 만든 것입니다. 그것을 우리는 '지식'이라고 부릅니다. 그리고 학습을 통해 우리는 그 지식을 습득합니다. 하지만 경험은 학문과는 상관이 없습니다. 학교라곤 근처도 못 가본 두메산골 어르신의 말속에 인생의 철학이 녹아있기도 하니까요. 그가 아무렇지도 않게 던진 말의 심오함은 그의 평생 경험에서 유래할 것입니다. 객관적으로 입증된 학문과는 달리 주관적이고 직관적인 것이지요. 이런 경험의 결과물을 우리는 '지혜'라고 부릅니다. 사람마다 학습과 경험의 크기는 다를 것입니다. 학자라면 학습이 압도적으로 높을 것입니다. 그리고 사안마다 학습과 경험이 다르게 작용할 것입니다. 때론 육법전서의 학습보다 현장의 경험이 문제 해결에 더 유용하기도 하니까요.

《테이크아웃 유럽역사문명》은 이렇듯 저의 인문학적 학습과 삶 속의 경험이 어우러진 인문교양

에세이입니다. 지난 6월 말 먼저 출간된 《테이크아웃 유럽예술문화》와 한 세트로 구성

된 책입니다. 유럽의 문명을 태동시킨 종교와 신화부터 시작해 시대별로 유럽 역사의

헤게모니를 쥐었던 주요 사건과 숨겨진 작은 역사를 찾아내어 주제별로 분류해서 작성

하였습니다. 더 크고 중요한 역사적 사건들도 많이 있겠지만 작가인 저의 취향과 지식

의 크기에 맞게 주제들이 선택되었습니다. 물론 제가 방문한 여행지의 경험이 우선한

글도 있습니다. 여전히 강단 위의 학자가 아니라 호기심 많은 어느 한 광고인의 시각에

서 쓴 책입니다. 그래서 상대적으로 이 책은 내용이 쉽고 가벼울 것입니다. 그렇게 읽히

길 희망합니다. 제목에서 보이듯 이 책은 커피 한 잔과 함께 들고 다니기에도 좋고, 필요

한 것만 빼내어 읽기에도 좋을 것입니다. 거기에 더해진 저의 경험이 독자에게 공감까

지 준다면 금상첨화일 것입니다. 모쪼록 유럽을 주제로 한 저의 이 두 권의 책이 유럽을

사랑하는 독자님을 행복하게 했으면 좋겠습니다.

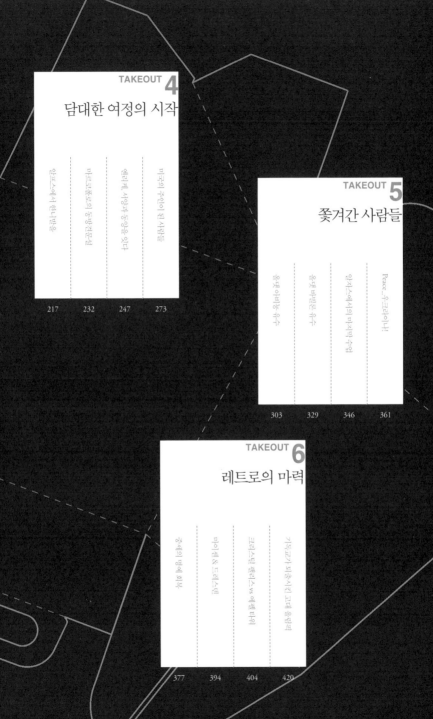

TAKEOUT **1**

믿음에 얽힌 이야기

그리스 신화 vs 기독교 신화

가톨릭과 정교회

로마 가톨릭과 동방정교회

유 고 유고슬라비아

유 고 유고슬라비아

하늘에 계신 하느님 / 하나님은 하나?

# 그리스 신화 vs 기독교 신화

지난 연말 〈재벌집 막내아들〉에 등장한 어떤 그림을 보고 이 글을 쓰게 되었습니다. 제겐 고마운 드라마 속 그림입니다. 이런 글감을 주었으니 말입니다. 그리스 신화는 신화지만 종교가 들어있고, 기독교는 종교지만 신화도 들어있어 서로 비교해보았습니다. 이후 이들이 구축한 헬레니즘과 헤브라이즘은 서구 문명의 양대 축이 되었습니다.

# 재벌집 아들과 신화의 아들

지난 연말 장안의 화제가 되었던 JTBC TV의 드라마 〈재벌집 막내아들〉이 설왕설래 속에 막을 내렸습니다. 크리스마스에 방영된 마지막 회의 결말 처리에 멘탈이 붕괴된 시청자들이 많아서 그랬습니다. 그만큼 인기가 좋았다는 것을 방증한 반응이었을 것입니다. 시청률이 정점을 찍는 인기 드라마의 하이라이트인 마지막 회엔 시청자들의 기대감도 정점을 찍으며 그간 꼬인 실타래를 시원하게 풀어주는 결과를 기대하기에 제작진은 고심을 할 수밖에 없습니다. 그래서 시청자들의 반응을 보며 본래의 결말과 다른 길을 가기도 하는데 이 드라마도 역시 원작과는 다른 길을 선택하였습니다. 원작대로 가지 않은 비난을 감수하면서도 그 모든 것을 감안한 최적의 선택이었을 것입니다.

16부작인 이 드라마의 15회에 한 서양 화가의 명화가 등장했습니다. 스페인 출신인 고야의 〈아들을 잡아먹는 크로노스〉였습니다. 그 그림은 〈옷을 입은 마하〉, 〈옷을 벗은 마하〉 등의 여체 시리즈로 종교 재판에 회부될 정도로 아름다운 그림을 먼저 떠올리게 하는 그의 작품답지 않게 충격적인 장면으로 보는 순간 섬뜩함까지 안겨줍니다. 대개 무서운 신화나 종교의 장면도 회화나 조소에선 장르의 특성상

드라마 〈재벌집 막내아들〉에 등장한 〈아들을 잡아먹는 크로노스〉 | 고야 | 1823

예술성 있게 처리하는 것이 통례인데 이 그림은 오히려 사실성 그 이상으로 그로테스크하게 처리해 마치 호러물을 보는 듯합니다. 아들을 잡아먹는다는 충격적인 제목에 걸맞게 말입니다. 그리스 신화에 등장하는 〈아들을 잡아먹는 크로노스〉는 이런 충격성 때문인지 고야를 비롯한 루벤스 등 여러 화가들에게 맛난 먹잇감처럼 좋은 그림감이 되어 왔습니다.

제우스가 아버지를 물리치고 왕좌를 차지했지만 그것은 그 집안의 반복된 역사였습니다. 그의 아버지인 크로노스도 또 그의 아버지인 우라노스를 물리치고 권력을 잡은 것이었으니까요. 제우스의 할아버지 우라노스는 하늘이고 씨를 뿌리는 남성을 상징해 기업으로 치면 이 세상의 창업자였습니다. 할머니인 가이아는 대지이고 출산을 상징하는 여신이었는데 하늘인 우라노스가 내려와 대지를 덮으면 그들 사이에 많은 자식들이 탄생했습니다. 하지만 우라노스가 그들 자식들 중 흉측한 아들들을 어둠 속에 가두자 그와의 동침이 싫어진 가이아는 아들인 크로노스와 작당하여 그를 제거하기로 합니다.

결국 크로노스는 아버지 우라노스가 어머니 가이아와 동침하기 위해 땅에 내려왔을 때 그의 남근을 싹둑 잘라 바다에 던져버렸습니다. 그의 권력의 상징과도 같은 남성성, 씨를 잃은 우라노스는 그 순간

아내 레아로부터 제우스인 줄 알고 강보에 싼 돌덩이를 건네받는
크로노스 | 기원전 5세기 중반의 채색 토기

무용지물이 되며 아들인 크로노스에게 권력을 이양하게 됩니다. 하지만 그렇게 권력을 잡은 크로노스였지만 그 역시 그런 역사가 반복될 것이라는 아버지의 저주를 듣고 그것을 피하려 자식들을 낳는 족족 잡아먹은 것인데 우라노스의 손자인 막내아들인 제우스에겐 된통 당한 것입니다.

그리스 신화의 이 3대 이야기는 흡사 드라마 〈재벌집 막내아들〉의 3대를 그대로 연상하게 합니다. 드라마 속 진양철(이성민) 회장의 총수 자리를 노리는 자식들과 그 손자들, 그리고 그것을 끝까지 사수하려는 아버지와 할아버지의 힘겨루기가 우라노스와 크로노스, 그리고 제우스에게로 이어지는 권력의 대물림과 유사하다는 것입니다. 웹소설 원작에선 그리스 신화와 마찬가지로 막내손자이자 막내아들인 진도준(송준기)이 회장으로 취임합니다. 그리고 신화에서도 막내아들 진도준의 독백처럼 일어날 일은 반드시 일어났습니다. 그리스 신화에서 크로노스에게 일어난 이런 불길한 예언적 서사의 실현은 이후 아버지를 죽이고 엄마와 결혼한 오이디푸스 왕, 발뒤꿈치에 급소를 가진 트로이 전쟁의 최고 영웅 아킬레우스, 그리고 저승의 신 하데스의 허락을 받고 아내인 에우리디케를 구하려 명부의 세계로 내려간 오르페우스의 비극 등에서 여지없이 나타났습니다.

## 다신으로 복잡한 그리스 신화

그리스 신화의 도입부인 이 3명의 지배자 이야기는 세상의 탄생 신화입니다. 3대 지배자인 제우스는 헤라와 결혼하고 이후 탄탄한 권력을 구축해가며 세상을 안정적으로 다스리게 됩니다. 물론 그렇다 해도 주신인 제우스 그 자신부터 바람 잘 날 없는 바람기로 많은 이야기들이 신화엔 계속해서 등장하지만 그의 권력을 넘볼 자는 더 이상 등장하지 않습니다. 이렇듯 신화의 초장임에도 벌써 많은 신들이

등장했습니다. 우라노스 부부와 그의 자식들, 크로노스 부부와 그의
형제들인 티탄족, 제우스 부부와 그와 권력을 나눈 남매들, 그리고
제우스의 통치 기반인 올림포스 산상의 12신과 또 그들의 가족 등
벌써 일일이 세기에도 벅찬 많은 신들이 등장했지만 이것은 시작에
불과합니다. 이 신들이 또 많은 신들과 엮여 더 많은 신들이 출현하
고 태어나니까요. 아, 앞에 크로노스가 잘라서 힘껏 바다로 던진 우
라노스의 남근에서도 거품이 일어 한 신이 태어났는데 그는, 아니 그
녀는 미의 여신으로 불리는 아프로디테입니다. 우라노스의 남근은
오늘날 키프로스섬 앞바다에 떨어졌습니다.


참으로 골치 아픈 그리스 신화의 세계입니다. 그런데 정작 아직 인간
은 태어나지도 않았습니다. 우리 인간은 신화의 여러 곳에서 등장하

는데 그중 대표적으로 알려진 창조 신화는 프로메테우스가 인간을 만들었다는 것입니다. 그는 진흙으로 최초의 인간을 창조했는데 그가 그렇게 직접 만든 인간이기에 애정을 느껴 제우스가 인간에게 빼앗아 간 불을 다시 몰래 전해준 것입니다. 그 결과 그는 제우스의 분노로 코카서스 산에 묶여 독수리에게 간을 쪼이는 영원한 형벌을 받게 됩니다.

또한 아프로디테의 남편인 대장장이 신인 헤파이스토스도 제우스의 지시에 의해 남자들만 잔뜩 있던 인간 세상에 최초의 여자를 만들었는데 그녀가 바로 판도라입니다. 그녀는 금단의 상자를 열어 인간의 희로애락과 생로병사 등을 다 날려 보내고 희망만을 그 상자에 가두었습니다. 한편 조각가인 피그말리온도 인간을 창조했는데 그는 그가 조각한 여인상을 사랑한 나머지 그 차가운 조각상이 실제 아름다운 여인 갈라테이아로 변신하는 행운을 누려 그녀와 결혼까지 하게 됩니다. 같은 키프로스 출신인 미의 여신 아프로디테가 그의 기도를 들어주었습니다.

한마디로 복잡합니다. 세상 탄생도 복잡하고, 신들 탄생도 복잡하며, 그 숫자는 많고 가계는 이쪽저쪽으로 얽혀 있습니다. 인간의 출현 또한 복잡합니다. 한 곳도 아니고 여러 곳에서 말입니다. 이렇게 복잡

〈피그말리온과 갈라테이아〉 | 장 레옹 제롬 | 1890

함에도 이후 지중해의 새로운 패자가 된 로마는 과거 그리스를 동경하여 이 복잡한 신화를 그대로 승계하였습니다. 그래서 우라노스Ouranos는 카일루스Caelus로, 크로노스Kronos는 사투르누스Saturnus로, 제우스Zeus는 유피테르Jupiter 등의 로마식 이름으로 바뀌었습니다. 영어로는 우라누스Uranus, 새턴Saturn, 주피터Jupiter가 그들입니다. 물론 이들 지배자들뿐만 아니라 올림포스산을 비롯하여 세상의 숲과 강과 바다, 그리고 지하에 살던 그 많은 신들까지 모두 문패를 로마자로 새로 달고 그리스의 신에서 로마의 신으로 바뀌었습니다. 즉 로마 신화는 그리스 신화와 똑같다고 할 정도로 거의 일치합니다. 이 신화는 서로마 멸망 후 잠들어 있다가 기나긴 중세 천 년을 건너뛰고 르네상스 시기에 다시 한번 찬란하게 부활합니다. 수많은 대가들의 작품 속에서 그리스 신화가 다시 태어난 것입니다. 위의 고야의 〈아들을 잡아먹는 크로노스〉는 르네상스 이후인 근대 19세기의 작품입니다.

## 유일신으로 단순한 기독교

기독교는 단순합니다. 이 단순함은 그리스 신화에 비하면 더욱 단순해 보입니다. 일단 기독교엔 신이 딱 한 명밖에 없습니다. 야훼, 또는 여호와라 불리는 하느님, 또는 하나님이 유일한 신이기에 그렇습니다. 그는 세상도 단 6일 만에 창조하였습니다. 그것도 그가 짠 계획표에 따라 질서정연하게 순차적으로 하루하루 정확하게 만들었습니다. 낮에는 일하고 밤에는 쉬었을 것입니다.

온갖 신들이 등장하는 그리스 신화 속에서 세상을 창조하는데 걸린 시간은 정확하지 않습니다. 혼돈 그 자체인 카오스에서 튀어나온 가이아가, 처녀성으로 잉태하여 낳은 아들인 우라노스와 부부 관계를 맺고 세상을 창조하기 시작했는데, 그 창조는 계속해서 미완의 세계를 보완하며 완성해 갔습니다. 그러니 카오스의 세계에서 코스모스의 세계까지는 꽤나 시간이 걸렸을 것입니다. 물론 신들의 자식은 잉태 기간이 10개월이 걸리는 인간과는 달리 위의 아프로디테처럼 순식간에 태어나기도 합니다. 그녀가 우라노스의 남근이 떨어진 거품 바다에서 태어날 때 그것을 절단시킨 크로노스의 낫에 흐른 피에서도 3명의 자식들이 태어났으니까요. 역시나 그들 또한 모두 이런저런 일을 담당하는 신이 되었습니다. 아니 복잡할 수밖에 없는 그리스 신화의 세계입니다.

기독교의 유일신인 여호와는 우리 인간 또한 매우 심플하게 만들었습니다. 그가 작업 6일 차에 한 일이 인간을 창조한 일이었으니까요. 흙에 그의 생기를 불어넣어 최초의 인간인 남자 아담을 창조하였는데 그가 외로워 보여 그의 갈빗대를 하나 떼어내어 최초의 여자인 이

뱀의 유혹으로 선악과를 먹으려 하는 아담과 이브 | 루카스 크라나흐 | 1526

브도 만들었습니다. 최초의 인간인 그들은 그리스 신화 속 인간들과
는 달리 처음엔 일할 필요가 없었습니다. 프로메테우스가 전달한 문
명인 불 같은 것이 필요 없었다는 것입니다.

그리스의 주신인 제우스는 처음엔 인간을 싫어해서 인간에게서 불을 빼앗았는데 그것에 저항한 프로메테우스가 헤파이스토스의 대장간에 있던 그 불씨를 몰래 빼와 다시 인간에게 전해준 것이었습니다. 그 사건으로 인해 형벌에 처해진 프로메테우스는 훗날 헤라클레스의 도움으로 풀려났는데, 그는 그때도 여전히 인간 편에 서서 제우스와 단판 협상을 벌였습니다. 결국 제우스는 대세에 밀려 그때부터 인간과 정상적이고 평화적인 관계가 되었습니다. 하지만 기독교의 신 여호와는 처음부터 인간을 끔찍이 생각해 에덴동산을 조성해 그 안에 인간의 의식주에 필요한 모든 것을 다 갖다 놓았습니다. 아, 의복은 필요 없었겠네요. 뱀이 꼬드긴 선악과를 따서 먹기 전엔 말입니다.

이렇듯 그리스 신화 대비 참으로 심플하고 쉬운 기독교의 천지창조이고 인간창조입니다. 보듯 이 기독교의 신은 인간을 대하는 태도도 달랐습니다. 그리고 그 신은 자식 문제도 심플했습니다. 천지창조 이후 먼 훗날 그의 아들 예수 그리스도가 태어났는데, 그는 그리스의 주신들과는 달리 복잡한 형제들이 없었습니다. 유일신 여호와의 유일한 자식이었기 때문입니다. 그 독생자는 아버지를 해친 그리스 주신의 아들들과는 달리 영의 아버지인 여호와에겐 극진한 효자였습니다. 따스하고 보드라운 침대가 아닌 말 먹이통에서 태어나게 하고,

30년간 가난과 노동 속에 살게 했으며, 결국은 33세인 젊은 나이에 십자가에 매달려 죽게 했는데도 그는 그런 아버지를 원망하지 않고 죽음까지 담담하게 맞이하였습니다. 고통 속에 죽기 바로 전 피할 수만 있다면 피하게 해 달라는 것이 하늘에 계신 아버지에게 부탁한 전부였으니까요. 위의 그리스 신화의 막장 드라마와도 같은 비정상적인 부자 관계와는 전혀 다른 예수 그리스도와 여호와 아버지 간의 지극히 정상적인 부자 관계였습니다.

## 기독교의 승리

드디어 이런 기독교의 유일신과 그리스 신화를 그대로 계승한 로마의 다신이 만나게 됩니다. 예수 그리스도가 30세가 되는 시점인 서기 30년부터입니다. 그로부터 3년 후인 33세에 죽은 그의 공생애가 시작된 연도입니다. 그전까지 그는 30년간 육신의 아버지인 요셉에게도 극진해 그의 목수 일을 도우며 살았으나, 이후 3년은 영의 아버지인 여호와를 위해 살았습니다. 처음에 기독교의 신은 로마의 많은 신들과 전혀 상대가 안 되었습니다. 당시 예수 그리스도의 기독교는 로마의 한 속주인 유대 왕국의 지역 종교에 불과했으니까요. 게다가 식민지 지역의 지배층도 아니고 피지배층에게서 발생한 종교이니 그것은 당연하다고 하겠습니다. 하지만 기적이 일어나기 시작했습

구름 군중 앞에서 열린, 예수 그리스도 설교의 백미인 〈산상수훈〉 | 코시모 로셀리 | 1481

니다. 물론 그 기적은 장시간 로마인의 많은 탄압을 신앙으로 버텨낸
기독교인의 더 많은 희생을 전제로 합니다만, 결국은 우리가 역사에
서 목도하듯이 기독교는 최종 승자가 되었습니다.

예수 그리스도 사후 300년가량이 지난 313년, 결국 지배자 로마 제
국은 기독교를 공인했고, 392년 그 기독교는 그 제국의 국교까지 되
었습니다. 그리스와 로마 신화의 그 많은 신들이 들어앉았던 자리에
기독교의 유일신 단 한 명만이 들어서게 된 것입니다. 과거 로마가
지배했던 그 많고 넓은 지역엔 도시마다 그 도시가 숭상하는 신화 속
신들의 거소인 신전이 있었는데, 이제 그곳은 유사시 신탁을 받는 종

교 제단이 아닌 역사의 유적지가 되고, 후대엔 관광지가 되었습니다. 영화 〈글래디에이터〉에서 로마의 무장 막시무스로 분한 러셀 크로가 대사를 앞두고 출정 전 그의 가족의 조그만 신상들 앞에 무릎 꿇고 기도하는 모습도 떠오릅니다. 아마도 그가 200년 정도만 늦게 태어났어도 그 앞엔 기독교의 십자가가 놓여 있었을 것입니다.

## 기독교와 마케팅 불변의 법칙

《마케팅 불변의 법칙》이란 책이 있습니다. 미국의 마케팅 전문가인 잭 트라우트와 알 리스가 1993년도에 펴낸 책으로 마케팅을 하는 사람들에겐 아직도 교과서와도 같은 책입니다. 그 책엔 22가지의 마케팅 불변의 법칙이 나오는데 그중 하나가 '단일의 법칙'입니다. 즉 하나로 힘을 집약해서 싸워야 마케팅 전쟁에서 승리한다는 것입니다. 그래서 마케팅의 대표적인 수단인 광고를 할 경우 소비자에게 많은 것을 전달해주고 싶다고 해서 많은 메시지를 던지면 안 된다는 것입니다. 그 메시지들이 분산되어 오히려 도달력과 침투력이 약해질 수밖에 없게 되니까요. 이는 앞에 있는 사람에게 많은 공을 던지면 혼란스러워 단 한 개의 공도 받지 못하는 것과 같은 이치입니다. 하지만 하나만 던지면 그 공은 누구든 쉽게 받을 수 있습니다. 그만큼 싱글 콘셉트하에 단일화된 메시지 SMP, Single Minded Proposition 의 힘은 정확하고 강합니다.

그리스와 로마 신화보다 훨씬 불리한 여건에서 뒤늦게 출발한 기독교가 당시 세계 제국 로마에서 최후의 승자가 될 수 있었던 것에는 여러 요인들이 있겠으나 이런 유일신에서 오는 단일의 법칙도 큰 요인일 것입니다. 로마 제국의 영토가 확장됨에 따라 로마인들은 새로 지배하게 된 식민지에 그들의 제도는 물론 사상과 종교도 전이시켜야 하는데 복잡하고 어려운 그리스와 로마의 수많은 신들로는 매우 힘들었을 것입니다. 하지만 기독교는 유일신에 복잡하지 않은 교리로 그런 허들을 쉽게 넘을 수 있었습니다. 한마디로 종교를 통한 사상 통합에 굉장히 유리했다는 것입니다. 그리고 그리스와 로마 신화 속엔 주로 전쟁, 부정, 배신, 비극, 기담 등이 가득 차있는데 반하여 기독교의 교리는 믿음, 소망, 사랑을 중심으로 구성되어 있으니 낮고 가난한 피지배층에게 침투시키기가 매우 용이했을 것입니다.

세계 제국으로 가는 로마는 이렇게 신화에 근거한 그들의 토착 종교를 포기하고 그들이 탄압했던 기독교를 선택했습니다. 결국 그 선택은 이후 로마를 천 년 넘게 더 가게 했으며, 이후 로마는 망해도 기독교는 망하긴커녕 로마를 벗어나 진정한 전 세계의 종교까지 되었습니다. 유일신인 데다가 쉬우면서도, 낮고 가난한 자들을 위한, 그 누구든 차별하지 않는 차별성을 갖춘 보편성으로 그것이 가능했습니다. 이렇게 보면 기독교의 성공은 마케팅 불변의 법칙 중에서 단일의 법칙 한 가지뿐만이 아니라 그 책에 나오는 전체 22개의 법칙을 모두 다 적용해도 무방할 것입니다. 종교든 마케팅이든 사람의 마음을 움직여야 하는 것은 동일하니까요. 그리스 신화에 근거한 문화와 정신인 헬레니즘과 기독교 세계관에 기초한 헤브라이즘은 오늘날 서구 문명을 이룬 양대 축으로 평가되고 있습니다.

# 율리우스력과 동방정교회

크리스마스가 2주 남은 오늘, 세 사람의 동방박사는 밤하늘에 나타난 범상치 않은 별빛을 보고 예루살렘을 향한 먼 길을 벌써 출발했을지도 모릅니다. 바야흐로 크리스마스 시즌입니다. 거리는 온통 대형 크리스마스트리와 첨단 오색 불빛으로 찬란하게 빛나고 있습니다. 하지만 지구촌 어떤 사람들은 지금쯤 크리스마스트리로 쓸 전나무를 베고 있을지도 모릅니다. 러시아의 10월 혁명은 10월에 일어나지 않았습니다. 11월 5일에 일어났습니다. 그런데도 왜 그렇게 부를까요?

# 동방의 크리스마스

크리스마스가 2주 남았습니다. 올해2021는 크리스마스가 주말이네요. 세 사람의 동방박사는 밤하늘에 나타난 신기한 별빛을 보고 예루살렘을 향한 머나먼 길을 벌써 출발했을지도 모릅니다. 거리는 대형 크리스마스트리와 오색 불빛으로 찬란하게 빛나고 있습니다. 캐럴 소리는 갈수록 작아지는데 크리스마스트리는 갈수록 화려해지는 듯합니다. 게다가 크리스마스의 첨병인 백화점들의 특수 경쟁은 첨단 표출 미디어의 발달로 더욱 스펙터클해지고 있습니다.

바야흐로 크리스마스 시즌입니다. 크리스마스 하면 가장 먼저 떠오르는 영화 〈러브 액츄얼리〉에선 5주 전부터 세상의 연인들이 크리스마스를 향해 더 일찌감치 출발을 합니다. 그런데 온 세상이 이렇게 시끌벅적하게 D-day인 12월 25일을 향해 가는데 기독교도임에도 예수 그리스도의 탄생일을 다른 날에 쇠는 사람들이 있습니다. 그들은 지금쯤 크리스마스트리로 쓸 전나무를 베고 있을지도 모릅니다.

러시아의 10월 혁명은 10월에 일어나지 않았습니다. 11월에 일어났습니다. 혁명을 통해 레닌이 주도하는 볼셰비키들이 집권하였기 때문에 그 혁명은 볼셰비키혁명이라고도 불립니다. 그런데 11월에 일어난 혁명을 왜 10월 혁명이라 부를까요? 정확한 혁명일은 11월 5일인데 그들이 10월 혁명이라고 부르는 날은 10월 23일로 13일 차이가 납니다.

러시아인들에겐 크리스마스도 마찬가지입니다. 계절이 반대인 남반구 국가들조차 수영복 차림으로라도 12월 25일 한여름의 메리 크리스마스를 외쳐대는데 그들만이 나 홀로 1월 어느 날에 시끌벅적하게 즐기는 모습을 해외 토픽을 통해 전 세계에 전송해주곤 합니다. 그들의 크리스마스가 1월 7일이기 때문입니다. 다른 나라에서 크리스마스트리를 밝힌 형형색색 오색 전등불이 꺼진 지 한참 후에 그들은 불을 밝히는 것입니다.

## 율리우스력의 제정

율리우스력Julian calendar이라 그렇습니다. 혁명이 일어난 1917년 러시아는 율리우스력을 사용하고 있었는데 당시 혁명일이 율리우스력으로는 10월이라 그때 정한 명칭을 지금까지 그대로 부르는 것입니다. 역사적인 그날을 천문과 역법이 바뀌었다 해서 11월 혁명으로 수정할 순 없었겠지요. 과거의 사실은 당시의 역사적 사실로 그대로 있어야 하는 것이 역사의 불문율이니까요. 크리스마스도 율리우스력의

**전쟁 중에 정교회 크리스마스를
축하하는 우크라이나 사람들**

계산법으로 하면 예수님은 1월에 태어난 것으로 되어서 그들은 그때를 축일로 기념하고 있는 것입니다. 결국은 러시아가 율리우스력을 따라서 그렇다는 것인데 엄밀히 이야기하면 러시아의 국교인 동방정교회가 그 캘린더를 따르기에 그렇습니다. 동방정교회는 러시아에선 러시아정교회가 됩니다.

율리우스력은 말 그대로 율리우스 카이사르가 만든 달력입니다. 아…. 또 이 로마인이 등장합니다. 정말 오지랖 넓은 이분은 2천 년이 지난 오늘날까지도 세계 이곳저곳에 그의 이름 석 자, 아니 그 이상을 남기고 있습니다. 당장 러시아만 보더라도 혁명으로 타도된 제정 로마노프 가문의 황제를 가리키는 차르는 카이사르의 러시아명이니까요. 살아서는 로마의 황제로도 즉위한 적이 없던 그가 죽어서는 세계의 황제가 되어 이 나라 저 나라에서 시이저, 차르, 카이저, 체사레, 세자르 등으로 대우받고 있습니다. 하긴 그는 로마의 종신독재관Dictator Perpetuo이었으니 그것은 황제의 다른 이름과 다를 바 없었을 것입니다.

로마의 정권을 잡은 카이사르는 많은 개혁을 하는데 달력도 그중 하나였습니다. 사실 삼라만상 사시사철을 일자별로 쪼개 놓은 달력만큼 인간 생활과 밀접하고 중요한 것이 있을까요? 지금 우리야 백만분의 1초의 오차도 허용하지 않는 달력 아닌 초력, 그것도 초월한 초초…력 속에서 생활하고 있으니까 당연하게 생각하지만 2천 년 전이라면 이야기가 다를 것입니다. 사람들이 먹고사는 농업, 어업, 축산업, 수렵, 임업 등의 모든 경제 활동에 태양, 달, 지구, 이 3자의 밀당을 정리한 캘린더의 정확성은 그것들의 생산성을 좌우하기에 매우 중대한 기록이고 좌표였을 테니까요. 더구나 그때엔 지구는 네모나고 태양이 지구 주위를 빙빙 도는 것을 믿는 사람들도 많은 시대였습니다.

카이사르는 BC 45년 로마인의 고대 달력에 이집트의 달력을 연구해 업그레이드시킨 새로운 달력을 만들었는데 이것이 율리우스력입니다. 주요 내용은 아래와 같습니다.

- 1년을 365.25일로 고정
- 홀수 달을 우대하여 31일, 짝수 달은 30일로 통일. 그러면 1년은 366일이 됨
- 365.25일인 1년에 맞추기 위해 2월은 30일이 아닌 29일, 모자라는

율리우스력을 제정한 율리우스 카이사르(기원전 100~44)

0.25일을 채우기 위해 4년에 한 번 윤년을 두고 그해 2월은 30일로 하여 조정

- 7월은 달력 제정자인 율리우스Julius의 이름을 넣음. 이것의 영어식 표현이 줄라이July

- 후계자 아우구스투스Augustus 황제도 8월에 자기의 이름을 넣어 영어로는 어거스트August가 됨

- 아우구스투스는 짝수 달이라 30일이었던 8월을 카이사르와 마찬가지인 31일로 변경. 이로 인해 9월부터는 홀짝 로테이션이 바뀌어 9월은 30일, 10월은 31일….

- 아우구스투스로 인해 31일이 7개가 되면서 1일이 초과되자 2월에서 또 1일을 빼서 28일로, 4년에 한 번 윤년엔 29일

- 율리우스와 아우구스투스가 7, 8월에 들어감에 따라 본래 있던 7라틴어 septem월은 9월로, 8octo월은 10월로, 9novem월은 11월로, 10decem월은 12월로 순차적으로 밀림 (고대 로마 시대엔 1년은 봄이 오는 3월부터 시작하여 10개월만 있었음)

- 줄라이와 어거스트가 새로 끼어들면서 끝에 있었던 두 달이 밀려 1, 2월이 되면서 1년 12개월 달력인 율리우스력이 완성됨


보듯이 율리우스가 제정한 율리우스력은 오늘날 우리가 사용하고 있는 달력과 차이가 없어 보입니다. 아니, 월력, 일력으론 똑같습니

다. 그러니 러시아인이 불편함이 없기에 지금도 사용하고 있을 것입니다. 이런 과학성도 놀랍지만 또 하나 놀라운 것은 가위질을 엿장수 마음대로 하듯 로마인 마음대로 만들었다는 것입니다. 2월은 동네북입니다. 새로운 7월과 8월은 본래의 6월과 7월 사이에 새치기해서 들어갔습니다. 7월 줄라이와 8월 어거스트는 영어로는 줄리어스 시이저인 율리우스 카이사르와 어거스트인 아우구스투스가 태어난 달입니다. 샘 많은 아우구스투스 황제는 전임자인 카이사르에 뒤질세라 그가 한 것이라면 본인도 똑같이 따라서 했습니다. 달의 순서와 날의 길이까지도 바꾸면서 말입니다.

그 두 사람 때문에 오늘날까지도 전 세계인들은 9월부터는 맞지 않는 숫자 이름으로 배열된 달력을 사용하고 있습니다. 우리야 라틴어를 모르고 사는 민족이니 그렇다 치더라도 그것을 알고 사는 서구권 사람들은 달력을 보면 꽤나 이상하게 생각할 듯싶습니다. 특히 9월부터 말입니다. 학교에서 배운 숫자는 10을 나타내는데 12월이라 하고, 8각형은 옥타곤이라 부르면서 달력에선 옥타를 10월이라 부르고 있으니 말입니다.

# 그레고리력의 제정

오늘날 우리가 사용하고 있는 표준 달력은 그레고리력Gregorian calendar 입니다. 1582년 그간 사용해오고 있던 율리우스력의 오차를 수정하여 만들어진 캘린더로 당시 이것을 제안한 교황 그레고리 13세의 이름을 따서 명명되었습니다. 구조와 표기되는 내용, 달력으로만 치면 율리우스력과 같습니다. 초력 계산에서 미세한 차이가 납니다. 복잡한 태양과 지구의 천문학 법칙은 봐도 읽어도 저는 이해불가지만, 한

그레고리력을 제정한 교황 그레고리 13세(재임 1572~1585)

마디로 율리우스력이 128년마다 하루의 오차가 있다면 그레고리력은 3000년마다 하루의 오차로 정확해졌다는 것입니다.

러시아의 크리스마스나 10월 혁명이 오늘날 13일 차이가 나는 것은 2천 년 넘게 율리우스력이 내려오면서 그만큼 오차가 벌어진 것이라 하겠습니다. 오늘날 캘린더는 뛰어난 천문학자들의 활약으로 16세기 말에 제정된 그레고리력보다 더 더 정밀하게 오차를 줄였지만 세계의 표준이 된 그 캘린더의 이름만큼은 지금도 동일하게 부르고 있습니다. 우리나라는 1895년 을미개혁 시 음력에서 양력인 그레고리력을 도입하였습니다.

## 왜 율리우스력?

그런데 위에서 보듯 러시아와 동방정교회는 왜 다소 부정확한 율리우스력을 고집하고 있을까요? 사실 꼭 그런 것은 아닙니다. 국가로서의 러시아는 혁명이 끝나자마자 바로 그레고리력으로 전환했으니까요. 1918년 1월 31일 다음 날인 2월 1일을 2월 14일로 공표한 것입니다. 당시 러시아 국민들은 매우 신기했을 것입니다. 하룻밤 만에 2주가 지난 미래로 갔으니까요. 혁명가들은 사용해오던 율리우스력을 제정 러시아 차르의 구체제로 보고 바로 수정했을 것입니다. 만약

3개월 먼저 이 법이 시행되었다면 오늘날 역사에서 율리우스력의 10월 혁명은 그레고리력의 11월 혁명으로 불리고 있을 것입니다.

하지만 러시아의 동방정교회는 여전히 교회력으로 율리우스력을 사용하고 있습니다. 두 가지 이유가 있을 것이라고 정론이든 추론을 해봅니다. 하나는 교리적인 문제라고 생각합니다. 동방정교회 Eastern Orthodox Church는 이름에도 들어가 있듯 정통성을 굉장히 중시합니다. 그래서 과거 로마 시대부터 2천 년 넘게 교회력으로 채택되고 기록되어온 정통한 달력을 바꾸지 않을 것입니다. 작년까지는 하나님의 아들 독생자 예수 그리스도의 탄생일이 1월 7일이었는데 올해부턴 확 당겨서 전년도 12월 25일로 바꾼다? 쉽지 않아 보입니다.

또 하나는 그레고리력이 서방교회의 수장인 교황이 발의해서 만들어진 교황의 달력이라는 점입니다. 서로마 카톨릭과 동로마 정교회는 1054년 교리의 차이로 빚어진 동서교회 대분열로 각각의 수장인 콘스탄티노플 총대주교와 바티칸 교황이 서로를 파문하며 완전히 결별하게 됩니다. 그런데 서방의 로마 교황이 만든 달력을 사용한다? 동방정교회 입장에선 이건 더욱 수용하기 어려운 일일 것입니다.

© Pexels

크리스마스 시즌의 모스크바 성 바실리 대성당

동방정교회는 카톨릭, 개신교와 함께 예수 그리스도를 하나님의 아들로 믿는 기독교 3대 종파에 들어가는 큰 종교입니다. 카톨릭과 같아 보이지만 개신교만큼은 아니더라도 많은 다른 점을 가지고 있습니다. 일단 조직적으로 로마 카톨릭의 교황과 같은 원톱 수장이 없습니다. 과거 동로마 제국 시대엔 지금의 이스탄불인 콘스탄티노플의 총대주교가 그 역할을 했지만 지금은 이슬람 국가인 튀르키예가 들어선지라 그곳은 본산이라는 상징성만을 가지고 있습니다. 수장이 없어 각 나라별 독립성을 인정하기에 러시아는 러시아정교회, 그리스는 그리스정교회, 루마니아는 루마니아정교회 등으로 불립니다. 그중에서 당연히 러시아정교회가 신도수나 국가 파워 등에서 가장 실권력이 크므로 모스크바 총대주교가 정교회의 대표 역할을 수행했습니다. 하지만 최근 러시아와 우크라이나의 전쟁으로 인해 정교회는 분열 양상을 보이고 있습니다.

한 로마인이 반도 북쪽 갈리아에서 내려와 루비콘강을 건너 혼란에 빠진 국가를 수습했고 그들의 세계를 지배했습니다. 그리고 지금까지도 세계인은 생활 속에서 그의 이름과 그의 나라 언어를 보며, 말하며 살고 있습니다. 그가 살아있을 때 세계는 지중해를 둘러싼 로컬이었지만 지금 세계는 말 그대로 지구 한 바퀴 글로벌입니다. 벽에도 걸려있고, 책상 위에도 놓여있고, 시계에도, 스마트폰에도 있는 캘린더 속에 그의 이름 율리우스 카이사르가 들어있습니다. 자판을 두드리는 노트북 뒤로 보이는 달력의 오늘은 12월 11일입니다. December…. 그로 인해 10이라 쓰고 12로 읽고 있는 세계인입니다. 과연 대단한 로마이고 로마인들입니다. 그런데 동방정교회는 언제까지 로마인이 만든 율리우스력을 사용하게 될까요? 혹시 그레고리력이라는 이름을 바꾸면 가능할까요?

유 고 유고슬라비아?

몇 년 전 우리나라 한 정부 부처에서 체코라는 나라를 체코슬로바키아로 발표해서 문제가 된 적이 있었습니다. 이제 그런 나라는 지구상에서 존재하지 않기에 그랬던 것입니다. 같은 동구권인 유고슬라비아라면 이제 그런 혼동으로 인한 실수는 일어날 일이 없어졌습니다. 그 나라는 체코슬로바키아와는 달리 전혀 다른 이름의 나라들로 바뀌었으니까요. 그 과정에서 진통은 심했지만 과거보다 밝고 화사해진 구 유고슬라비아입니다.

# 유고슬라비아 & 체코슬로바키아

혹시 유고슬라비아라는 나라를 가 본 적이 있는지요? 눈에 익은 이름이지만 지금은 갈 수 없는 나라입니다. 이렇게 과거 지도 위에 있던 나라들 중엔 사라진 나라들이 꽤나 됩니다. 시대의 변화에 따른 국가의 재편이 일어나서 그렇습니다. 땅이 꺼져 고대 아틀란티스 대륙처럼 바닷속으로 자취를 감춘 것은 아니니 사라진 그 자리엔 신생 국가들이 태어났습니다. 마치 기업에서 변화하는 시대의 흐름에 맞춰 조직 개편을 해서 있던 팀을 없애고 새로운 팀이 들어서는 모양새입니다. 유고슬라비아, 그리고 체코슬로바키아는 그런 나라들 중 우선적으로 떠오르는 나라입니다.

이 나라들이 살아있던 저의 학창 시절엔 이들의 이름이 종종 헷갈리곤 했습니다. 체코슬로바키아는 체코슬로비아로, 유고슬라비아는 유고슬로바키아로 이렇게 뇌 속에서 양 국가 간 엉뚱하게 절반씩 후미를 교환하곤 했던 것입니다. 하지만 지금은 그럴 일이 없어졌습니다. 1989년 베를린 장벽이 무너지며 1991년 소비에트 연방이 해체되는 시점에 이 두 나라는 각각 다른 방법으로 분리독립의 길을 걸었으니까요. 일단 체코슬로바키아는 아주 간단히 체코와 슬로바키아 두 나라로 정확히 양분되었습니다. 마치 체코라는 남자와 슬로바키

슬로베니아 블레드 호수변의 블레드 성

아라는 여자가 부부 관계를 청산하고 합의이혼을 하듯 사이좋게 무력 충돌 없이 1992년 말 헤어진 것입니다. 그래서 지금은 남남이 된 이 둘의 청산과 새 출발은 벨벳혁명이라 불립니다.

문제는 유고슬라비아입니다. 체코슬로바키아처럼 유고와 슬라비아로 나눠졌으면 간단할 텐데 무려 6개의 국가로 분리돼서 독립했으니 말입니다. 6개 신생국가로 출범하였으니 제 생각 같아서는 6글자의 국명인 유, 고, 슬, 라, 비, 아 이렇게 각각 한 글자씩 국명을 가져

갔으면 간단했을 텐데 그들은 그렇게 하지 않았습니다. 본래 유고슬라비아의 출발이 6개 국가가 합체된 연방이었기에 그들은 해체되며 본래 있던 각자의 이름을 걸고 독립을 하였습니다. 이 과정에서 그들은 체코슬로바키아와는 달리 2001년까지 10여 년간 집요한 전쟁을 치르며 오늘날과 같은 모습으로 세팅되었습니다. 과연 1차 세계대전을 촉발해 화약고라 불려 온 발칸반도의 나라답게 분리독립도 복잡하고 지난한 과정을 거친 것입니다.

그런데 아직 국제적으로 공인까지 이르지 못한 자치국까지 포함하면 7개 국가로 늘어날 수도 있습니다. 간단해진 체코슬로바키아와는 달리 더 복잡하고 어려워진 유고슬라비아입니다. 물론 이렇게 산수적으로만 따진다면 이들의 분리독립을 촉발시킨 소련은 15개나 되는 국가들로 헤어졌으니 그곳은 더욱 복잡해진 셈입니다. 이렇게 재편된 국가들로 인해 학교에서 이것들을 암기하고 숙지해야 하는 학생들은 더욱 골머리를 앓고 있을 것입니다.

우리가 갈 수 있는 동부 유럽의 끝이 체코슬로바키아로 인식되던 시절이 있었습니다. 1989년 세계여행 자유화 조치 이후 문민정부 시절 세계화라는 기치하에 이 땅의 젊은이들은 너도나도 배낭을 짊어지고 유럽행 비행기에 몸을 실었습니다. 인터넷과 핸드폰이 없던 그

블레드 호수 안 섬에 있는 마리아 성당에서 바라본 블레드 성

시절 한 손엔 유레일패스, 다른 한 손엔 노란색 표지에 유럽이라 쓰인 배낭여행 가이드북을 들고 그들은 그렇게 유럽으로 향했습니다. 그때 기차를 무한정 갈아 타며 서부, 중부, 남부 유럽을 섭렵한 배낭족들은 이름도 '동쪽의 땅'이라 불리는 오스트리아에 도착하곤 했습니다. 주로 수도인 비엔나였을 것입니다. 이제 그들이 그들을 옮겨줄 유레일패스로 선택할 수 있는 동부 유럽의 국가는 딱 하나 남았는데 그 국가가 체코슬로바키아였고 도시로서 종착역은 수도인 프라하였습니다.

배낭족들은 비엔나에서 마음의 결정을 해야 했습니다. 기수를 돌려서 아니, 기차를 돌려서 다시 서쪽으로 갈 것인가, 아님 동쪽으로 더 들어갈 것인가를 말입니다. 프라하가 돈 없는 배낭여행객에겐 물가도 엄청 싸고 생각보다 좋다는데 그때까지는 위험하다는 인식이 있어서 그랬습니다. 사실 프라하는 비엔나로 보면 동쪽은 아니고 북쪽에 위치합니다. 저는 그때 지체 없이 야간열차를 타고 프라하를 향해 가고 있었습니다. 공산주의 소련의 위성국가에서 풀린 지 2년도 채 안 되어서 그런지 그 기차에 탑승한 저는 마치 당시 개봉한 지 얼마 안 된 프란시스 코폴라 감독의 영화 〈드라큘라〉에서 어둠 속 그가 사는 트란실바니아의 기괴한 성으로 가는 마차 속 영국인 변호사 키아누 리브스와 같은 심경이었습니다. 그만큼 프라하는 그때까지만 하더라도 미지의 도시였습니다.

자정경 체코슬로바키아 국경을 넘어갈 때 잿빛 제복을 입은 군인인
지 경찰인지 모를 젊은 남녀가 타서 입국 심사를 하였습니다. 그들
은 기차 안에서 제가 제출한 여권을 무거운 표정으로 훑어보고 있었
는데 그때 전 준비해 간 빨간 말보로 담배 한 보루를 그들에게 건네
주었습니다. 배낭여행 출국 전 체코슬로바키아 국경을 쉽게 통과하
려면 그렇게 해야 된다고 해서 준비해 간 것이었습니다. 그들에게 선
물이라며 주는 것이라 했더니 그들은 이내 표정을 풀고 키득거리며
입국 도장을 곧바로 찍어주었습니다. 그렇게 해서 아침에 도착한 프
라하역은 다른 유럽 도시들의 역에 비해 지나치게 허름하고 낡았지
만 실망보다는 국경에서의 일까지 오버랩되어 "그러면 그렇지" 하
는 심드렁한 생각으로 개찰구를 빠져나왔습니다. 하지만 밖으로 나
온 순간 저도 모르게 제 입에선 "아아~" 하는 탄성이 흘러나왔습니
다. 상아빛으로 기억되는 아름답고 화려한 바츨라프 광장이 시원스
레 제 눈앞에 촤악~ 하고 펼쳐진 것입니다. 이른 아침이라 사람들의
발걸음이 없어 더 넓어 보이면서도 구석구석 다 보이는 기대 이상의
프라하의 봄에 저는 그렇게 도착했습니다.

유고슬라비아는 그리고 25년이 더 올해 가을에야 처음으로 가게 되

6개의 국가로 분리독립된 구 유고슬라비아

었습니다. 체코슬로바키아와는 달리 이미 관광으로 유명해진 후 이
지역을 여행하게 된 것입니다. 아, 유고…. 그 나라는 지금은 사라졌
으니 갈 수 없는 나라라고 했지요. 하지만 갈 수는 있는 땅, 지금 그곳
은 세르비아, 크로아티아, 슬로베니아, 몬테네그로, 보스니아−헤르
체고비나, 북마케도니아 등의 6개 나라로 다시 태어났으니까요. 물
론 이외에도 아직 공인받지 못해 국가인지 모를 코소보라는 자치국
도 있습니다. 이렇듯 과거엔 여권 도장 하나면 돌아볼 수 있었던 나
라가 지금은 6개의 국경선을 넘어야 다 돌아볼 수 있는 나라들이 되

었습니다. 물론 그것에 선물용으로 쓸 담배는 이젠 필요 없는 시대가 되었습니다.

## 유고슬라비아 역사

과거 로마 제국 시절 그 땅은 일리리아라 불린 지역이었습니다. 그 북쪽엔 오늘날 헝가리인 판노니아, 동쪽엔 루마니아인 다키아, 남쪽엔 그리스를 잇는 마케도니아가 있던 시대입니다. 발칸반도의 일리리아는 아드리아해를 사이에 두고 로마 제국의 본토인 이탈리아반도와 마주 보며 근접했기에 제국의 수도 로마와 많은 교류가 있었습니다. 그래서 로마와 가까운 발칸반도의 해안가엔 라틴계 민족이 다닥다닥 모여 살았는데 그래서인지 그들이 모여 살던 서쪽은 따로 떼어 내어 달마티아라 불리었습니다. 일종의 특별구 취급을 했던 것이지요. 그래서 라틴족이 살던 그곳에선 로마의 황제들도 7명이나 배출되었는데 그들 중 4두정치로 후기 로마 제국 경영의 기틀을 마련한 디오클레티아누스 황제와 기독교를 공인하고 수도를 오늘날 이스탄불로 옮긴 콘스탄티누스 대제가 유명합니다.

하지만 게르만 민족 이동 시 이 지역은 북쪽에서 슬라브족이 내려와 자리를 잡아 오늘날과 같은 남슬라브인이 주축을 이루게 됩니다. 유고슬라비아는 그들 언어로 '남부 슬라브인의 땅'이라는 뜻입니다. 그리고 11세기 말부터 시작된 십자군 전쟁 시 그간 역사 속에서 별 볼 일 없었던 이곳이 아연 시끌벅적해집니다. 콘스탄티노플과 예루살렘으로 향하는 서부 유럽의 주력 십자군들이 이곳을 통과하였기에 그랬습니다. 그때까지 유럽의 서쪽만을 비춰 오던 역사의 카메라가 피사체를 따라 아드리아해와 발칸반도를 비추게 된 것입니다. 이후 오스만 제국이 콘스탄티노플을 함락했던 시기엔 이 땅은 그들의 세력하에 들어가고, 이후 그들이 힘을 잃었을 땐 유럽 중원의 맹주인 합스부르크가의 지배하에 있으면서 20세기까지 오게 됩니다. 이윽고 세계가 주목하게 된 1914년 7월의 어느 날 이곳에서의 총성을 시작으로 1차 세계대전이 발발하게 됩니다. 당시엔 세르비아 왕국인 오늘날 보스니아-헤르체고비나의 수도인 사라예보에서 오스트리아-헝가리제국의 황태자 부부가 이 지역 청년에게 암살을 당했기 때문입니다.

그 후 2차 세계대전이 종전으로 치달은 1943년에 그들은 비로소 처음으로 6개국 연방인 단일 국가인 유고슬라비아를 출범시킵니다. 남슬라브인 역사상 가장 뛰어난 지도자로 칭송받는 티토 대통령이 그 나라를 이끌었습니다. 그가 통치하던 20세기 중반의 유고슬라비아는 공산주의 소련의 위성국가였지만 동구에서 가장 높은 임금 수준

바다 위에 떠있는 듯한 몬테네그로의 스베티스테판섬

을 자랑하며 소련의 눈치도 안 보고 중립외교를 펼치며 서방과도 자유로이 교류하였습니다. 그래서 유고슬라비아는 제3세계의 맹주가 됩니다. 하지만 1980년 티토 대통령 사후 유고 연방은 다시 분열의 시대로 돌아가 쪼개집니다. 이로 인해 발생한 20세기 말 유고슬라비아 전쟁 또는 내전은 지도자 한 사람의 힘이 얼마나 국가의 운명을 크게 좌지우지하는지를 보여주는 역사적인 사례가 됩니다. 분열도 분열이지만 오늘날과 가까운 밀레니엄 시대에 한 국가 국민이었던 죄 없는 사람들이 무려 13만 명 넘게 죽임을 당했으니까요. 그가 살아 있었으면 죽지 않았을지도 모를 사람들입니다.

## 유고슬라비아의 해체

그 국민들이 죽은 이유는 다름을 인정하지 않는 것에서 비롯되었습니다. 1991년부터 2001년까지 계속된 전쟁 시 6세기경부터 헐렁하지만 그래도 나름 하나로 지속되어 온 남슬라브인이라는 같음은 작용하지 않았습니다. 가장 큰 다름은 종교였습니다. 이곳은 지금도 많은 종교가 혼재하는 지역입니다. 고대 일리리아 시대부터 동도 아니면서 서도 아닌, 또는 동과 서가 모두 되는 지역이라선가 서방의 로마 카톨릭과 동방의 동방정교회가 혼재하였고 이후 오스만 제국 시대엔 이슬람교도 들어왔습니다. 그리고 미약하지만 그것들 사이에 유대교와 개신교까지 있어서 한 국가 안에 있을 때 종교의 자유로 문제 되지 않던 이런 종교들이 분열의 시기가 도래하니 문제가 되어 거침없이 쏟아진 입니다. 크로아티아와 슬로베니아는 카톨릭 국가이며 세르비아, 몬테네그로, 북마케도니아는 정교회 국가, 그리고 보스니아-헤르체고비나와 자치국인 코소보는 이슬람교도가 다수인 국가입니다. 이런 종교적인 다름을 인정하지 않기에 분열이 일어났고 사람들이 죄 없이도 죽임을 당했습니다.

또 하나는 힘의 다름입니다. 서로가 자기가 최고라고 주장할 때 싸움은 일어날 수밖에 없습니다. 유고 연방의 맹주를 주장하는 국가는 세르비아였습니다. 그래서 현재 세르비아의 수도 베오그라드는 과거 유고슬라비아 시절에도 연방의 수도였습니다. 세르비아 입장에서는 국가 재편 시 그들의 뜻대로 하고 싶었지만 다른 국가들이 동조하지 않으니 전쟁을 일으키고 학살을 자행한 것입니다. 특히 무슬림들이 많이 사는 지역인 보스니아 – 헤르체고비나와 코소보에서 학살이 심하게 자행되었습니다. 그곳에도 세르비아 정교인들이 살고 있기에 그렇습니다.

마찬가지로 카톨릭 국가인 크로아티아, 슬로베니아에도 세르비아 정교인들은 있기에 충돌이 일어날 수밖에 없었습니다. 한 국가였을 때야 이사도 막 다니고 옆집의 종교가 큰 문제가 안 되지만 국가가 달라지면서 특정 종교가 국교로 정해지면 이런 비극이 발생하곤 합니다. 그렇다고 새로 국경을 정할 때 집집마다 골목을 돌며 국경선을 그을 수는 없을 것입니다. 이렇듯 종교적인 다름을 인정하지 않을 때 힘의 다름을 가졌다고 생각하는 자들이 일으키는 무력을 우리는 역사상 숱하게 목도해왔습니다. 유고슬라비아 전쟁은 세르비아 대 반反 세르비아의 힘의 대결, 정교회 대 반反 정교회의 종교의 대결이었습니다.

# 꽃보다 아름다운 아드리아 & 발칸

아드리아해와 발칸반도에 이제 포연은 사라졌습니다. 언제 그랬냐는 듯 지금은 깨끗하고 청명한 하늘 아래 파란 바다만 넘실댈 뿐입니다. 제가 가서 본 사람들의 표정도 매우 활기차고 밝았습니다. 하긴 전쟁이 끝난 지 4반세기가 지났으니까요. 우리나라에서 이곳은 그간 TV 방송 프로그램에도 적잖이 소개되어서인지 유럽의 새로운 곳을 찾는 여행자들에게 매우 인기 있는 여행지로 자리를 잡았습니다. 체코나 헝가리가 동부 유럽 여행지의 끝에서 안으로 더 들어간 새로운 여행지가 생긴 것입니다. 그런데 방향으로 보면 이곳은 체코나 헝가리의 동쪽이 아니라 남쪽입니다. 이탈리아와는 위도가 비슷해 기후까지도 유사합니다. 주로 크로아티아가 차지하고 있는 해안가 달마티아 지역은 인간이 살기에도, 휴양하기에도, 여행하기에도 가장 좋다는 지중해양성 기후가 지배하는 곳입니다. 그러니 이곳은 사시사철 늘 현지인과 외지인이 바글댈 수밖에 없을 것입니다.

이렇게 과거 어두침침했던 유고슬라비아는 국가 재편 후 나라가 많아진 만큼 매력도도 급 상승하였습니다. 한마디로 화사해진 것입니다. 여행사 입장에서도 동구권 유고슬라비아 한 나라 여행으로 1주일치 상품을 판매하는 것보다 과거 지도에는 없던 크로아티아, 슬로

크로아티아 두브로브니크의 명소인 성벽 아래 부자 카페

베니아 등 신선한 6개국 관광으로 판매하는 것이 모객에도 훨씬 유리할 것입니다. 우리나라는 아직 그곳에 국적기를 띄우지 않기에 주로 터키항공이나 아랍계 항공을 통해 경유해서 다다르곤 합니다. 저는 이번 여행 시 터키항공으로 이스탄불을 경유했는데 오갈 때 모두 만석이었고, 갈 때는 이스탄불행 비행기가 한 편 증편되었을 정도로 많은 여행객들로 붐비었습니다. 그간 코로나로 인해 묶여있던 여행자들의 여심 旅心이 강력하게 반영된 결과일 것입니다.

여행은 놀라움의 경험입니다. 그 놀라움의 대상은 곳place과 것object인데 우린 그것을 비로소 현장에 가서 실제로 보며 경험합니다. 그런 놀라움도 제겐 두 가지로 나뉘는데 하나는 알던 것을 확인하고 느끼는 놀라움입니다. 책이나 영상을 통해 이미 알고는 있지만 그것을 직접 가서 경험하면서 놀라는 것입니다. 이때의 놀라움은 대개 제가 학습으로 인지한 것보다 그곳이나 그것이 더 대단한 경우입니다. 이번에 가서 본 크로아티아의 두브로브니크가 그런 전형적인 경우에 해당될 것입니다. 아마 과거 어느 봄날 아침 배낭을 메고 바라본 체코의 프라하도 같은 놀라움이었을 것입니다.

일단 두브로브니크 성의 규모가 제가 생각했던 것보다 훨씬 크고 방대해서 놀랐습니다. 아드리아 바닷가에 높고 장엄하되 아름답게 빙 둘러쌓아 축조된 그곳은 안팎으로 그것을 바라보고 살펴보는 여행자를 압도하였습니다. 도시 뒤 스르지 Srd 산에 올라가 그곳 전체를 한눈에 내려다보았을 때는 마치 스펙터클한 쇼를 보는 듯하였습니다. 역사에서 두브로브니크의 과거인 라구사 공국은 그렇게 비중 있게 취급되지 않는데 막상 가서 보니 그것이 이상할 정도였습니다. 과거 그곳은 십자군 전쟁 시 예루살렘으로 가는 주요 항구였고 동서의 문물이 만나는 곳이었습니다. 그래서 유럽에 흑사병이 퍼질 때 일찍이 라구사 공국은 30일 trentino 자가격리를 실시해서 효과를 보았고, 이후 이것은 베네치아 등으로 퍼지며 40일 quarantine 로 바뀌어 오늘날 자가격리를 뜻하는 용어 self-quarantine 로까지 정착되었습니다. 즉 이번 코로나로 전 세계가 실시한 자가격리의 발원점이 바로 두브로브니크인 것입니다. 그런 역사적인 도시라 그곳 성곽 위 도로를 걸으며 불현듯 '학창 시절 세계사 교과서에서 한 줄도 안 나왔던 이 도시였지만 한 페이지를 할애해도 전혀 손색이 없겠구나'라는 생각까지 들었습니다.

제가 생각하는 여행의 두 번째 놀라움은 이전엔 전혀 몰랐던 여행지를 가서 보고 느끼는 놀라움입니다. 세어 보니 이번 여행 중 버스가 정차한 여행지가 12곳이었는데 그들 중 제가 난생처음 들어 본 여행지는 정확히 절반인 6곳이었습니다. 그곳들 중 저를 더 놀라게 한 곳은 몬테네그로의 코토르와 크로아티아의 코르출라였습니다.

코토르는 육지 쪽으로 깊숙이 들어간 아드리아해의 코토르 만에 바다와 같은 높이에 있는 고성 도시로 뒤로는 기암절벽의 높은 산이 막혀 있어 전형적인 배산임수의 형태를 갖추고 있습니다. 과거 그곳 사람들은 행여 뒤편 산 쪽을 타고 적들이 내려올까 싶어 성 뒤로 빙 둘러 높은 산성을 쌓았습니다. 성 안은 역시나 중세 유럽의 정형성을 갖춘 팬시한 상점과 집들이 아기자기하게 들어서있었습니다. 하지만 그 안에 거주하는 사람들은 달랐습니다. 무슬림들도 많이 보였습니다. 당연히 그들의 라이프 스타일까지 보이는 이국적인 요소가 혼재한, 그래서 더 매력적인 코토르였습니다. 평소 역사에 관심이 많은 저는 이번 여행에서도 플리트비체와 같은 자연 풍광보다는 이렇게 역사가 서린 유적지에 더 많은 눈길이 가곤 했는데 코토르에 와서 들은 생각은 "이렇게 대단한 곳을 난 왜 지금까지 전혀 들어본 적도 없을까?"라는 것이었습니다.

그런 생각을 또 들게 한 곳이 코르출라라 불리는 섬입니다.《동방견문록》을 쓴 마르코 폴로가 태어난 고향입니다. 그곳은 작은 섬이지만 섬 주변 바다를 빙 둘러 피라미드 모양의 완벽한 중세 도시의 정형을 갖추고 있었습니다. 성안은 처음부터 계획도시로 설계되어 중앙을 관통하는 큰 도로 좌우로 바다 쪽으로 이어지는 좁은 골목길들이 대칭으로 길게 이어져 위에서 내려보면 마치 생선뼈를 연상하게 합니다. 도로를 직각의 십자가 구조가 아니고 그렇게 일정하게 각을 살짝 튼은 헤링본 구조로 만든 것은 해풍 통과의 최적성을 기하기 위함이라는 가이드의 설명이 있었습니다. 이곳에서 마르코 폴로는 동방 무역상들이 오가는 것을 보고 자라며 동방 여행의 꿈을 키웠을 것입니다. 코토르와 코르출라, 이 두 도시는 모두 아드리아해 북쪽에 위치한 베네치아 공화국의 지배를 받은 곳입니다. 베네치아가 동방 무역의 종점으로 정점을 찍었을 때 이 두 도시는 그 중간 거점 역할을 훌륭히 수행하였을 것입니다.

이제 제 인생 여행 목록에 구 유고슬라비아의 크로아티아, 슬로베니아, 보스니아 - 헤르체고비나, 몬테네그로 등의 4개 국가와 그 국가

마르코 폴로의 고향인 크로아티아의 코르출라섬

들의 12개 여행지가 추가되었습니다. 과거 유고슬라비아 시절엔 제 짧은 지식으로 인해 수도였던 베오그라드와, 1차 세계대전을 촉발하고 우리나라 이에리사 선수가 세계탁구선수권대회에서 단체전 우승 승전보를 전해준 사라예보 딱 이 두 도시만 알았었는데 말입니다. 언젠가 이번에 못 가본 세르비아와 북마케도니아까지 여행을 하면 저의 유고슬라비아 여행은 완성될 것입니다.

그곳을 여행하며 들은 전반적인 생각은 '유럽의 동쪽은 서쪽과 비교했을 때 비슷하게 찬란한 문명을 이루고 살았음에도 여전히 세상엔 덜 알려졌구나'라는 것이었습니다. 이것은 유럽의 역사라는 것이 힘으론 서쪽의 스페인, 영국, 프랑스, 독일 등의 강대국이 주도하고, 종교적으론 같은 기독교라도 동쪽 국가들이 믿어온 동방정교회보다 서쪽 강대국이 믿어온 서방카톨릭이 주도하다 보니 그렇게 흘러올

수밖에 없었을 것입니다. 동구에 속한 유고 연방도 재정립 과정에서 위에서 설명했듯 똑같은 힘과 종교의 논리가 작용했던 것처럼 이 논리는 유럽은 물론 세계 전체에도 작용할 것입니다.

구 유고슬라비아 이 땅에 완벽한 평화가 온 것은 아닙니다. 비공인 국가로 어정쩡하게 남아있는 코소보 자치 지구와 국호만큼이나 복잡한 보스니아-헤르체고비나의 분리 개연성이 여전히 남아있기 때문입니다. 보스니아-헤르체고비나는 지금 그 좁은 땅을 지역별, 민족별, 종교별 차이로 인해 3명의 대통령이 공동으로 다스리고 있습니다. 그 땅의 종교 이야기는 이 책의 다음 글인 〈하늘에 하느님/하나님은 하나?〉에서 다루고 있습니다. 모쪼록 이 모든 문제가 잘 해결되어 과거 티토의 유고슬라비아처럼 그곳에 힘과 종교의 다름이 작용하지 않는 오롯한 평화가 오기를 기원합니다.

하늘에 하느님 / 하나님은 하나?

대개 천주교 신자들은 본인의 종교를 천주교 또는 카톨릭으로 대답하곤 합니다. 기독교라는 대답은 거의 나오지 않습니다. 하지만 개신교 신자들은 대개 개신교보다는 기독교라고 대답하곤 합니다. 그리고 프로테스탄트라는 대답은 거의 듣기 힘듭니다. 기독교에 대한 글입니다. 영성과 교리는 부재한 채 지극히 인간적인 시각으로만 쓴 종교 이야기입니다.

# 성당과 모스크

서기 330년 콘스탄티누스 1세가 주도한 천도로 그의 이름을 따서 로마의 새로운 수도가 된 콘스탄티노플은 1453년 콘스탄티누스 11세 때 함락되며 서에서 동으로 이동한 로마 제국의 역사는 완전히 막을 내렸습니다. 오스만 제국의 약관 21세 3년 차 술탄인 메흐메트 2세의 거센 침공으로 난공불락으로 여겨졌던 그 성이 무너져 내린 것입니다. 콘스탄티노플 성이 무너지며 로마도 무너졌고 성으로 상징되던 중세도 함께 무너졌습니다. 서로마와 동로마의 멸망엔 거의 1천 년 가까운 긴 시차가 있지만 묘한 평행 이론이 작용합니다. 비잔틴 문화를 이룩한 동로마 제국이 콘스탄티누스라는 같은 이름의 황제에 의해 시작되고 끝난 것처럼 이탈리아반도 서로마 제국의 마지막 황제도 그곳에서 기원전 753년 로마를 건국한 로물루스와 같은 이름인 로물루스였기에 그렇습니다.

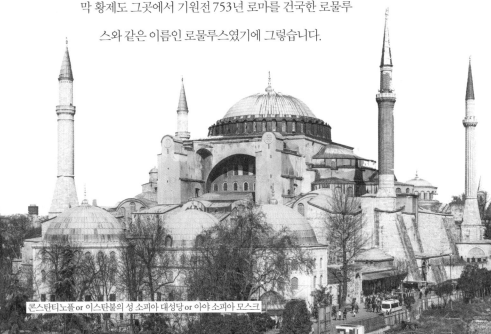

콘스탄티노플 or 이스탄불의 성 소피아 대성당 or 아야 소피아 모스크

알모하드 모스크를 개축한 세비야의 대성당

오늘날 튀르키예의 이스탄불인 콘스탄티노플에 당당히 입성한 승자 메흐메드 2세는 첫날 첫 일정으로 그곳에 있는 사원에 가서 그의 신인 알라에게 엎드려 감사 예배를 드렸습니다. 그런데 당시 그가 찾은 사원은 이슬람의 사원인 모스크가 아니었습니다. 313년 기독교를 공인한 황제가 천도한 후 1,123년이나 지난 도시에 이슬람 사원이 있을 턱이 없었으니까요. 더구나 기독교는 392년 그 도시에서 테오도시우스 황제에 의해 로마의 국교가 되어 콘스탄티노플은 그간 이교도인 무슬림을 탄압했던 대표적인 도시였습니다. 그날 메흐메드 2세가 찾은 사원은 동로마 제국 기독교의 랜드마크 격인 성 소피아 대성당이었습니다. 그는 그곳에 가서 알라를 찾고 그에게 경배를 드린 것입니다. 그리고 그날부터 기독교의 예배당 성 소피아 대성당은 이슬람교의 모스크인 아야 소피아로 바뀌었습니다.

신기하지 않습니까? 성당이 모스크가 되다니요? 우리로 치면 어떤 스님이 교회를 접수하여 그곳에서 부처님께 불공을 드리고 바로 절로 간판을 교체한 것과 같은 일입니다. 아마도 그런 일은 일어나기 힘들겠지요. 그런데 서구 역사에선 이런 일은 빈번하게 일어났습니다. 유럽의 성당 중 바티칸의 베드로 대성당에 이어 두 번째로 큰 스페인의 세비야 대성당은 그 전엔 이슬람의 사원인 모스크였습니다. 중세 800여 년간 이베리아반도를 지배했던 무슬림인 옴미아드 왕조를 원주민인 기독교 국가들이 연합해서 몰아내면서 모스크를 대성당으로 개축한 것입니다. 그 성당은 이스탄불의 성 소피아 사원과는 반대의 운명으로 변신한 것입니다. 1492년 레콩키스타<sub>Reconquista</sub>라 불린 스페인 국권 회복운동의 끝장인 그라나다를 점령해, 이베리아반도에 남아 있던 이슬람교도들을 완전히 몰아내 통일의 대업을 완성한 카스티야의 이사벨 여왕과 아라곤의 페르난도 2세 부부는 콘스탄티노플을 점령한 메흐메트 2세처럼, 아니 그와는 반대로 그곳 알함브라 궁전에 부속한 모스크에 가서 무릎을 꿇고 여호와 하느님께 감사 기도를 드렸을지도 모릅니다.

이것이 어떻게 가능한 일일까요? 오늘날엔 적대적이기도 한 두 종교가 당시엔 그 정도로 사이가 좋았던 것일까요? 아니, 둘 간의 사이가 좋다고 해도 그럴 수는 없는 것이지요? 아니면 기독교와 이슬람 사이에 공통점이 많아서 그것이 가능했던 것이었을까요? 예를 들면 기독교의 유일신인 야훼, 또는 여호와와 이슬람교의 유일신인 알라를 혹시 같은 신으로 생각해서 그런 것은 아닐는지요? 이 글은 종교적인 진위를 가리거나 논쟁을 위한 글이 아님을 먼저 밝힙니다. 종교적인 영성은 조금도 개입 없이 지극히 인간적인 시각에서 다분히 상식적인 글을 쓰고 있습니다.

# 천주교와 개신교

살면서 종종 기독교에 대한 의미가 오도되는 경우를 주변에서 보거나 듣곤 합니다. 기독교 안에 천주교와 개신교가 다 있는데 그것을 오인해서 일어나는 일들입니다. 그런데 이때 특이하게도 개신교 신자들은 대개 본인의 신앙을 개신교라 대답하기보다는 큰 틀인 기독교로 대답하곤 합니다. 반면에 천주교 신자들은 대개 큰 틀인 기독교라 하기보다는 콕 집어 천주교, 또는 카톨릭이라고 대답하곤 합니다. 저는 이 점이 좀 신기합니다. 두 종교 중 역사적으로 우리나라에 기독교란 이름으로 먼저 들어온 종교는 천주교였습니다. 조선시대 말 두 차례의 사옥으로 탄압도 세게 받았지요. 그러함에도 오늘날 기독교란 그 이름을 실생활에서 더 많이 점유하고 있는 종교는 개신교입니다. 처음엔 기독교라 하면 천주교 하나밖에 없었을 텐데요. 대개 무엇이든 선점하면 유리하게 지속되는 법인데 기독교의 경우는 좀 다르게 진행된 것 같습니다. 또 하나, 천주교는 원어인 카톨릭과 병행 사용되는데 반하여 개신교도를 뜻하는 프로테스탄트는 그만큼 빈번하게 들리지 않습니다.

기독교란 이름은 지저스 크리스트Jesus Christ의 이름에서 유래합니다. 우리말로 지저스는 예수로, 크리스트는 그리스도로, 그렇게 예수 그리스도가 된 것이지요. 기독교基督教는 그 그리스도의 한자 독음입니다. 즉, 기독교란 크리스트교이니 크리스트란 성인의 종교이고, 그 성인을 믿는 종교라는 뜻입니다. 천주교나 개신교 모두 예수 그리스도를 믿으니 두 종교 다 기독교입니다. 이렇듯 우리 성서에 기록된 인물들의 이름이나 지명들은 기독교가 중국을 통해 들어왔기에 오늘날까지 그 당시 번역된 한자의 독음을 따르고 있습니다. 원어인 히브리어나 헬라어, 또는 그것을 옮긴 영어든 독일어를 번역한 것도 아니고, 한 번 더 옮긴 한문 성경을 번역했기에 용어적인 면에서 이렇듯 때론 생경하게 느껴지는 말과 글을 사용하고 있는 것입니다.

## 기독교와 동방정교회

기독교Christianity엔 카톨릭Catholicism이나 개신교Protestantism에 버금가는 체급의 종교가 하나 더 있습니다. 그것은 바로 동방정교회Eastern Orthodoxy, 또는 정교회라 불리는 기독교입니다. 우리나라에선 교세가 크지 않아서 그렇지 정교회는 유럽을 양분하고 있는 종교입니다. 위의 메흐메드 2세가 알라를 찬양했던 성 소피아 대성당은 당시 카톨릭 성당이 아니라 정교회의 성당이었습니다. 그 성당은 13세기 초 4차 십자군 원정 시엔 엉뚱하게도 같은 편처럼 보이는 카톨릭 교도인 십자군에게 점령되어 57년간 카톨릭 성당으로 사용되기도 했습니

정교회 성당의 화려한 실내 문양

다1204-1261. 기독교와 이슬람교를 오가며 종교적인 용처로만 운명이

세 번씩이나 바뀐 성소입니다. 그리고 20세기엔 박물관으로도 사용

되다가 2년 전인 2020년부터 다시 모스크로 사용되고 있습니다.

이렇듯 로마 제국이 서로마와 동로마로 양분되었듯이 이후 기독교

도 서로 침공을 할 정도로 적대적인 카톨릭과 정교회로 나뉘었습니

다. 1054년 동서 대분열이라 불리는 사건으로 카톨릭 하나였던 기독

교가 둘로 쪼개진 것입니다. 정교회를 동방정교회로 부르듯이 카톨

릭도 역사성과 지역성을 부과할 때에는 서방카톨릭, 또는 그것의 본산인 로마 카톨릭으로 불립니다.

## 기독교와 개신교

그리고 세 번째로 등장한 개신교는 1517년 독일의 신학자인 마르틴 루터가 로마 카톨릭의 면죄부 판매에 항의, 95개 조에 달하는 반박문을 발표한 것이 계기가 된 종교 개혁으로 새롭게 출현한 기독교입니다. 이후 유럽의 여러 종교전쟁을 거치며 개신교는 세계 각 나라로 뻗어가 많은 교파를 탄생시켰습니다. 개신교는 이름에서도 보이듯 먼저 일어난 카톨릭과 구분하여서는 그냥 신교新教라고도 불립니다. 이때 카톨릭은 신교와 대비되는 구교舊教로 불립니다. 주로 개신교 측에서 이렇게 부르고 있습니다. 이렇듯 가장 먼저 생긴 로마의 카톨릭을 기준으로 볼 때 기독교는 11세기의 분열로 정교회와는 지역적인 구분으로 동서 교회가 되고, 이후 16세기에 반발로 일어난 개신교와는 시대적인 구분으로 신구 교회가 되는 것입니다.

서양에서 개신교는 기존 기독교에 항거해서 일어났기에 그것이 그대로 이름이 되었습니다. 그래서 프로테스탄티즘Protestantism인데 우리는 그렇게 번역하지 않았습니다. 그보다는 종교개혁을 통해 일어난 새로운 종교라는 의미를 더 받아들여 개신교改新教가 되었습니다. 저항교라고 번역하기엔 좀 그랬나 봅니다. 정교회Orthodoxy는 이름 그대로 기독교의 정통성을 갖춘 종교라는 뜻입니다. 우리말 번역도 그렇게 되었습니다. 이름으로만 보면 후발 주자이니 먼저 일어난 카톨릭과 대비하여 원조를 주장하고 있는 것처럼 보입니다. 카톨릭Catholic의 어원은 보편성에 기초합니다. 만인을 위한 교회라는 뜻으로 보입니다. 그런데 우리말 번역은 보편교라 하지 않고 천주교로 했습니다. 이렇듯 카톨릭과 정교회는 어원으로만 보면 보편성과 정통성을 각각 이름에 담고 있습니다.

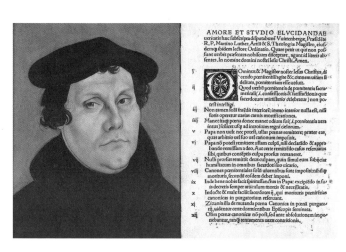

개신교를 출현케 한 마르틴 루터(1483~1546)와 그가 쓴 95개 조 반박문

카톨릭, 정교회, 개신교, 이 3개 종교는 위와 같은 역사성과 큰 교세로 인하여 세계 3대 기독교라 불립니다. 오늘날 전 세계적으로 볼 때 기독교도의 수는 32%에 달하며 그중 카톨릭이 약 13억, 개신교가 6억, 정교회가 3억을 기록하고 있습니다. 이 수치는 이단이 아닌 정상적인 교회의 등록 신도 수 기준으로 보입니다. (출처: International Bulletin of Missionary Research, 2021. 1.)

## 기독교 3개 종교의 특징

기독교의 카톨릭, 정교회, 개신교는 모두가 하늘에 계신 우리 아버지를 유일신으로 받들고 예수 그리스도를 그의 독생자로 믿는 종교입니다. 경전은 공히 성경 Bible 입니다. 이 성경의 다른 해석으로 기독교가 크게 3개로도 나뉘었지만 그 안에서 또 많은 종파나 교파로 분파되었습니다. 그에 따라 각각의 종교마다 교리와 예식에 적지 않은 차이를 보이고 있습니다. 성직자의 결혼 유무만 보더라도 카톨릭은 주지하다시피 신부는 미혼만 가능하여 사제 서품을 받고서도 평생 미혼으로 살아야 합니다. 그래서 신부가 결혼을 한다는 것은 교회를 떠나는 것을 의미합니다. 이혼 불가는 신도들에게도 엄격히 적용되어 역사적으로 카톨릭 국가였던 영국의 헨리 8세 왕은 이혼을 하고자 로마 바티칸에 저항하여 영국 교회인 성공회 Anglican Church 를 출범시켰습니다. 그리고 그는 그의 뜻을 초과하여 이혼을 거듭한 결과 6명의 왕비를 두었습니다.

개신교는 성직자인 목사의 결혼과 이혼이, 그리고 재혼도 자유롭습니다. 사유재산도 인정하니 가족을 꾸리는 등 인간사의 자연스러운 면을 인정하는 것 같습니다. 그리고 대부분의 개신교파에선 여자도 목사가 될 수 있습니다. 3대 기독교 중 가장 나중에 생긴 만큼 가장 진보적인 면을 갖추고 있나 봅니다. 정교회는 또 다릅니다. 정교회의 신부는 사제 서품을 받기 전엔 결혼과 이혼, 재혼 유무가 상관이 없습니다. 결혼한 사람도 신부가 될 수 있다는 것입니다. 하지만 서품을 받으면 더 이상 결혼도 안 되고 이혼도 허용하지 않습니다. 즉, 그가 사제로 살아가는 이상 서품을 받을 때 미혼이면 평생 미혼으로 살아야 하는 것이고, 기혼이면 평생 기혼을 유지해야 한다는 것입니다.

조직적인 면에서도 세 종교는 차이를 보이고 있습니다. 카톨릭은 유일하게 국가나 군대, 기업처럼 확고한 세계적인 조직을 갖추고 있습니다. 물론 그것의 원탑 수장은 로마 바티칸의 교황청에 있는 교황입니다. 교황은 중앙의 그곳에서 전 세계 카톨릭 성직자들의 인사권을 쥐고 카톨릭을 움직입니다. 그 바로 밑으로는 그를 보좌하는 최고 성직자 그룹인 추기경이 있는데 이들은 교황 공석(사망, 퇴위) 시 새로운 교황의 선출권을 가지고 있는 사제들입니다. 그리고 지역적으로는 교황이 임명한 주교들이 세계의 각 지역을 맡아서 담당합니다. 교황도 역시 주교로서 그는 로마 지역을 담당하고 있습니다. 그 주교들 밑으로 신자들과의 접점인 각 지역의 성당을 책임지는 신부들이 있습니다.

반면에 정교회는 세계적인 중앙 조직을 갖추고 있지 않습니다. 대신 각 국가를 대표하는 도시에 있는 총대주교가 그 국가의 종교 수장을 맡고 있습니다. 그래서 정교회는 국가마다 독립적인 형태로 움직이고 있습니다. 카톨릭과는 달리 러시아 정교회, 그리스 정교회, 루마니아 정교회 등으로 불리는 이유입니다. 그래도 대외적인 면에서 형식적이긴 해도 정교회의 총본산이 과거 동로마 제국의 수도였던 콘스탄티노플이기에 오늘날 이스탄불의 총대주교가 정교회를 대표하기는 합니다. 하지만 정교회 신자가 가장 많고 국력이 센 러시아의 모스크바 총대주교가 실질적으로 정교회 최고의 지도자 역할을 해오고 있었습니다. 그만큼 입김이 센 것이지요. 더구나 튀르키예는 오늘날 전 국민의 99%가 무슬림인 이슬람 국가로 바뀌었기에 이스탄불 총대주교는 상징적인 의미만을 가지고 있습니다. 이렇게 정교회는 각 국가별 독립적인 조직이기에 이번 러시아의 우크라이나 침공 시 모스크바의 총대주교와 키이우의 총대주교가 강하게 충돌할 수 있는 것입니다.

1965년 바티칸의 교황 바오로 6세와 이스탄불의 총대주교인 아티나고라스는 예루살렘에서 만나 천 년의 화해를 하였습니다. 1054년 동서 교회 대분열 시 서로를 파문했던 로마의 교황과 콘스탄티노플의 총대주교가 동시에 그 파문을 철회한 것입니다. 아마 그때 그 자리에서 교황은 4차 십자군 원정 시 감행했던 십자군의 콘스탄티노플 침공을 사과했을지도 모릅니다. 이어서 지난 2016년 2월엔 프란체스코 교황과 정교회의 실세인 러시아의 키릴 모스크바 총대주교가 만나 또 화해의 악수를 나누었습니다. 아이러니하게도 그 화해를 주선한 인물은 쿠바의 독재자 카스트로였습니다. 만남 장소도 쿠바의 수도 아바나였습니다. 이렇게 큰일을 주선하고 카스트로는 그해 11월 사망했는데 이 일로 그는 확실하게 천당을 갔을 것입니다. 지구상 하느님과 가장 가까운 두 분을 천 년 만에 만나게 했고, 서방카톨릭과 동방정교회의 수장인 그들에게 동시에 축복도 받았을 테니까요.

개신교는 구심점이라 할 수 있는 단일 조직 체계를 태생부터 갖출 수 없었습니다. 16세기 초 종교개혁을 일으킨 마르틴 루터가 교주 역할을 하며 특정한 종교를 만든 것이 아니었으니까요. 그래서 각 지역별로, 국가별로 세기가 힘들 만큼 많은 교파로 나뉘었습니다. 그 과정에서 유럽의 각 나라에서는 기득 종교인 카톨릭과 개신교 간에 크고 작은 종교전쟁과 분란이 벌어지기도 했습니다. 당시 잉글랜드는 다른 개신교와는 뿌리가 다른 성공회가 국교였는데 북부 스코틀랜드는 스위스의 칼뱅이 창립한 장로회가 융성해 국교로까지 지정되었습니다. 세례에 대한 다른 해석으로 존 마이어스가 일으킨 침

천 년의 화해, 프란체스코 교황과
키릴 총대주교의 만남. 아바나, 2016

례회는 유럽에서 미국으로 건너가 개신교 국가인 미국에서 가장 큰 교파가 되었습니다. 영국의 웨슬리가 창립한 감리회는 미국으로 건너가 개화기의 우리나라에 장로회와 함께 일찍이 전파되었습니다. 이렇듯 개신교엔 교파별 그것을 창립한 파운더들이 있다는 점도 카톨릭이나 정교회와는 다른 점이라 하겠습니다.

주지하고 있듯이 개신교는 이들 이외에도 크고 작은 수많은 교파들이 있습니다. 그래서 개신교는 각 교파별 각개적인 조직은 있겠으나 카톨릭이나 정교회처럼 세계적이거나 국가적인 단일 조직을 갖추고 있지 못해 통합적인 한 목소리를 내기는 원천적으로 불가능합니다.

참고적으로 우리나라의 개신교 인구는 전체 인구의 20%로 11%인 천주교를 앞섭니다. 그 사이 불교가 2위로 17%를 차지하고 있습니다. (출처: 한국리서치 정기조사 〈여론 속의 여론〉, 2021)

## 기독교, 유대교, 이슬람교

그런데 카톨릭, 정교회, 개신교 이외에 왠지 기독교일 것만 같은 종교가 하나 더 있습니다. 바로 유대교입니다. 오늘날 이스라엘인 유대지역은 기독교의 성자 예수 그리스도가 태어난 곳이고, 그도 유대인이기에 그렇게 생각되기 쉬울 것입니다. 하지만 유대교는 기독교가 아닙니다. 이것은 마치 이슬람교가 기독교가 아닌 것처럼 유대교는 기독교와는 다른 종교입니다. 일단 유대교는 기독교를 규정하는 중요한 존재인 예수 그리스도를 메시아로 인정하지 않습니다. 네이버 국어사전에서 메시아는 " 구약 성서에서, 초인간적 예지를 가지고 이스라엘을 통치하는 왕", " 신약 성서에서, 예수 그리스도를 지칭 "이라고 정의되어 있습니다. 세계 종교가 된 지금 구약의 메시아는 이스라엘에 한정하지 않고 만인을 구원하는 왕 정도로 해석되어야 할 것입니다. 우리 사전의 이런 구약의 정의는 기독교와 유대교 모두 인정하지만, 그런 그가 예수 그리스도라는 신약의 정의는 유대교 본산인 이스라엘 국어사전에선 찾아보기 힘들 것입니다.

기독교는 세계 각지에 많은 교파들이 있지만 그들 모두의 공통점은 유대인이 역사적으로 기다려 온 메시아를 예수 그리스도로 인정하는 종교입니다. 그런데 정작 유대인의 유대교에선 이 메시아가 아직 오지 않았다고 합니다. 그러니 그들은 여전히 기다리고 있는 것입니다. 마치 언제 올지 모르는 고도를 기다리는 사무엘 베케트의《고도를 기다리며》작품 속 두 사내처럼 말입니다. 하물며 오늘날까지도 유대인 중엔 예수를 구약 시대 이후로 숱하게 왔던 선지자급으로도 인정하지 않는 사람들도 있다고 합니다. 이렇게 같은 종족임에도 찬밥 대우를 하니 예수 생전 가라사대 "선지자가 고향에서는 환영을 받는 자가 없느니라(누가복음 4:24)"라고 체념성 발언까지 했을 것입니다. 그러니 당연히 유대교엔 예수의 생일인 크리스마스도 없습니다. 유대인은 크리스마스를 우리 불교 신자들이 생각하는 정도의 공휴일로 인식할 것입니다. 이것은 요즘 들어 서구에서 크리스마스 인사로 그간 독점해온 "메리 크리스마스Merry Christmas!"이외에 "해피 할러데이Happy Holiday!"도 점차 많이 들리고 있는 이유이기도 할 것입니다.

그러나 이슬람교에서는 다소 놀랍게도 그들이 섬기는 무함마드(마호메트)보다 세상에 먼저 온 예수를 선지자로 확실히 인정하고 있습니다. 그들은 예수가 생전에 벌인 기적들도 인정합니다. A급 선지자로 간주하는 것입니다. 하지만 그들에게 기독교의 메시아와 같은 존재

동족인 유대인에 의해 〈빌라도 앞에 선 그리스도〉 | 미하이 문카치 | 1844

는 당연스레 진정한 선지자로 추앙받는 무함마드 하나뿐입니다. 그
종교의 파운더이니까요. 즉, 기독교의 메시아는 서기 1년에 세상에
온 예수 그리스도이고, 이슬람교의 메시아는 570년에 온 무함마드
인데, 유대교의 메시아는 아직 오지 않았다는 것입니다. 이것이 서구
역사에 상당한 영향을 준 3개 종교 간 가장 뚜렷한 차이일 것입니다.

크리스마스를 더 논하자면 기독교 내부에서조차 그날은 통일되어
있지 않습니다. 예수가 태어난 12월 25일은 카톨릭과 개신교의 크리
스마스이지 정교회의 크리스마스는 아닙니다. 태어난 날은 같은데

그날을 카운트한 캘린더가 달라서 그렇습니다. 오늘날 우리가 사용하는 캘린더는 그레고리력에 기초하는데 정교회는 로마 시대 율리우스 카이사르가 기원전 45년에 선포한 율리우스력을 지금도 사용하고 있습니다. 우리말 성경에 "가이사의 것은 가이사에게"에 등장하는 그 가이사가 만든 캘린더입니다. 그래서 정교회의 시간은 그레고리력의 세계 표준 시간과 다르게 흘러가고 있습니다. 현재 정교회 국가와 신자들의 크리스마스는 1월 7일입니다. 그들은 정교회답게 예수 생전에 사용했던 캘린더를 따르는 것이 정통하다고 보는 것입니다. 율리우스력과 그레고리력에 대한 자세한 내용은 이 책의 다른 글, 〈율리우스력과 동방정교회〉에서 확인할 수 있습니다.

경전으로 보면 유대교는 기독교의 구약에 해당되는 제1 경전 타나크Tanakh와 바빌론 유수 시 그곳에서 유대인의 정체성에 대해 집대성한 제2 경전인 탈무드가 있습니다. 타나크는 거의 대부분이 히브리어로 쓰여있어 히브리 성경이라고도 불립니다. 유대교 율법서 중 가장 중요하게 여겨지는 토라는 이 구약(타나크)의 앞부분인 창세기, 출애굽기, 레위기, 민수기, 신명기 등의 5권을 가리킵니다. 이집트에서 유대인을 탈출시킨 모세가 썼다고도 알려져 모세오경으로도 불립니다. 물론 그 안엔 모세가 하느님께 직접 하사받은 십계명도 들어있습니다. 1세기에 출현한 기독교는 본래 유대인의 경전인 이 구약에 예수 출현 이후 제자들이 쓴 복음서인 신약이 붙어 완전체가 된 바이블Bible을 경전으로 하고 있습니다. 그리고 가장 나중인 7세기에 출현한 이슬람교는 이 구약과 신약 내용 중 그들의 종교에 위배되는 내용을 제외한 것에 무함마드가 저술한 코란Koran이 더해집니다. 이슬람교가 유대교와 기독교의 장점을 더해서 만들었다는 근거가 될 경전의 유래입니다.

성직자의 경우 기독교는 카톨릭, 정교회, 개신교 모두 신과 인간의 중간에 성직자가 있지만 유대교와 이슬람교에는 성직자가 없습니다. 평신도가 예배를 인도하는 것입니다. 우리 귀에 많이 들리는 유대교의 랍비는 율법 공부를 많이 한 사람이지 성직자는 아닙니다. 그들은 예배를 인도합니다. 하지만 이슬람교에선 예배를 인도하는 사람도 공부와는 상관이 없습니다. 이맘이라 불리는 예배의 인도자는 지식인이든 무식자이든, 부자든 거지이든 누구나 예배를 인도할 수 있습니다. 그만큼 그들의 신 알라 앞에서는 모두가 평등하다는 것을 보여주는 일면일 것입니다. 예배를 보는 장소도 기독교는 성당, 교회 등으로 불리지만 유대교는 시너고그, 이슬람교는 모스크라 불립니다.

# 여호와, 야훼, 하느님, 하나님, 알라, 가드(God)

예수 그리스도의 족보를 타고 올라가면 그 꼭대기엔 아브라함이 있습니다. 기독교와 유대교 모두에게 믿음의 조상으로 추앙받는 인물입니다. 그 족보 중간쯤엔 유대 왕국을 통일한 다윗과 지혜의 왕 솔로몬도 등장합니다. 아브라함은 뒤늦게 하느님의 은총으로 100세에 얻은 아들 이삭으로 인하여 이렇게 화려한 유대인의 가계를 이어갈 수 있게 되었습니다. 이슬람교에도 아브라함이 등장하는데 그는 무슬림에겐 이브라힘으로 불립니다. 그런데 이슬람의 족보는 아브라함의 아들 이삭으로 안 내려가고 그의 다른 아들인 이스마엘 쪽으로 내려갑니다.

이스마엘은 아브라함이 이삭을 낳기 전에 이집트 출신 이방인인 여종 하갈을 통해 먼저 낳은 아들이었습니다. 즉, 측실을 통해서 난 서자였습니다. 하지만 정실인 사라가 90세에 이삭을 낳자 그는 16세 때에 친모와 함께 추방을 당하는 비운을 겪게 됩니다. 상속과 후계를 염려한 사라가 아브라함을 독촉해서 일어난 일이었습니다. 먼저 태어났음에도 아버지 아브라함에게 버림받은 이스마엘을 선조로 생각하는 이슬람교와 그 아브라함을 믿음의 조상으로 섬기는 기독교가 역사적으로 서로 배척하는 데에는 이런 뿌리 깊은 배경도 작용할 것

프라하에 소재한 화려하고 독특한 예루살렘 시너고그, 유대인의 표식인 다윗의 별이 정면에 보임

입니다.

마찬가지로 기원전 바빌론 유수에 이어 1차 유대 – 로마 전쟁66-73 등
으로 멸망해 디아스포라를 겪으며, 유럽 어디에 정착하든 주변인으
로 고립되어 생활하고, 20세기 들어선 히틀러에 의해 대학살로까지
이어진 유대인들은 기독교의 메시아 예수 그리스도를 박해하고 십
자가에 못 박게 한 주도 세력이었기에, 이후 서양의 역사를 주도한

기독교도들에 의해 배척을 당했다고 볼 수 있습니다. 이렇듯 역사든, 신화든, 종교든, 세상사와 인간사는 땔감을 땔 땐 굴뚝에선 반드시 연기가 나듯이 필연적인 인과 관계에 의해 움직이고 있습니다. 이런 뿌리 깊은 연유로 기독교 대 유대교, 유대교 대 이슬람교, 이슬람교 대 기독교의 반목하는 역사가 이어져 온 것입니다.

"하나님이 그 어린아이의 (우는) 소리를 들으셨으므로 하나님의 사자가 하늘에서부터 하갈을 불러 이르시되 하갈아 무슨 일이냐 두려워하지 말라 하나님이 저기 있는 아이의 소리를 들으셨나니 일어나 아이를 일으켜

〈하갈과 이스마엘을 내쫓는 아브라함〉 | 게르치노 | 1657

네 손으로 붙들라 그가 큰 민족을 이루라 하시니라. 하나님이 하갈의 눈을 밝히셨으므로 샘물을 보고 가서 가죽 부대에 물을 채워 그 아이에게 마시게 하였더라. 하나님이 그 아이와 함께 계시매 그가 장성하여 광야에서 거주하며 활 쏘는 자가 되었더니 "(창세기 21장 17~20절)

아, 그런데 하느님은 이스마엘 모자를 버리지 않았습니다. 위의 구약 창세기에 등장하는 어린 아이는 이스마엘입니다. 그와 엄마 하갈이 광야에서 아브라함이 내쫓을 때 싸준 식량과 물이 다 떨어져 생사를 헤맬 때 하느님이 보우하사 이렇게 그들을 살리고 큰 민족을 이루라는 축복까지 내린 것입니다. 그리고 하느님의 축복대로 이스마엘은 이슬람교의 창시자인 무함마드의 선조가 됩니다. 이렇듯 육의 아버지인 아브라함은 이스마엘 모자를 버렸지만 영의 아버지인 하느님은 그들을 버리지 않았습니다.

위의 구약 창세기 내용은 기독교, 유대교, 이슬람교 등 3대 종교가 모두 공유하는 내용일 것입니다. 광야에서 생사를 오가던 이스마엘과 하갈을 살려주고 축복한 신은 기독교의 카톨릭과 정교회에선 우리말로 하느님으로 불리지만 개신교에선 하나님으로 불립니다. 위의 인용한 창세기는 개신교 성경이기에 하나님으로 표기되어 있습니다. 이 하나님은 히브리 원어로는 여호와Jehovah, 또는 야훼Yahweh가 됩니다. 사실 여호와나 야훼든 이것이 불분명한 것은 하느님이 직접 내가 누구라고 밝힌 것을 들은 사람은 그로부터 십계명을 전달받은 모세가 유일하므로 모세만이 정확한 그분의 이름을 알 것입니다.

또한 기독교와 유대교의 야훼 하느님은 이슬람교에서는 알라Allah가 됩니다. 영어 성서에선 가드God로 표기되어 있습니다. 이렇듯 위의 창세기에 이스마엘 모자를 살린 같은 사건에 등장한 그 신은 다 다르게 불리지만 다 같은 신일 것입니다. 종교마다 하늘에 계신 그분에 대한 인식과 섬김의 방법은 다를 수 있겠지만 그분이 세상과 인간을 창조한 조물주요, 인간사의 길흉화복을 다스리는 절대자라는 측면에서는 동일할 수밖에 없을 테니까요. 세상에 딱 한 분밖에 안 계시는 유일신인 데다가 사는 곳도 같고, 하는 일도 같은 그분이 종교마다 다르다면 그것은 그 자체로 모순일 것입니다.

어디에나 계시는 하느님….

이 책의 다른 글 〈유 고 유고슬라비아?〉에서 밝혔듯이 저는 구 유고슬라비아 여행 시 보스니아–헤르체고비나를 방문했습니다. 그 나라는 20세기 말 그곳을 포함해 세르비아, 크로아티아, 슬로베니아, 몬테네그로, 북마케도니아 등 6개 나라로 쪼개지는 연방 해체 과정에서 후유증이 가장 컸던 나라입니다. 제가 방문했던 그날도 버스로 통과하는 곳의 도로 양 옆 가옥과 건물마다 내전 당시 박힌 선명한 총탄 자국들을 볼 수 있었습니다. 그 나라가 더 심하게 내전1992-1995으로 몸살을 앓은 것은 위의 다른 유고 연방의 국가들에 비해 종교가 상대적으로 균등한 비율을 보이고 있어서 그랬습니다.

보스니아 – 헤르체고비나의 종교별 신자수 분포는 이슬람교 40%, 세르비아 정교회 31%, 로마 카톨릭 15% 등으로 폭넓게 퍼져있습니다. 이렇게 한 종교로 치우쳐 있지 않기에 주변국인 세르비아는 자국계 정교회 신자들을 보호하기 위해, 크로아티아는 자국계 카톨릭 신자들을 보호하기 위해 이곳을 침공하고 메이저 종교인 이슬람교도들을 학살한 것입니다. 세르비아는 정교회 신도수가 84.6%로, 크로아티아는 카톨릭 인구가 86.3%에 달할 정도로 구 유고 연방 국가들 중 이 둘은 거의 강력한 단일 종교 국가들입니다. 그런 나라들이 종교적으로만 보면 가장 평등해 보이는 보스니아 – 헤르체고비나를 탄압한 것입니다. (출처: 외교부 홈페이지)

저는 보스니아 – 헤르체고비나에서 두 도시를 방문했는데 먼저 간 도시는 모스타르였습니다. 모스타르 시내에 진입하면 일단 눈에 띄는 것이 이슬람 모스크의 첨탑입니다. 하지만 그곳엔 동방정교회 성당도 있고, 서방 카톨릭 성당의 십자가도 눈에 띕니다. 그리고 시내를 걸으며 보니 유대교의 예배당인 시너고그 터도 볼 수 있었습니다. 개신교 교회는 확인하지 못했습니다. 인구 11만의 이 중세 도시에선 역사적으로 이슬람교도와 기독교도들이 도시를 관통하는 좁은 네레트바 강을 사이에 두고 이렇게 종교의 자유와 평등을 누리며 서로 사이좋게 살아온 것입니다.

그 강엔 평화를 상징하는 다리인 스타리 모스트Stari Most가 놓여 있었습니다. 하지만 내전 시 1993년 그 다리는 무참히 폭파되었습니다. 1566년 오스만 제국 때 건립되어 오래된 다리라는 뜻을 가진 다리가 허망하게 무너진 것입니다. 그간 모스타르 시민들은 여호와와 알라 두 신을 섬기며 역사적으로 평화롭게 공존해왔는데 그 교류의 상징이자 실재인 다리가 끊어졌습니다. 뒷 페이지 사진 좁은 강 왼편엔 알라 신이 살았고, 오른편엔 여호와 신이 살았습니다. 아, 지금도 살고 있겠지요.

이렇듯 정작 그곳 사람들은 옛날부터 이렇게 다른 신을 섬기며 함께 살아도 아무 문제가 없었는데 그곳에 살지도 않는 외부인들이 문제를 제기하며 평화를 깬 것입니다. 종교에 정치가 개입되어 그렇게 되었습니다. 다행히 그 다리는 강에 빠진 파편들을 모아 2004년 복구

내전 시 폭파된 모스타르의 다리와 복구된 오늘날의 다리. 모스크 뒤 멀리 산 위로 십자가가 보임

되었습니다. 평화의 상징이 부활한 것입니다. 재건축 준공식엔 현재 영국 국왕인 찰스 3세를 비롯한 각국의 주요 인사들이 참석을 하여 그 다리를 건넜습니다. 제가 방문한 그날도 저를 포함하여 많은 사람들이 그 다리를 자유롭게 오갔습니다. 기독교 지역에서 이슬람 지역으로, 이슬람 지역에서 다시 기독교 지역으로 말입니다.

모스타르에서 남서쪽으로 30분 정도 차로 가면 메주고리예라는 도시가 나옵니다. 인구 2,300명 정도의 작은 마을이지만 그곳엔 연중 내내 그 인구보다 훨씬 많은 사람들로 북적입니다. 그 방문객들은 순수 여행자와 성지 순례자로 구분됩니다. 그곳이 1981년 성모 마리아가 출현한 성모 발현지이기에 그렇습니다. 한마디로 포르투갈의 파티마와 같은 곳입니다. 제가 방문했을 때에도 많은 신자들이 와서 야외 미사를 보고 있었습니다. 십자군 원정 때 순례자들의 의료 문제를 지원하기 위해 창설된 몰타 기사단의 십자가 로고가 박혀있는 건물과 그 앞의 구급차도 보인 것으로 보아 이곳은 정교회가 아니고 로마 카톨릭의 성지임이 틀림없습니다.

교황청은 메주고리예를 아직까지는 공식적인 성모 발현지로 인정하고 있지는 않으나 프란체스코 교황은 2018년 이곳에 교황청 상주 특사를 파견하고 그 이듬해 신자들의 순례를 공식적으로 허용하였

메주고리예를 방문한 성지 순례자들의 야외 미사 모습 | 2022.9.

습니다. 이슬람교가 메이저인 국가에, 그다음으로는 기독교의 정교
회가 다수이고, 카톨릭 신도수는 고작 15%인 국가에 성모 마리아가
발현했습니다. 하느님은 어디에나 계시기 때문일 것입니다.

지금까지 저는 서구 문명의 큰 축인 히브리즘의 종교인 기독교의 카
톨릭, 정교회, 개신교와 그 주변의 유대교와 이슬람교에 대해 알아보
았습니다. 주로 두드러진 유사점과 차이점에 대한 내용이었습니다.
그러한 비교점들은 훨씬 많겠지만 제가 아는 범위 내에서, 그리고 서
두에 말씀드린 대로 영성과 교리는 배제한 인간의 관점에서 본 내용
들만 집어서 언급했다고 생각합니다. 그런데 기독교, 유대교, 이슬람

교는 같은 뿌리에서 나왔고 지역도 인접해 있어 이렇게 덜 이질적인 면도 있겠으나 기독교와 멀리 떨어진, 예를 들면 동양의 불교와 비교하면 어떨까요? 너무 멀리 가는 것일까요?

아래 내용은 홍익희 전 세종대 교수가 쓴 신문 칼럼인 〈新유대인 이야기〉의 내용 중 일부입니다. 그는 국내에서 유대인 전문가로 손꼽히는 학자입니다. 생각해보니 과거 한 조찬 모임에서 그의 강연을 들은 적이 있었네요.

"높은 산을 오르는 길은 여러 갈래가 있다. 하느님께 가는 길도 이와 같지 않을까? 틀린 길이 아니라 서로 다른 길이다. 종교마다 올바르게 사는 길을 다른 이름으로 부른다. 이를 유대교에서는 '율법', 기독교에서는 '복음', 이슬람교에서는 '코란', 불교에서는 '다르마', 힌두교에서는 '요가', 도교에서는 '도'라 부른다." (《조선일보》, 2022. 6. 14.)

TAKEOUT **2**

# 사랑, 그 위험한 역사

## 헬레네 vs 페넬로페

서구 역사상 최고의 미인은 누구일까요? 세계대전급 전쟁을 불러일으킨 미인과 100명이 넘는 구혼자를 죽게 만든 미인이 있다면 누구의 미모가 더 뛰어난 것일까요? 신화 속에서 역사로 살아난 미인열전입니다.

# 일리아드 & 오디세이

역사상 최고의 고전으로 꼽히는《일리아드》와《오디세이》사이에는 트로이 전쟁의 종전이 있습니다. 기원전 13세기 인류 최초 세계대전인 트로이 전쟁의 개전부터 종전까지의 10년 기간 중 마지막 10년차 51일의 기록이《일리아드》이고 종전 후 한 전쟁 영웅의 귀향길을 다룬 또 10년의 기록 중 일부가《오디세이》입니다. 둘 다 모두 24권의 서사시로 눈먼 현자 호머(호메로스)가 저술한 것으로 알려진 인류의 귀한 유산입니다.

《일리아드》는 당시 트로이의 그리스식 이름인 일리오스에서 따왔고 《오디세이》는 그리스 연합군으로 전쟁에 참전한, 이타카의 왕 오디세우스의 귀향 여정을 그린 것으로 그의 이름은 영어로는 우리에게 익숙한 율리시스입니다. 그래서《오디세이》의 주인공은 당연히 오디세우스 본인이지만《일리아드》의 주인공은 그리스와 트로이의 많은 전쟁 영웅 중 최고 활약을 펼친 아킬레우스라 할 수 있습니다.《일리아드》의 내용이 아킬레우스가 그리스 연합군 총사령관인 미케네의 왕 아가멤논과 여자 포로 문제로 갈등을 겪고 전쟁에서 빠져 있다가, 그의 4촌 동생의 죽음으로 다시 참전하여 동생을 죽인 트로이 왕자 헥토르를 결투에서 살해하는 것이 주요 줄거리이기에 그렇습니다.

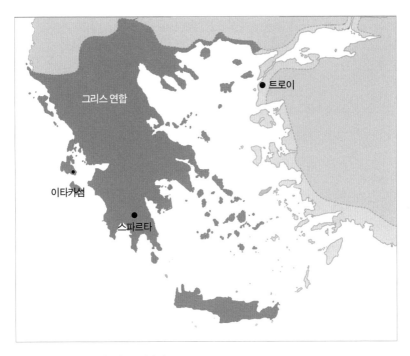

트로이 전쟁 당시 고대 그리스와 트로이의 지도

남자 주인공이 아킬레우스와 오디세우스 그 둘이라면 여자 주인공
은 바로 이 글의 제목에서 보이는 두 여인입니다.《일리아드》엔 스파
르타의 왕비 헬레네Hellene가 있고《오디세이》엔 이타카의 왕비 페넬
로페Penelope가 있습니다. 그런데 이 두 왕비의 삶은《일리아드》와《오
디세이》스토리만큼이나 참으로 다르게 펼쳐집니다.

# 일리아드의 미녀 헬레네

헬레네는 당시 자타공인 그리스 최고 미녀입니다. 얼마나 미녀이면 올림포스 산상에 사는 여신들이 그녀의 미모를 질투해서 인정할 정도이니 당시로선 세계 최고의 미녀라 할 수 있겠습니다. 그런 그녀의 미모 때문에 트로이 전쟁도 발발했습니다. 그녀는 트로이의 젊고 잘생긴 왕자 파리스와 눈이 맞아 야반도주하여 트로이로 새 시집을 가게 됩니다. 당시 그녀는 딸이 있었고 파리스도 유부남 상태이니 전형적인 불륜이라 할 수 있겠습니다. 세 여신의 미모를 가리는 파리스의 심판이라 불리는 사건으로 헤라, 아테나와 여신 간 미모 경쟁에서 승리한 아프로디테의 운명적인 개입이 있었다곤 하지만 헬레네는 유부남과 눈이 맞아 남편도 자식도 조국도 모두 버렸습니다. 그것도 고귀한 왕비의 신분으로 말입니다.

트로이 전쟁 중 파리스는 독화살을 맞아 죽게 되는데 헬레네는 이후 파리스의 동생인 데이포보스 왕자와 또 결혼식을 올립니다. 또한 그리스 첩자 역할을 하여 트로이의 운명을 좌우할 신상을 적국인 그리스 편에 넘기기도 합니다. 마침내 트로이 성이 함락될 때 첫 남편인 스파르타 왕 메넬라오스와 현 남편인 트로이의 왕자 데이포보스와 결투할 때 헬레네는 첫 남편을 도와 세 번째 남편을 죽이는데 일조합

〈헬레네〉| 단테 가브리엘 로세티 | 1863

니다. 결투 중인 현 남편을 뒤에서 화병으로 내려친 것입니다. 그렇게 그녀는 다시 첫 남편의 품에 안기게 되고 그와 함께 고국 스파르타로 돌아가게 됩니다. 모두 전쟁 기간인 10년 안에 있었던 일입니다.

# 오디세이의 미녀 페넬로페

페넬로페는 지혜로운 남편인 오디세우스가 트로이 목마 아이디어를 내서 10년에 걸쳐 지루하게 펼쳐진 그 전쟁을 끝냈다고 하니 더없이 기쁜 마음으로 그를 기다렸을 것입니다. 에게해를 사이에 두고 현재 튀르키예 지역인 트로이에서 그리스의 이타카까지는 당시 선박 기술로도 3일이면 도착할 수 있는 가까운 거리였습니다. 그런데 기다려도 기다려도 낭군인 오디세우스는 오지 않았습니다. 바다의 신 포세이돈의 아들인 외눈박이 거인인 폴리페모스를 장님으로 만든 죄로 인해 신의 저주를 받아 바다 이곳저곳을 헤매며 갖은 모험 속에 빠져 있었기 때문이었습니다. 그렇게 속절없이 전쟁 기간만큼이나 긴 10년이 또 지루하게 흘러갔습니다.

이때 이타카에선 오디세우스 왕이 죽었다 생각하고 아름다운 왕비 페넬로페에게 청혼하는 구혼자들이 넘쳐나기 시작했는데 그 수가 무려 108명이나 되었습니다. 그들은 왕궁에 진을 치고 그녀에게 결혼할 것을 종용하였습니다. 그러함에도 그녀는 남편의 귀국을 믿고 갖은 꾀를 내어 그들의 요구를 밀쳐내며 결혼을 연기시켰습니다. 마침내 고국에 도착한 오디세우스는 아들 텔레마코스와 함께 그들 모두를 물리치고 사랑하는 아내 페넬로페와 반갑게 만나게 됩니다. 무

〈페넬로페와 구혼자들〉 | 존 윌리엄 워터하우스 | 1912

려 20년 만의 재회입니다. 사실 오디세우스의 귀국길에는 키르케,
칼립소, 나우시카 등 그와 함께 살자는 아름다운 요정과 공주들이 많
았음에도 그 역시도 아내에 대한 사랑으로 그들을 물리치고 그녀에
게 온 것이었습니다. 부창부수, 서로 끌어당기는 사랑의 힘입니다.

# 두 여인의 운명

이렇듯 신화 속 여자 주인공 헬레네와 페넬로페의 인생은 판이하게 다르게 전개됩니다. 한 명은 절세의 미모로 인해 여러 남자와 다양한 운명을 겪지만, 또 한 명의 미녀는 유교 국가에서나 볼 법한 절개와 정절로 한 남자와 한 운명으로 끝까지 엮입니다. 트로이를 지도 위에서 사라지게 한 헬레네는 어떻게 보면 팜므파탈이라 할 수 있겠으나 대개의 팜므파탈과는 달리 그녀는 말년 운도 좋아 고국 스파르타에서 원 남편인 메넬라오스와 끝까지 행복하게 잘 살았습니다. 미모도 통상의 미모를 뛰어넘는 최상위 레벨이면 미인박명을 피해가나 봅니다.

《일리아드》의 시작에 한 여자가 있었고 《오디세이》의 끝에 또 한 여자가 있었습니다. 세상을 뒤흔든 큰 전쟁의 시작이 한 여자로 인해 일어났고 그 전쟁을 끝낸 한 영웅의 필사적인 귀향을 가능케 한 것도 또한 한 여자였습니다. 과연 세상을 움직이는 것은 남자지만 그 남자를 움직이는 것은 여자라더니 그 진리 아닌 진리가 이렇게 인류 첫 문학 유산에서부터 입증되고 있습니다.

에게해를 끼고 동시대를 살았던 헬레네와 페넬로페가 죽은 지 3천

여 년이 지난 후대에 뛰어난 뮤지션인 폴
모리아는 두 여인 중 한 명만을 선택해 그
녀만큼이나 아름다운 곡을 쓰고 연주했
습니다. 그는 자유분방한 프랑스인임에
도 그가 선택한 여인은 정절의 화신 페넬
로페였습니다. 그리고 그는 그녀를 에게
해의 진주라 칭하였습니다. 경음악이라
불렸던 시대에 그녀만큼이나 한 시대를
풍미한 아름다운 곡이었습니다. 아, 물론
지금 들어도 그렇습니다.

**폴 모리아, 〈페넬로페〉**

* 본문 중 헬레네를 언급한 내용은 브래드 피트가 주인공 아킬레우스로 등장하는
2004년 개봉 영화 〈트로이〉와 다른 부분이 있습니다. 이 글 내용이 신화의 원전 스토
리이고 영화는 일부 각색을 했습니다. 제가 발견한 주요한 차이는 아래와 같습니다.

1. 트로이의 파리스 왕자와 스파르타의 메넬라오스 왕의 영화 속 결투 신
   에서 메넬라오스는 동생 파리스를 보호하려는 헥토르 왕자에 의해 죽
   는 것으로 나오는데 이것은 원전과 다릅니다. 메넬라오스는 끝까지 살
   아 승전 후 고국 스파르타로 귀국합니다. 그것도 그의 도망간 왕비였
   던 헬레네와 함께 말입니다. 위험에 처한 파리스는 여신의 도움으로 구

름이 그를 숨겨줘 겨우 살아오는 것으로 되어 있습니다. 파리스는 당시 세계 최고 미녀 헬레네를 반하게 한 그 잘생긴 외모와는 달리 그 전쟁에서 수 차례 찌질한 모습을 보여줍니다. 영화엔 나오지 않지만 그날 밤 파리스는 헬레네에게 잠자리를 요구하는데 헬레네는 전남편으로부터 비굴하게 도망쳐온 그가 못마땅해 거부합니다. 하지만 그 둘을 성사시킨 여신 아프로디테의 개입으로 잠자리는 성사됩니다.

2 그리스 최고 전사 아킬레우스가 최종 사랑한 여인은 트로이의 여사제 브리세이스가 아니라 파리스의 여동생인 폴릭세네 공주입니다. 그는 그가 죽인 헥토르의 장례식을 트로이 성에 몰래 숨어 들어가서 보다 그녀를 보고 반하게 됩니다. 하지만 이 폴릭세네와의 만남 때문에 아킬레우스는 결국 죽게 됩니다. 영화는 이 공주와의 러브 스토리까지 아킬레스가 먼저 만난 여사제 한 인물로 간편하게 소화합니다. 아킬레우스가 죽을 때 끌어안고 있던 여인이 브리세이스가 아니라 폴릭세네여야 맞습니다.

3. 파리스는 전쟁 중 독화살을 맞아 전사합니다. 후대에 아킬레스건이라 불리는 아킬레우스의 약점인 발뒤꿈치를 화살로 쏴서 그를 죽인 후의 일입니다. 파리스는 그의 화살로 그리스 연합군 최고 영웅을 죽였지만 그 역시 화살로 죽는 운명을 피해가지는 못했습니다. 하지만 영화에서

파리스는 끝까지 살아남아 멸망한 트로이의 난민들을 인도합니다.

4. 당시 그리스 최고, 아니 세계 최고 미녀라 칭송받은 헬레네는 트로이 멸망 후 첫 남편 메넬라오스와 함께 고국 스파르타로 돌아갑니다. 트로이 목마 아이디어를 낸 이타카의 왕 오디세우스까지는 아니지만 이들도 귀국길이 그렇게 순탄하지는 않았습니다. 신의 노여움으로 키프로스, 페니키아를 거쳐 이집트에 도달하고 그 후에야 본국으로 무사히 돌아가게 됩니다. 하지만 영화에서 헬레네는 트로이 멸망 후에도 트로이에 남아 파리스와 끝까지 운명을 함께 합니다. 파리스 대신 메넬라오스를 죽였으니 이런 스토리가 가능해진 것이겠지요.

트로이 전쟁은 그리스 신화에서 올림포스 산꼭대기에 사는 세 여신인 헤라, 아테나, 아프로디테의 하찮은 미모 경쟁에서 촉발됩니다. 트로이라는 국가도 고고학자인 슐리만에 의해 그 유적이 발견되었다고는 하나 여전히 실체가 입증되지 않은 국가입니다. 결국 트로이 전쟁은 신화와 인간사가 혼재된 것으로 구전으로 내려오다 후대의 문헌에 기록된 것이기에 여러 갈래의 이야기가 나올 수밖에 없습니다. 그러니 이런 시시비비를 가리는 것은 그다지 의미가 없을 것입니다. 더구나 영화는 사실에만 기초하는 다큐멘터리가 아니라 연출자의 창작물이기에 더욱 그러할 것입니다.

# 안탈리아, 그리고 로마

유럽과 아시아, 그리고 아프리카에 걸쳐 로마는 광대한 제국을 운영
하였습니다. 그리고 그런 정복지엔 어김없이 그의 문명화된 유적을
남겨놓았습니다. 이후 지구촌의 사람들은 로마 밖 로마를 보기 위해
그곳들을 찾아가곤 합니다. 혹시 로마는 이렇게 과거에 저지른 침략
과 수탈의 빚을 갚고 있는 것은 아닐는지요? 로마의 유적이 도시의
매력도를 높여주고 있으니까요. 그런 도시들 중 안탈리아는 색다른
로마까지 남아 있어 더 가고픈 곳입니다.

# 안토니우스와 클레오파트라의 도시 안탈리아

그는 한 시대를 풍미했음에도 늘 2인자였습니다. 잡힐 듯한 대권과는 끝내 연이 없었다는 것입니다. 그리고 새드엔딩인지 해피엔딩인지 모를 죽음을 맞이하였습니다. 그는 로마가 가장 주목을 받던 시대에 살았는데 바로 그의 곁에 역사를 거쳐간 많은 로마인 중 가히 1등 로마인으로 꼽히는 율리우스 카이사르가 있었기 때문입니다. 그가 오늘날 프랑스인 북부 갈리아 지역을 정복할 때, 그리고 기수를 돌려 제국의 수도 로마를 향하여 루비콘강을 건널 때 그는 항상 그의 곁에서 오른팔 역할을 하였습니다.

그런데 그런 주군인 카이사르가 암살되었을 때 그는 속으로 쾌재를 불렀을지 모릅니다. 왜냐하면 그도 정치적 욕망이 남달리 강한 남자였으니까요. 그래서 그런지 그는 카이사르를 죽인 브루투스를 바로 처단하지 않았습니다. 주군의 복수보다 여론의 추이를 먼저 본 것입니다. 카이사르를 위한 추도 연설을 할 때도, 그리고 그의 유언장을 발표할 때도 그는 마치 쿠데타를 수습하는 대장군과 같은 모습으로 의연하게 군중을 대했습니다. 이후 집권을 위한 지도자의 모습으로 그 프로세스를 밟아 나간 것입니다. 격동의 시대를 살다 간 마르쿠스 안토니우스의 이야기입니다.

안토니우스(기원전 80~30)

하지만 역사는 그의 뜻대로 흘러가지 않았습니다. 예상과는 달리 카이사르에 대한 로마인의 향수가 강해 브루투스를 비롯한 공화파는 쫓기듯 로마에서 빠져나가 몰락했고 카이사르가 후계자로 지목한 어린 옥타비아누스가 새로 부상했습니다. 안토니우스보다 18살이나 어린 그였습니다. 그리고 다시 1인 지배가 아닌 카이사르 때와 같은 삼두정치가 시작되었습니다. 이른바 2차 삼두정치, 그 트리오는 안토니우스, 옥타비아누스, 레피두스였습니다. 카이사르가 1차 삼두정치 시 로마 북부 갈리아에서 맹활약했듯이 안토니우스는 아나톨리아라 불린 로마의 동부 지역에서 정복 작업을 하며 그만의 진가를 발휘하고 있었습니다. 이때 그는 그곳에서 한 여인을 만나 사랑에 빠지게 됩니다. 어쩌면 그 만남은 그의 비극의 시작일 수도 있습니다. 아니, 그녀로 인해 그냥 불행하게만 끝났을지도 모를 그의 50년 인생 마지막이 행복해졌을 수도 있습니다. 다름 아닌 클레오파트라가 바로 그녀였으니까요.

클레오파트라(기원전 69~30)    율리우스 카이사르(기원전 100~44)

그녀는 한때 그의 주군인 카이사르의 여인이기도 했습니다. 카이사르가 정적이었던 폼페이우스를 쫓아 이집트까지 갔을 때 그녀를 알게 되어 둘 사이엔 아이까지 낳았으니까요. 이제 그녀는 그의 오른팔이었던 안토니우스의 애인이 되고 결혼까지 하게 됩니다. 안토니우스가 그녀를 많이 사랑했습니다. 어쩌면 그는 그녀가 주군인 카이사르의 여인이었을 때부터 그녀를 마음에 품고 있었을지도 모릅니다. 결국 그는 부인인 옥타비아누스의 누이인 옥타비아와 이혼까지 감행하며 클레오파트라에게로 갑니다. 그의 인생에 중차대한 시점, 이렇게 사랑에 눈이 멀어 정적의 누이인 로마 여인과 이혼하고 이집트의 여인과 결혼할 때부터 로마인으로서의 그의 운명은 정해졌을지 모릅니다. 게다가 그는 거기서 더 나아가 그가 정복한 아나톨리아의 땅을 그와 클레오파트라 사이에서 난 자녀들에게 나누어 주기까지 하였습니다. 그것은 사유지가 아닌 엄연한 로마의 영토였는데 말입니다.

안토니우스, 그도 루비콘강을 건넜습니다. 이제 그는 옥타비아누스 개인의 적이 아닌 로마의 적이 되었습니다. 결국 로마 대 이집트, 옥타비아누스 대 안토니우스, 클레오파트라 연합군이 벌인 악티움 해전BC31에서 그 연합군은 대패하고 그 커플은 같은 해BC30 모두 자살

안토니우스의 죽음을 그린 〈안토니우스와 클레오파트라〉 |
폼페오 바토니 | 1763

로 생을 마감하게 됩니다. 일설에 그는 그리스 악티움의 앞바다에서 패하고 알렉산드리아로 도주해서 자살을 감행했는데 숨이 끊어지지 않은 상태에서 클레오파트라의 곁으로 옮겨져 그녀의 품에 안겨 눈을 감았다고 합니다. 그렇다면 그는 죽음, 적어도 바로 그 순간만큼은 행복한 남자라 할 수 있겠습니다. 만년 2인자인 그였지만 콧대 높이 하나로 역사를 뒤바꿀 수 있다고 평가받는 세기의 미녀 품에 안겨 죽었으니 말입니다. 가히 1인자가 부럽지 않은 죽음이었습니다.

순간 제 머릿속에 영화 〈클레오파트라〉에서 그녀로 연기한 세기의 미녀 엘리자베스 테일러가 역사 속 안토니우스, 그리고 카이사르의 실제 그녀로 겹쳐집니다. 상상의 나래라는 것은 이렇게 양화를 구축하곤 합니다. 영화에서 그녀는 그녀의 죽음마저도 신화로 만든 자살의 도구로 독사를 선택합니다. 영국의 대문호 셰익스피어는 그가 쓴 〈로미오와 줄리엣〉에서 그 커플의 죽음을 안토니우스와 클레오파트라처럼 시차를 둔 동반 자살로 처리했습니다. 그때 그 어린 연인들이 선택한 자살의 도구는 독약이었습니다. 어쩌면 셰익스피어는 이 장면을 더 시차가 길었던 그들의 동반 자살에서 힌트를 얻었을지도 모릅니다. 〈안토니우스와 클레오파트라〉도 쓴 그였으니까요.

안토니우스의 죽음으로 로마는 이제 명실공히 존엄한 자 아우구스투스로 불리게 되는 옥타비아누스의 시대가 시작됩니다. 그의 양아버지 카이사르가 1차 삼두정치 시 폼페이우스를 물리치고 대권을 잡았듯 안토니우스를 물리치고 1인자가 된 것입니다. 카이사르는 황제를 꿈꾸었을지는 몰라도 공화정의 종신 독재관이었지만 옥타비아누스는 제정의 황제가 되어 새로운 로마를 열어갔습니다. 그전에 그는 안토니우스와 클레오파트라 커플을 이집트의 한 무덤에 같이 묻어주었습니다. 자기 누이와 이혼하고 로마에 등을 돌린 그였지만 그들의 사랑만큼은 가상히 여겼나 봅니다. 그들이 생전에 만나서 뜨겁

지중해의 보석 안탈리아 앞바다

게 사랑을 나누던 곳, 그들이 마치 신혼 여행지처럼 즐긴 그곳은 이집트 이전에 안탈리아였습니다.

안탈리아…. 그곳은 지중해의 동쪽 끝 오늘날 튀르키예의 바닷가에 위치해 있습니다. 마치 지중해를 인체로 본다면 겨드랑이와 같은 은밀한 위치에 그 고대 도시는 숨어 있습니다. 사시사철 햇살이 좋고 따뜻한 그곳은 예로부터 많은 사람들이 살고 유명 휴양지로 알려져 주변 사람들을 끌어모았습니다. 오늘날에도 그곳은 지중해 동부에서는 가장 유명한 휴양지입니다.

안토니우스가 동방 지역을 정벌할 때 클레오파트라는 그곳까지 올라와서 그를 만났을 것입니다. 그의 조국 이집트의 운명이 그 로마인의 손에 달렸으니 바닷길을 헤치며 먼길을 올라오는 것은 그리 문제가 안 되었을 것입니다. 그녀는 그렇게 그의 조국이 로마로부터 위기에 처할 때마다 로마의 실력자와 관계를 맺으며 위기를 헤쳐 나갔습니다. 나일강의 풍부한 수원으로 로마가 탐내는 밀이 풍부해 로마의 빵 공장과 같은 역할을 하던 이집트였습니다. 아마 안토니우스를 만나러 올 때 그녀는 6년 전BC47 만났던 과거의 남자 카이사르를 생각했을 것입니다. 하지만 안토니우스가 죽자마자BC30 그녀는 로마의 새로운 지도자 옥타비아누스도 유혹했다고 합니다. 아이까지 낳은 옛 남자 카이사르의 양아들인 그였습니다. 콧대 높은 그녀였지만 그녀도 인간이기에 생존 본능이 발동했을 것입니다. 그렇게 그녀는 로마의 1인자로 부상하는 남자들을 만났고 그녀를 사랑하게 만들었습니다.

## 로마 제국에서 오스만 제국으로

이렇게 영웅호걸이 즐비했던 로마는 세월을 거치며 수도를 오늘날 이스탄불인 콘스탄티노플로 옮깁니다. 그 도시는 비잔티움이라는 이름도 가지고 있습니다. 이로 인해 건국 때부터 그들의 본거지였던 이탈리아반도의 서로마는 476년 멸망했어도 동로마라 불리고, 비잔틴제국으로도 불린 그곳은 천 년의 역사를 더 이어갔습니다. 하지만 1453년 오스만 제국의 메흐메트 2세가 난공불락의 성이라 불린 콘스탄티노플을 함락하며 로마의 신화는 완전히 끝이 납니다. 당시 그 성곽 도시는 이슬람 과학 문명의 힘으로 앞서간, 당시로서는 획기적인 초대형 대포로 속절없이 무너졌습니다. 이로써 그때부터 그 땅은 오스만 제국의 후손이 대대로 차지해 오늘날의 튀르키예가 되었습니다.

이스탄불에서 좁디좁은 보스포루스 해협을 건너면 바로 연결되는 그 땅은 고대로부터 아나톨리아라 불렸습니다. 아나톨리아Anatolia는 해가 뜨는 동쪽의 땅이란 뜻으로 신화 속 태양의 신인 아폴론Apollon 과 어원을 같이 합니다. 고대 그 지역 아탈루스 왕이 세운 도시 안탈리아Antalya도 마찬가지일 것이고 그 땅 너머 로마인이 아시아Asia라 부른 아A도 어원은 마찬가지입니다. 결국 오늘날 우리가 부르는 아시아는 과거 로마인이 불렀던 아시아보다 훨씬 넓은 동쪽의 땅이 되었습니다. 그리고 그들이 아나톨리아라 불린 그 지역은 오늘날 지도에선 소아시아Asia Minor로 표기되고 있습니다.

안탈리아에서 오스만 제국의 흔적을 발견하기는 쉽지 않습니다. 튀르키예는 이슬람 국가이니 당연히 이슬람 문명의 흔적이 있어야 할 텐데 그렇지 않은 것입니다. 제가 2017년 10월 방문해서 본 그곳은 마치 이탈리아의 고도에 와있는 듯한 착각에 빠질 정도로 철저히 고대 로마의 도시였습니다. 안토니우스와 클레오파트라 그 커플이 로마 유적지 어디선가 툭 튀어나와도 전혀 어색하지 않을 정도로 안탈리아엔 로마가 살아있었습니다. 알고 보니 오스만 제국의 술탄이 그렇게 만들었습니다. 아니 그렇게 만든 것이 아니라 아무것도 하지 않았습니다. 결과적으로 그렇게 로마의 것을 그대로 놔둔 것이 그들의 후손을 위해서는 참 잘한 일이 되었습니다.

안탈리아 페르게 바닷가에 있는 아폴론 신전

선조의 숙원 사업인 콘스탄티노플을 점령한 메흐메트 2세였지만 그를 비롯한 대대로 그의 후계자인 술탄들은 기독교와 로마 문명을 탄압하거나 해체하지 않았습니다. 그들 입장에선 이방인이고 이교도인 로마인에게 세금만 낸다면 문제 삼지 않는 관용의 정책을 편 것입니다. 안탈리아에 로마의 유적이 그대로 산재한 이유입니다. 이스탄불의 랜드마크인 성 소피아 사원도 마찬가지입니다. 본래는 로마의 대성당이었던 것을 오스만 제국은 정복 후 그곳을 모스크로 개조하여 사용하였습니다. 그 1천 년 전에 동로마의 짝꿍인 서로마를 멸망시킨 게르만족의 문화파괴주의vandalism가 무슬림이 정복한 그 땅에서는 일어나지 않은 것입니다. 사실 우리 입장에선 이해가 가지 않지만 종교적인 면만을 본다면 이슬람이나 기독교나 아브라함을 같은 조상으로 하고, 존재는 같으나 이름은 다른 야훼와 알라를 각각 유일신으로 섬기기에 그것이 가능했을 것입니다.

술탄이 후손을 위해 잘했다는 것은 그의 선견지명으로 그의 후손이 일정 부분 먹고살고 있기 때문입니다. 안탈리아만 보더라도 연간 2천만 명 가까운 관광객들이 몰려오니까요. 이것은 코로나 이전 우리나라 연간 해외 관광객 수가 1천3백만 명임을 고려하면 엄청난 숫자입니다. 물론 이곳은 자연경관이 뛰어난 바닷가 휴양지이니 다른 고대 로마 도시와는 다르겠지만, 이렇게 훌륭한 휴양지에 이렇게 홀

룽한 유적지까지 있다는 것은 안탈리아를 훨씬 더 매력적으로 만들고 있음에 틀림이 없을 것입니다. 사람들은 로마 때문에 더 오면 더 오지 덜 올 일은 없을 테니 말입니다.

안탈리아 아스펜도스에 거의 원형으로 보존되어 있는 로마의 원형극장

안탈리아엔 과거 로마인들이 거주했던 집터, 수로, 시장, 신전, 원형극장, 전차경기장 등이 마치 제국의 수도 로마처럼 그대로 다 있습니다. 특히 원형극장은 복원 상태가 일품이라 지금도 그곳에선 매년 9월 오페라와 발레 공연이 정기적으로 열리고 있습니다. 제가 방문 시 그 극장의 음향 상태를 직접 확인했는데 신기할 정도로 소리가 살아서 극장 곳곳에 울려 퍼졌습니다. 극장의 맨 아래 무대에서의 평범한 육성이 1만 5천 좌석의 계단 맨 꼭대기에서도 생생히 잘 들린 것입니다. 과거엔 그곳에서 연극 공연이 열렸겠지요. 그저 로마인의 건축 기술이 놀라울 따름입니다.

지중해를 빙 둘러싼 국가와 도시들 중 그렇게 과거 로마의 덕을 보는 곳이 튀르키예의 이스탄불이나 안탈리아뿐만은 아닐 것입니다. 그들 선조는 과거 로마 제국의 침략으로 핍박을 받았겠지만 후손들은 로마가 그곳에 전수한 문명과 세운 건축물로 많은 관광객들을 맞고 있으니까요. 로마가 지나간 속주엔 그들의 제전인 신전과 오락 시설인 극장과 경기장이 어김없이 들어섰습니다. 로마 본토 이탈리아반도 북쪽의 게르마니아와 브리타니아, 서쪽의 히스파니아라 불린 곳에 있는 도시들과 동쪽의 발칸반도와 아나톨리아의 도시들, 그리고 남쪽 북아프리카의 모로코나 튀니지의 도시들을 가보면 "여기도!" 하는 탄성이 절로 나올 정도로 과거 로마의 유적지들이 나타나곤 합니다. 어린 시절 저는 로마의 콜로세움으로 대표되는 원형경기장은 도시 로마에만 있는 줄로 알았습니다.

## 하드리아누스의 문과 방벽

안탈리아에서 제 눈을 끈 건축물이 또 하나 발견되었습니다. 올드타운에 있는 하드리아누스 황제의 문입니다. 그는 로마의 전성시대라

© pixabay

하드리아누스의 문 | 기원후 130 | 튀르키예 안탈리아

불리는 오현제 시대의 세 번째 황제로 제위 기간17-138 절반을 제국 전역 출장으로 보냈습니다. 그렇게 많은 순방을 했음에도 그의 업적 중 최대로 꼽는 것은 역설적으로 제국의 영토를 줄인 것이었습니다. 정확히는 거저로 더 넓힐 수 있었음에도 제국 경영의 효율성을 기하기 위해 그렇게 안 하고 로마를 탄탄하게 만든 것입니다. 그런 그가 안탈리아에 온 것을 기념해서 만든 문이 바로 하드리아누스의 문입니다.

© pixabay

하드리아누스의 방벽 | 기원후 121~ | 영국 브램턴

제가 놀란 것은 그의 이름을 다른 곳에서도 들었는데 그곳은 안탈리아에서 아주 먼 브리타니아, 즉 오늘날의 영국이기 때문입니다. 그것도 브리타니아의 남쪽도 아닌 과거 로마인이 칼레도니아라 부른 오늘날 잉글랜드와 스코틀랜드의 국경에 그의 이름이 있습니다. 바로 하드리아누스의 방벽이라 불리는, 우리로 치면 DMZ의 철책선 같은 국경 표식 구조물이 바로 그것입니다. 로마는 마음 같아서는 그레이트브리튼섬이라 불리는 오늘날 영국 전역을 깨끗이 점령해 속주화하고 싶었겠지만 그것은 그들 뜻대로 되지 않았습니다. 북방의 칼레도니아인들이 워낙 거칠고 저항이 강했기 때문입니다. 그래서 하드리아누스 황제는 그곳을 포기하고 국경 방비를 튼튼히 하기 위해 약 120km에 걸쳐 300리 긴 방벽을 쌓은 것입니다.

구글맵에서 하드리아누스의 문에서 하드리아누스의 방벽까지의 거리를 검색하면 4,248km에 달합니다. 오늘날 육로, 해로의 교통수단으로 고속으로 쉬지 않고 달렸을 때도 무려 44시간이나 걸리는 먼 거리입니다. 서울에서 부산보다 10배나 먼 거리니까요. 그렇게 먼

곳에 걸쳐 같은 지도자가 만든 건축물이 있다는 것이 신기합니다. 더구나 모든 것이 요즘보다 느릴 수밖에 없는 그 옛날 그 시대에 말입니다. 실제 하드리아누스 황제는 그의 방벽까지는 아니더라도 브리타니아의 론도니움까지는 방문을 했습니다. 오늘날 영국의 수도가 된 런던입니다. 그렇게 하드리아누스 황제는 21년 재위 기간 중 절반을 수도 로마를 떠나 외유를 했으니 10년은 로마의 왕좌를 비우고 다닌 것입니다. 그 정도 공백이면 요즘의 유무선 통신이나 인터넷으로 소통하며 정치를 해도 문제가 생길 텐데 그 시절 그는 그럼에도 별 문제없는 정도가 아니라 오현제란 칭송을 들으며 로마를 이끌어 갔습니다. 그것은 오현제의 마지막 황제인 마르쿠스 아우렐리우스도 영화 〈글래디에이터〉에서 보듯 그렇게 로마를 비우고 국경을 돌다가 그곳 전선에서 사망까지 하게 됩니다. 그러함에도 제국의 경영이 가능했던 로마의 정치 체제도 또 놀랍기만 합니다.

이렇게 로마의 황제나 그에 준하는 지도자가 방문한 속주에는 어김없이 역사적인 건축물이나 구조물이 세워졌습니다. 속주의 총독이나 그 지역의 왕은 그들의 생사여탈권을 쥔 황제가 온다면 접대성 차원에서라도 그를 상징하는 기념물을 만들었을 것입니다. 또한 그곳을 방문한 황제나 지도자도 그 지역에 선심성 선물이든 통치에 필요한 건축물이나 구조물을 세웠을 것입니다. 이래저래 로마의 키맨이

지나간 자리에 그들의 유적지가 많을 수밖에 없는 이유입니다. 그래서 전 과거 로마가 침략했던 유럽과 소아시아, 그리고 북아프리카의 국가들은 대대로 이렇게 로마로부터 빚 청산을 받고 있는 것이 아닌가 하는 다소 엉뚱한 생각까지 해봅니다. 로마의 그 유적들이 도시의 매력도를 높여 외지인들을 오게 만드니까요. 그런 로마의 유적에 로마 영웅의 러브 스토리까지 더해져 더 팬시하게 보인 안탈리아에서 들었던 생각입니다.

# 타작마당의 사과나무

누군가에게 가장 대표적인 과일이 무엇이냐고 물으면 아마도 사과가 가장 많이 나올 것입니다. 물론 가장 좋아하는 과일을 물으면 다양한 과일들이 나올 것입니다. 이것은 개인별 맛의 호불호와 상관없이 사과가 인류 역사상 이런저런 곳에서 가장 많이 등장한 과일이기도 해서 그럴 것입니다. 타작마당에서 시작된 사과 이야기입니다.

# 사과나무 아래에서

서울시 중구 장충동에 타작마당이라는 곳이 있습니다. 그 마당엔 사과나무가 있어 매년 가을이면 열매가 빨갛게 익어가는데 그 마당 정원을 가꾸는 주인이 스피노자를 좋아하여 그와 똑같은 심경으로 심은 것이라고 합니다. "내일 지구의 종말이 올지라도 오늘 한 그루의 사과나무를 심겠다"고 외쳤다는 스피노자입니다. 그런데 그 많은 과일 중 그는 왜 하필 사과를 선택했을까요? 세상엔 우리가 알고 있는 수많은 과일보다 더 많은 과일이 있고 굳이 맛이나 색깔, 모양으로 치자면 사람마다 호불호가 다 다른데 말입니다.

타작마당 정원의 사과나무 | 2020. 10.

그러고 보니 인류 역사를 바꾸는 어떤 모멘텀의 스토리에 짜잔~ 하며 과일이 등장했다 하면 그것은 어김없이 사과였습니다. 단연코 원픽 독보 과일로 말입니다. 가장 오랜 텍스트인 《성서》에 등장하는 최초의 과일이라서 그런 걸까요? 무위도식하며 편안히 살아도 됐을 인간의 운명을 만만치 않게 만들고, 그 속에서 남자, 여자의 역할을 명확히 노동과 출산으로 지정해준 에덴동산에 하나님이 심었다는 선악을 구분한 그 사과 말입니다. 이후 동산에서 쫓겨나 신과 인간이 함께 어우러져 살던 신화와 역사가 혼재했던 시대에도 사과는 엄청난 사건에 등장하게 됩니다.

올림포스산 위에 살던 세 여신 헤라, 아테나, 아프로디테가 어느 날 미모 경쟁을 하고 있었습니다. 그녀들의 손엔 각자의 미모를 상징하는 사과가 들려 있었습니다. 심판관이 필요했던 그녀들은 신들의 신인 제우스에게 쪼르르 달려가 누구의 미모가 최고인지를 가려달라는데 제우스는 선뜻 대답을 할 수가 없었습니다. 그의 부인이자 질투의 여신으로 악명 높은 헤라의 바가지가 두려워 다른 여신을 선택할 수가 없던 것이었습니다.

결국 제우스는 당시 지구 최고의 미남인 트로이의 파리스 왕자를 심판관으로 선정하는데 그는 미의 여신 아프로디테의 사과를 선택하

〈파리스의 심판〉 | 루벤스 | 1638~1639

여 그녀는 올림포스 여신의 미모 챔피언에 오릅니다. 그리고 아프로
디테의 약속대로 파리스는 당시 지구 최고의 미녀인 스파르타의 왕
비 헬레네를 보쌈을 해와 아내로 맞게 됩니다. 하지만 그녀를 되찾으
려는 트로이 전쟁이 발발해 그도 죽고 그의 왕국도 멸망하는 뼈아픈
결과를 초래하게 됩니다. 헬라스라 불렸던 그리스 연합과 트로이 연
합이 총동원된, 인류 최초의 세계대전인 동서의 대충돌이 해도 그만,
안 해도 그만인 여신들의 하찮은 미모 경쟁에 등장한 사과 한 개로부
터 비롯된 것입니다.

이렇게 오늘의 세계까지 오게 한 서양사의 두 줄기인 헤브라이즘과 헬레니즘의 꼭대기에 등장했던 과일이 사과였으니 이후에도 과일이 필요한 역사에 사과가 등장한 것은 어찌 보면 당연한 일인지도 모르겠습니다. 이제 역사에 사과는 이때 저때, 이곳저곳에서 줄줄이 등장합니다.

영국의 뉴턴은 낙과로 인해 근대 과학의 토대가 된 만유인력의 법칙을 발견하는데 하필 그가 낮잠을 잔 곳이 사과나무 아래였습니다. 전

〈사과 바구니가 있는 정물〉 | 폴 세잔 | 1890~1894

세계의 어린이들에게 꿈을 심어주는 동화의 대표라 할 수 있는 독일의 〈백설공주〉는 하필이면 에덴동산에서 이브가 먹어서 탈 난 사과를 또 먹게 됩니다. 마녀로 변신한 뱀의 유혹의 재판입니다. 웅장한 현대 오페라 구조를 구축한 이탈리아의 로시니의 〈윌리엄 텔〉에서 주인공이 쏜 화살이 명중한 머리 위에 얹힌 과일은 왜 또 사과이어야만 했을까요? 현대 회화의 아버지라 추앙받는 프랑스의 세잔은 그 많은 과일 중 왜 유독 사과만을 열심히 그려댔을까요?

이렇게 신학, 신화, 과학, 문학, 예술 등 모든 역사상 스토리의 전환점엔 이 문제의 과일, 사과가 있었습니다. 철학 분야의 사과 소유자는 위에서 언급한 네덜란드의 스피노자입니다. 철학을 신학에서 구출해내 철학의 그리스도라 불리는 그였습니다. 그러다 20세기 어느 날 실용주의가 융성한 미국의 어떤 한 남자가 사과를 한입 베어 물다가 스마트한 컴퓨터를 만들기 시작했습니다. 지금 이렇게 종이와 펜이 없어도 글 쓰고 게재하는 것을 가능하게 한 사과는 말 그대로 이름도 '애플'입니다.

## 서양의 사과, 그렇다면 동양은?

그런데 사과는 위와 같이 서양사 안에서만 각광받는 과일입니다. 흔히 지구를 바꾼 과일이라 부르지만 실은 그 절반인 서양을 바꾼 과일이라는 것이죠. 그간 세계사의 헤게모니를 서구 사회가 쥐었기에 전체 역사로 포장된 것이겠지요. 위에 열거한 국가명을 보듯 사과 스토리의 주인공들은 모두 서구를 대표하는 강국들의 위인입니다. 신기하게도 국가마다, 분야마다 1인 1표, 아니 1국가 1사과를 행사하고 있네요. 그만큼 폭넓은 커버리지를 행사해온 과일 사과였습니다.

그러면 지구의 또 절반인 동양을 대표하는 과일은 무엇일까요? 동양의 역사와 신화 속에서 사과는 언뜻 떠오르지 않습니다. 대신 떠오르는 과일…. 복숭아 아닐까요? 복숭아나무가 우거진 이상향인 무릉도원을 비롯하여 3천 갑자를 살았다는 동방삭이 먹었다는 불로장생의 천도가 있으니 말입니다. 고대 중국에서 복숭아는 옥황상제의 주식이고, 서유기의 손오공이 훔쳐먹기도 한 과일입니다.

우리 역사엔 안평대군이 꿈속에 보았다는 안견의 〈몽유도원도〉에 복사꽃들이 화사하게 피어 있습니다. 또한 복숭아꽃과 열매는 동양에선 아름다운 여성의 신체에 비유되기도 합니다. 이렇듯 동양 민담이나 신화에 과일이 등장했다 하면 그것은 복숭아일 확률이 매우 높습니다. 매우 신비스러운 과일로 말입니다. 반면에 서양의 사과는 위에서 보듯 세상을 바꾸는데 기여한 혁신과 전환의 오브제로 주로 등장했습니다.

사과는 우리 사회에도 왕왕 등장했습니다. 일단 서양처럼 미인을 상징했습니다. 여아들은 "사과 같은 내 얼굴 예쁘기도 하지요"를 부르며 사과와 닮기를 희망하며 자랐으니까요. 대구에 미인이 많은 것은 그곳에 사과가 많아서라고까지 했습니다. 미인의 기준이 바뀌어가는 요즘도 사과 같은 얼굴이 되기를 희망하는지는 모르겠습니다. 그리고 요즘은 많이 정화되었지만 한때 사과박스 하면 부정한 뇌물을 상징하기도 했습니다.

아무튼 역사상 사과는 혁신과 전환의 오브제로 드라마틱하게 등장했는데 이후 미래 인류를 바꿀 모멘텀엔 또 어떤 사과가 등장할지 모르겠습니다. 환경문제, 신자원, 인공지능 모빌리티, 블록체인, 메타버스, 우주개척 등의 새로운 화두에서 역사를 전환시킬 새로운 사과가 등장할까요? 그때가 언제이든 타작마당에 심어진 그 사과나무는 쉬지 않고 계속 아름드리 성장할 것입니다. 그 미래의 사과를 타작하기 위해 그 마당의 주인은 오늘도 스피노자처럼 열심히 사과나무를 가꾸고 있으니까요. 아참, 타작마당은 통섭형 미래 인재를 양성하는 곳입니다.

〈몽유도원도〉 | 안견 | 1447

# 어느 메디치의 죽음과 그 유산

르네상스 하면 많은 이름들이 떠오르는데 이 이름은 거의 고정 멤버로 어디서든 지명됩니다. 그런데 이 이름을 가진 사람은 예술가도 아니고, 딱히 한 사람을 가리키는 것도 아닙니다. 인생은 짧으니 많은 예술가들이 그 시기에 뜨고 졌지만 이 이름은 르네상스 시기 내내 함께했습니다. 바로 메디치입니다. 이 글은 그 가문의 한 남자 이야기입니다. 그는 요절했지만 남긴 것은 많은 진정한 메디치였습니다.

# 피렌체!

피렌체! 후대의 사가들은 미스터리라고 합니다. 어떻게 이탈리아반도의 조그만 도시에 불과한 이곳에서 근 한 세기를 전후에 세계사를 뒤흔든 그토록 많은 예술 천재들이 활동을 했는지 말입니다. 우리는 그 정신과 활동을 르네상스라고 부릅니다. 중세 기나긴 천 년의 암흑을 깨는 근세로의 전환이 이 도시의 다양한 장르의 천재들에 의해서 시도되었습니다.

우리가 학창 시절 달달 외웠던 유명 인물의 면면만 살펴봐도 실로 놀랍기만 합니다. 회화의 지오토, 보티첼리, 카라바조, 건축의 브라만테, 브루넬레스키, 조각의 도나텔로, 그리고 르네상스 3대 거장이라 불리는 미켈란젤로, 라파엘로, 레오나르도 다빈치 등 많은 르네상스의 대가들이 이 도시에 살았거나 거쳐서 갔습니다. 이들 이외에도 르네상스 이전 그곳 출신 단테와 르네상스기를 살았지만 예술과는 상관없는 마키아벨리 등의 문사철 대가들까지 포함하면 피렌체 출신 천재의 수는 더욱 늘어납니다. 인구가 기껏해야 10만도 안 됐을 시절의 이야기입니다. 고대 그리스의 많은 철인들이 활동했던 아테네와 19세기 말 문예인들이 몰려들어 활동했던 벨에포크의 파리 정도가 그나마 피렌체에 견줄 것입니다.

© pixabay

꽃의 도시라 불릴 정도로 아름다운 피렌체 전경

그것이 가능했던 이유는 각 분야에서 활동했던 각 개인의 역량이 뛰어난 것도 있었지만 그 도시에 어떤 가문이 있어서 그랬습니다. 우리에게 너무나도 잘 알려진 메디치가 바로 그 주인공입니다. 15세기 초 어느날 홀연히 나타나 역사의 전면에 선 그 가문이 있어서 르네상스는 꽃의 도시 피렌체에서 화려하게 꽃을 피울 수 있었습니다. 1대 메디치인 조반니는 서방교회 대분열 시 교황을 후원했지만 이후 그의 후손들은 대대로 예술가들을 후원하여 피렌체를 예술과 문명의 도시로 만들었습니다. 하지만 권력이 있는 곳엔 반드시 정적이 존재하는 법, 이제 메디치는 그들 정적의 제거 타깃이 됩니다. 그래서 메디치의 한 남자가 불행하게 죽었고 많은 뒷이야기를 남겼습니다. 이 글에선 그것을 제목에서 보듯이 유산이라 표현했습니다.

## 파치가의 음모

1478년 4월 부활절, 간단히 두오모라 불리는 피렌체의 산타마리아 델 피오레 대성당에서 성스러운 미사 도중 세상을 놀라게 한 희대의 살인 사건이 발생했습니다. 암살이었습니다. 피해자는 메디치가의 수장인 두 아들 로렌초와 줄리아노, 가해자는 파치가의 수장인 야코

파치가의 암살 장면,
1478년 피렌체 두오모

보 파치를 비롯한 그쪽 사람들이었습니다. 그리고 피렌체에서 멀리 떨어진 로마에서 교황 식스투스 4세가 그 사건을 유심히 지켜보고 있었습니다. 그도 그 사건의 공모자였기에 그랬습니다.

암살은 실패했습니다. 파치가의 음모라고 불리는 이 사건에서 반드시 살해했어야 할 암살 1차 타깃인 로렌초는 부상만 당하고 도주에 성공했기에 그렇습니다. 하지만 그의 동생 줄리아노는 현장에서 즉사했습니다. 그의 아름다운 몸엔 무려 열아홉 군데나 되는 칼자국이 선명했습니다. 형제간 우애가 지극했던지라 극에 달한 로렌초의 분노는 사건에 가담했던 피렌체에 거주하는 파치가의 남자들과 관계자들을 세상 끝까지 추적하여 모두 죽임으로써 복수를 완료했습니다. 그의 누나와 결혼한 파치가의 남자만이 추방으로 정리되어 살생부에서 제외되었습니다. 암살자를 포용하고 용서했던 그의 할아버지 국부 코시모 메디치와는 다른 방식의 결정이었습니다.

파치가의 입장에선 피렌체에서 1대 메디치 조반니 이후 세대가 흐를수록 권력이 공고해지는 메디치가가 거슬릴 수밖에 없었을 것입니다. 그도 그럴 것이 파치가는 피렌체 최고 명문 가문이었습니다. 그들의 조상 중 하나는 1차 십자군 원정 시 예루살렘 성벽을 가장 먼저 뛰어넘어 성전에 십자군 깃발을 꽂아 그 공로로 성스러운 부싯돌을 피렌체에 가져오기까지 했습니다. 그래서 지금도 이를 기념하기 위해 피렌체에선 매년 4월 부활절이면 수레에 불을 붙여 태워버리는 불꽃 축제가 열리고 있습니다.

그런데 일개 양모업자에 불과했던 메디치가가 해적 출신의 대립 교황을 후원하며 그 신용을 토대로 어찌어찌하여 교황의 주거래 은행이 되고 피렌체에서 위세를 떨치니 파치가는 그 꼴을 보기가 힘들었

피렌체의 권력을 상징했던 두 가문의 문장. 좌측이 메디치, 우측이 파치.

을 것입니다. 이에 당시 교황인 식스투스 4세와 그의 조카 리아리오 와 짜고 이런 거사를 벌인 것입니다. 교황도 금권력을 토대로 점점 다루기 힘들어지는 메디치가의 로렌초를 누를 필요가 있어 파치가 의 편에 서서 이 사건을 묵인하고 지원한 것입니다.

결과적으로 메디치가의 권력은 피렌체에서 더욱 견고해졌습니다. 도시에서 사사건건 그들을 방해하여 눈엣가시 같던 경쟁 세력이 사 라졌기에 그렇습니다. 또한 기독교 절대주의인 그 시대에 미사 도중 칼부림을 벌인 파치가를 피렌체 시민들은 곱게 볼 수 없었을 것입니 다. 그래서 시민들은 이제 피렌체에서 파치가의 문장인 돌고래 표식 을 더 이상 보지 않게 되었습니다. 방패 위에 빨간 공과 피렌체의 국 화인 백합이 올라탄 메디치가의 문장만이 보이는 세상이 된 것입니 다. 위대한 자라 불리게 되는 로렌초 메디치, 그는 공화국 피렌체에 서 점점 독재적인 군주의 길을 향해 가고 있었습니다.

## 줄리아노와 시모네타

하지만 이 사건으로 피렌체에서 더 이상 볼 수 없게 된 메디치가의 줄리아노1453-1478는 죽어서도 시민들이 주목할 수밖에 없었습니다. 로렌초와 공동으로 피렌체를 통치했던 동생 줄리아노는 수려한 외

〈줄리아노 메디치〉| 보티첼리 | 1478

모와 마상 경기 등에 다양한 재능을 지녀 피렌체에서 인기 만점인 남
성이었기 때문입니다. 당시 그려진 초상화를 보더라도 형 로렌초와
는 달리 줄리아노는 핸썸 가이의 모습을 보여주고 있습니다. 이렇게
요즘으로 치면 아이돌 같은 존재로 피렌체 여인들의 심장을 두근거
리게 한 그가 25세의 꽃다운 나이에 요절한 것입니다.

그가 칼로 난자당해 두오모 바닥에 쓰러졌을 때 감겨가는 그의 눈엔
당시 세상에서 가장 거대한 두오모의 천정이 보였을 것입니다. 그의
할아버지 코시모 메디치가 당시 건축 기술로는 불가능한 그것을 르

네상스 건축 천재 부르넬레스키를 통해 완성해 올렸던 바로 그 큐폴라입니다. 파치가의 음모로 그는 그렇게 속절없이 죽었지만 그의 죽음이 빚어낸 몇 가지 유산이 있기에 이제부터 그것들을 하나씩 이야기하고자 합니다.

미혼인 그에겐 애인이 있었습니다. 인물 좋고 가문 좋으니 당연한 일이었을 것입니다. 그런데 그녀는 유부녀 신분이었습니다. 시모네타 베스푸치라는 여인으로 그녀는 당시 피렌체에서 가장 아름다운 여인으로 손꼽혔습니다. 이름에서 보듯 그녀의 남편은 아메리카 대륙

〈비너스의 탄생〉 | 보티첼리 | 1486

을 발견한 아메리고 베스푸치 가문의 남자였습니다. 아무튼 당시 피렌체 최고 미남미녀는 이렇게 불륜 관계를 유지하고 있었습니다.

시모네타 그녀가 어느 정도로 아름다웠냐면 당시 메디치 가에서 사숙했던 르네상스의 유명 화가인 보티첼리는 그녀를 보고 세상에서 가장 아름답다 경탄해 마지않아 한 폭의 그림에 그녀를 담았습니다. 바로 그 그림이 그의 대표작인 〈비너스의 탄생〉입니다. 시모네타 그녀의 모습이 곧 미의 여신 비너스가 된 것입니다. 지구상에 여신 비너스가 있다면 그것은 시모네타일 것이라고 보티첼리는 생각했을 것입니다.

보티첼리가 시모네타를 모델로 그린 그림은 또 여럿 있습니다. 그중 아래 그림은 비너스와 군신 마르스입니다. 둘은 방금 정사를 나눈 듯합니다. 그 결과로 남자는 뻗어서 잠이 들었는데 여자는 뭔가 불만에 가득 찬 모습입니다. 그렇습니다. 이 남신 마르스의 모델은 줄리아노입니다. 그의 앞 여신 비너스를 잘 살펴보면 위 비너스의 탄생 그림 속 그녀 비너스와 똑같이 생겼습니다. 보티첼리의 비너스는 시모네타 딱 한 명뿐이기에 어떤 작품에서든 그녀의 모습은 이렇게 같습니다.

보티첼리는 메디치 집안에서 어릴 때부터 자라 로렌초와 줄리아노

〈비너스와 마르스〉 | 보티첼리 | 1485

형제들과 친구처럼 지내는 사이였습니다. 특히 줄리아노와 가까워

그의 죽음을 몹시 애도하였습니다. 그리고 그 역시 시모네타를 연모

했지만 그는 그녀에게 다가가지 못하고 가슴속에서만 품을 수밖에

없었습니다.

## 줄리아노와 줄리오

피렌체의 여자들에게 인기 많은 줄리아노이다보니 그가 죽은 후 한

어린아이가 메디치 가문의 문을 두드리는데 그는 그가 시모네타 아

닌 다른 여인에게서 얻은 사생아였습니다. 아들 이름을 줄리아노라

지을 정도로 동생 줄리아노를 워낙 아긴 형 로렌초인지라 그는 줄리

아노의 사생아인 줄리오를 그의 양자로 삼아 메디치 가문의 남자로 자라게 했습니다. 그의 친아들과 함께 키운 것입니다. 로렌초의 적자가 아니라 가업을 이을 수 없었던 줄리오는 커서 교황이 되었습니다. 아니, 처음부터 로렌초가 그를 그렇게 성장시켰습니다.

〈교황 클레멘스7세〉| 피옴보 | 1526

로마의 약탈 사건Sacco di Roma으로 유명한 교황 클레멘스 7세재위 1523-1534가 바로 줄리아노의 아들입니다. 파치가의 음모 사건 때 배후에 교황 식스투스 4세가 있는 것을 본 로렌초는 자기 집안에서 직접 교황을 배출해야겠다고 결심하는데 줄리아노의 아들에게 그 미션을 부여한 것입니다. 클레멘스 7세 이전 면죄부 판매로 유명한 교황 레오 10세는 로렌초의 둘째 아들입니다. 과연 어마어마한 메디치입니다. 로렌초 메디치, 그는 교권과 왕권이 격돌했던 그 시대에 가문의 방패막이와 보험 조로 교황을 집안에서 직접 만든 것입니다. 친자와 양자가 모두 교황이 되었으니까요.

# 줄리아노와 다빈치

레오나르도 다빈치의 스케치 | 1479

왼편의 단색 드로잉은 레오나르도 다빈치가 스케치한 그림입니다. 보시다시피 그림 속 남자는 교수형으로 죽어가고 있습니다. 그렇습니다. 파치가의 암살범 중 하나로 가장 마지막에 처형을 당한 자입니다. 사건 후 그는 멀리 현재 이스탄불인 콘스탄티노플로 도주했는데 요즘으로 치면 당시 피렌체와 콘스탄티노플 간 범죄인 인도 협약이 체결되어 있어 거기서 압송해 와 교수형에 처해진 것입니다.

그때 처형은 일벌백계의 의미로 두오모 옆 베키오궁 고층 창 안에서 목을 밧줄에 걸어 창 밖으로 떨어뜨리는 형식으로 해서 광장에 모인 시민들이 아래서 모두 볼 수 있게 진행하였습니다. 군중 모두가 탄성을 지르는 스펙터클한 장면이었을 것입니다. 이 군중 사이에 우리가 잘 아는 레오나르도 다빈치 바로 그가 있었던 것입니다. 과연 천재 예술가답게 그는 크로키 기법으로 빠르게 이 장면을 후세에 남겼습니다. 그림 상단의 메모는 이 남자가 입은 의복에 관한 그의 기술이라고 합니다.

# 줄리아노와 마키아벨리

당시 이 광경을 구경한 군중 중엔 마키아벨리도 있었다고 합니다. 참 대단한 도시 피렌체입니다. 그때 그의 나이 9살, 어렸을 때부터 피렌체에서 정적들 간의 이런 사건들을 보고 자란 그였기에 훗날 그 유명한 《군주론》이 탄생하지 않았나 생각해봅니다. 그러나 그는 운 때가 맞지 않아 그토록 일하고픈 메디치가를 위해 일을 하지는 못했습니다. 피렌체에서 쫓겨났던 메디치가가 돌아와 재집권 시, 재취업을 위해 피렌체 외곽의 움막 같은 집에서 시내 두오모를 바라보며 와신상담 기회를 엿보던 그였습니다.

결국 그 집에서 그는 그의 최고 명저인 《군주론》을 탈고하게 됩니다. 이 책은 우여곡절을 거쳐 당시 메디치가의 지도자인 로렌초 2세에게 헌정되는데 그는 이 책에 별 관심을 보이지 않았습니다. 할아버지인 위대한 자 로렌초였다면 아마도 꽤나 큰 관심을 보이며 그에게 일자리를 제안했을 것입니다. 이렇게 묻힐 뻔한 이 책을 후에 세상에 출간한 이는 바로 교황이 된 클레멘스 7세였습니다. 그는 마키아벨리에게 그의 또 하나의 명저인 《피렌체사》도 의뢰하였습니다. 요절한 줄리아노의 아들 덕에 이러한 마키아벨리의 책들이 세상의 빛을 보게 된 것입니다. 이후 《군주론》은 주지하다시피 세상의 모든 제왕,

정복자, 독재자, 지도자들의 교과서가 되었습니다.

## 줄리아노와 줄리앙

줄리아노 메디치, 그는 500여 년 전에 그렇게 죽었지만 오늘날까지도 세상 사람들에게 여전히 그의 수려한 외모를 뽐내고 있습니다. 그의 형 로렌초 메디치의 모습은 대다수가 역사책에서 초상화를 통해 처음 볼 수밖에 없었겠지만 줄리아노의 모습은 우리가 알게 모르게 보고 스치며 자라왔기에 그렇습니다. 보면 바로 아하! 하고 감탄하면서 "갸가 갸가?" 할 정도로 친근한 그가 바로 줄리아노입니다.

학창 시절 미술 시간 석고 데생 시 많이 봐왔던 말 그대로 조각남 줄리앙이 바로 줄리아노입니다. 여자들의 첫 키스 상대로 가장 많이 뽑힌 남자가 줄리앙이란 확인 안 된 설이 있을 정도로 그는 이미 우리나라에서 정체를 감추고 있던 스타였습니다. 줄리앙과 더불어 비너스 석고상도 우리에겐 익숙할 것입니다. 줄리아노의 친구 보티첼

줄리앙 석고상

로의 그림에서 그와 사랑을 나누었던 미의 여신입니다. 이렇게 줄리아노와 시모네타는 유력 석고상 패밀리로 후세에 다시 만나게 되었습니다. 줄리아노를 모델로 한 줄리앙 석고상은 그 시절 로렌초의 눈에 들어 메디치가에서 고급 교육까지 받은 미켈란젤로의 작품입니다.

사실 석고상 줄리앙의 주인공은 그의 형 로렌초 메디치의 아들 줄리아노라는 설도 있습니다. 죽은 줄리아노의 조카로 동명이인인 것이지요. 로렌초가 죽은 그의 동생 줄리아노를 워낙 아끼다보니 막내 아들의 이름을 줄리아노로 지어서 그런 설도 생겼습니다. 이 글에서는 보듯이 로렌초의 동생 줄리아노를 석고상 줄리앙으로 기술하였습니다. 잘 생겼다고 하는 근거 있는 확연한 공통점이 있기에 두 가지 설 중 그쪽을 선택한 것입니다. 신화성을 더 부여하기 위해서 그런 측면도 있습니다. 로렌초의 아들 줄리아노의 외모에 대해선 남아있는 언급을 찾기 힘들었습니다. 원작자인 미켈란젤로는 정확히 알고 있겠지요.

사람은 죽으면 누구나 유산을 남깁니다. 그가 가진 생전 자산이 사후 유산이 되는 것이지요. 많든 적든, 좋은 것이든 나쁜 것이든 유산은 그렇게 후대에 남습니다. 줄리아노 메디치, 사실 살아생전 그가 남긴 자산이라 할만한 업적은 기록상 별로 보이지 않습니다. 그럼에도 그는 사후 인류에게 위와 같은 많은 위대한 유산을 남겼습니다. 메디치 가문의 힘이 최고조에 달한, '위대한 자'라 불리는 로렌초 시대에 그가 살고 죽었기 때문일 것입니다. 그리고 인물값…. 과연 줄리아노, 그만큼 죽어서도 이렇게 인물값을 톡톡히 하는 남자가 역사상 있었을까요?

# 스플리트의 비극

권력을 분할하고 생전에 퇴위를 하여 말년에 고초를 겪은 로마의 황제가 있습니다. 고향에 화려한 궁전을 짓고 멋진 은퇴 생활을 꿈꾸었던 그의 꿈이 박살났습니다. 아드리아해를 끼고 있는 아름다운 달마티아 지방 여행 중 떠올린 이야기입니다.

# 라틴족의 땅 달마티아

달마티안, 또는 우리말로 달마시안이라 불리는 개가 있습니다. 1996년 월트 디즈니의 영화 〈101 달마시안〉에 출연해 우리나라는 물론 전 세계적으로 알려진 개입니다. 품격 있고 독특한 외모의 견종 달마티안의 인기에 힘입어서인가 영화가 히트를 쳐 4년 후엔 한 마리를 더 늘린 〈102 달마시안〉 영화가 개봉되었습니다. 이 개의 독특한 외모란 개성 있는 점박이 무늬입니다. 얼핏 보면 우리에게 더 먼저 알려진 포인터 견종과 비슷하지만 둘은 엄연히 다른 개입니다. 포인터는 국적이 영국이지만 달마티안은 그곳에서 멀리 떨어진 크로아티아이니까요.

달마티아 출신 달마티안

그런데 포인터Pointer는 이름에서 보듯 그 이름이 외모에서 유래하지만 달마티안은 출신 지역에서 유래합니다. 달마티안Dalmatian은 그 이름과 똑같은 지역인 달마티아Dalmatia에서 태어났습니다. 달마티아는 국경선이 꼭 일치하지는 않지만 오늘날 크로아티아가 된 로마 시대의 지역 이름입니다. 그런데 달마티아 출신 사람들은 영어로 어떻게 부르는지 모르겠네요. 개를 워낙 사랑하는 사람들이니 똑같이 불리어도 그것이 그렇게 이상해 보이지는 않을 것입니다.

지도에서 이탈리아와 그 오른편의 바다 아드리아해와 또 그 오른편의 달마티아를 보면 마치 한석봉 어머니가 떡을 썰어 놓은 듯이 비슷한 모양으로 나란히 누워있는 것처럼 보입니다. 달마티아는 오늘날 발칸반도의 크로아티아의 서부 해안가 대부분을 차지하는 지역입니다. 과거 로마 시대 그곳은 일리리아라 불리는 속주의 일부분이었습니다. 그곳엔 많은 라틴인들이 살았습니다. 드넓은 지중해의 상부

로마 제국의 행정 구역과 달마티아 속주(짙은색)

인 아드리아해 연안이기에 따뜻한 지중해양성 기후로 사람들이 살기 좋았기도 하거니와 본토인 이탈리아반도와 제국의 수도인 로마와 가깝기 때문이었습니다. 근자에 들어 우리나라에서 신규 여행지로 각광을 받는 달마티아의 피란, 로빈, 자다르, 스플리트, 코토르, 두브로브니크 등의 해양 도시들은 다 과거 그 시절 로마 시대부터 문명을 이룬 도시들입니다.

베네치아가 해양 강국으로 위용을 떨친 공화국 시절 그곳 아드리아해의 도시들은 다 그의 지배하에 있었습니다. 그래서 이탈리아는 20세기에 들어와서도 그곳을 호시탐탐 노려 수복을 위한 노력을 기울였고, 실제 2차 세계대전 중인 1941년 무솔리니는 달마티아주를 영토로 편입시키기도 했습니다. 하지만 패전으로 그 꿈을 이루지는 못하고 곧바로 반납했습니다. 그만큼 그곳은 고대 로마 시대부터 중세를 거쳐 근세까지 이탈리아화 되어 있던 지역이었습니다. 문명화되어있던 지역이라는 것입니다. 그래서 우리는 아드리아해의 꽃이라 불리는 남단 두브로브니크를 막상 가서 보면 예상보다 큰 위용과 예술적인 아름다움에 감탄하곤 합니다. 2차 세계대전 후 그 지역은 남슬라브인이 주축인 공산권 유고슬라비아 연방에 속해있다가 독립해 오늘날 크로아티아가 되었습니다. 달마티안 무늬를 떠올리게 하는 격자무늬의 국기를 가진 나라입니다.

# 디오클레티아누스 황제의 도시 스플리트

고대 로마의 포룸과 파도가 연주하는 바다 오르간으로 유명한 도시 자다르를 출발한 버스는 남으로 향하고 있었습니다. 다음 목적지는 스플리트입니다. 스플리트는 크로아티아의 수도 자그레브부터 남단 두브로브니크까지 이어지는 고속도로의 중간에 위치한 그 나라 제2의 도시입니다. 길은 서쪽에 아드리아해를 끼고 계속 남으로 달려가니 서울에서 목포까지 이어지는 우리나라의 서해안고속도로를 떠올리게 했습니다. 그런데 중도에 거대한 알프스 산맥의 줄기인 디나르 알프스의 긴 터널을 통과한 순간 제 눈앞에 신세계가 펼쳐졌습니다. 자연의 풍광이 완전히 바뀐 것입니다. 스베티 록이라 불리는 터널을 들어가기 전까지는 산야가 푸른 초목으로 뒤덮여 있었는데 빠져나오니 온통 거친 바위산과 듬성한 초목으로 바뀌어 있었습니다. 하늘의 빛깔은 더 파랗게 바뀌었고 태양은 더 뜨거워 보였습니다.

그 산과 터널을 경계로 대륙성 기후에서 지중해양성 기후로 바뀐 것입니다. 우리나라도 백두대간인 태백산맥을 넘을 때 동서 간 차이는 있지만 과연 알프스라서인가 남북으로 꽤나 큰 차이를 보여주었습니다. 그리고 이윽고 대관령 위에서 강릉 동해 바닷가가 저 멀리 보이듯 눈 아래로 파란 아드리아 바다와 도시가 눈에 들어왔습니다. 진

스플리트의 선물 가게에서 구입한 그 도시의 하늘과 태양과 바다와 집 부조

정한 달마티아의 도시 스플리트에 도착한 것입니다.

스플리트Split는 영문 도시 이름과는 달리 과거와 현재, 구도시와 신도시가 혼재되어 있습니다. 구도시는 바닷가에 바로 붙은 로마 시대의 유적지에 위치해 있는데, 그 유적지라는 것이 통상 유럽의 도시들은 성인 데 반해 스플리트는 황제의 궁전입니다. 수도나 지방의 대도시도 아니었는데 황궁이 있는 것입니다. 그래서 구도시가 성안에 있는 것이 아니라 황궁 안에 들어서 있습니다.

이 황궁의 주인이자 이 도시의 터줏대감은 로마 제국의 43대 황제인 디오클레티아누스244-312입니다. 그는 이곳 달마티아 스플리트 근처 하층민 출신으로 군인이 되어 출세하여 혼돈과 격랑의 군인황제 시대를 끝내고 로마의 황제 자리에 올랐습니다284-305. 그런 그가 은퇴 후 살기 좋은 그의 고향인 스플리트에 와서 위세에 맞게 거대한 궁전을 짓고 농사를 지으며 살았는데 그 궁전이 오늘날까지 도시에 자리를 잡고 있는 것입니다. 아니 그 이전에 궁전 안에 도시가 먼저 형성되었습니다.

그런데 여기서 매우 이상한 점이 발견이 됩니다. 바로 은퇴라는 것입니다. 로마의 황제가 은퇴라니요? 제정 황제는 죽어야 비로소 그의 임기가 끝나는 것인데 황제가 무슨 운동선수나 연예인도 아니고 은퇴를 했다니요? 맞습니다. 그는 위의 생사 연도와 재위 기간에서 보듯 생전에 퇴위를 하였습니다. 로마 역사상 유일한 생전 퇴위 황제입니다.

황궁은 재미있고 이채롭기까지 합니다. 통상 그 정도의 유적지면 도시는 그곳을 보존 지역으로 정하고 사람 출입을 관리하는데 스플리트의 디오클레티아누스 황궁은 그렇게 하지 않았습니다. 그 궁 안에 상인이 영업을 하는 것은 물론 일반 사람이 그곳에 거주까지 하는 가

옥들이 있습니다. 우리나라로 치면 경복궁 안에 상가가 즐비하고 주택도 있는 것입니다. 양보해서 장사를 하는 것까지는 그럴 수 있다고 쳐도 사람이 거주까지 하는 것은 매우 낯설어 보였습니다. 제가 궁터 외벽에서 올려 본 어떤 2층의 왼편엔 로마의 고색창연한 창틀이 있는데 그 옆엔 현대의 컬러 새시 안에 유리도 껴있고 사람이 살고 있었습니다. 치워진 커튼 밖으로 예쁜 화병이 놓여있는 창이었습니다.

그 궁은 과거 디오클레티아누스 생전엔 엄격한 관리하에 그와 그의 가족, 그리고 시종들만 살았을 텐데 지금은 이렇게 시민과 관광객이 들어와 들끓고 거주하는 것입니다. 황제는 퇴위하면서 300명의 시종을 데리고 이곳에 와서 은퇴 생활을 즐겼다고 합니다. 이렇게 과거

과거와 현재의 공존, 디오클레티아누스 황제의 궁전과 현대의 주택

와 현재가 혼재된 곳이 바로 스플리트의 디오클레티아누스 황궁입니다.

종신직임에도 생전 퇴위를 한다는 것은 쉽지 않은 선택일 것입니다. 로마 제국을 4개로 쪼개고 생전에 퇴위한 디오클레티아누스 황제는 그 결과 비극의 주인공이 되었습니다. 1,700년 전 그의 은퇴지였던 달마티아의 스플리트에서 일어난 일이었습니다.

## 후기 로마의 존엄한 자 디오클레티아누스

디오클레티아누스는 재직 시 4두정치를 실시한 것으로 유명합니다. 이것은 그로부터 300여 년 전 율리우스 카이사르 시절과 그의 후계자인 옥타비아누스 시절 두 차례 실시되었던 3두정치와 대별되는 것으로 그때엔 3명의 실력자가 나라를 다스렸다면 4두정치는 4명의 실력자가 로마의 영토를 4등분하여 분할 통치한 것입니다. 제국의 영토가 넓어져 단일 군사 체제로는 모든 지역을 효율적으로 다스리기 어렵다고 판단해 내린 결정이었습니다. 디오클레티아누스 황제는 로마를 크게 동서로 구분하고 그곳을 다시 둘로 나누어 동방 지역은 동방정제와 동방부제가, 서방 지역은 서방정제와 서방부제가 다스리게 하였습니다. 마치 학교의 한 학급에 반장과 부반장이 역할을 나눠 담당하는 모양새였습니다.

그 자신은 동방정제로 이탈리아반도가 아닌 동쪽 오리엔트 지역과 아나톨리아라 불린 오늘날 튀르키예와 이집트의 책임을 맡았습니다. 그의 고향이자 후에 은퇴지가 된 달마티아가 속한 일리리아는 동방부제가 담당하였습니다. 하지만 이것은 어디까지나 군사 분야에서만 그런 것이고 내정과 외교는 정통 황제인 그가 담당하였습니다. 그것도 이전 황제보다 더욱 강력한 권력을 가지고 로마를 통치했습니다. 그렇게 그는 동방정제이면서 4명의 정제와 부제 위에 있는 선임 황제의 자리에 있었습니다. 하지만 이렇게 제국을 4개로 쪼개어 군사를 담당하게 한 4두정치는 그의 퇴위 후 그에게 엄청난 비극을 안겨주게 됩니다.

동양의 황제와도 같이 강력했던 그의 통치를 가리켜 전제정인 도미나투스Dominatus라 불립니다. 이전 로마의 황제는 죽으면 신으로 추앙받았는데 살아있을 때에도 신성화를 꾀할 정도로 그는 절대 권력의 체계를 만들었습니다. 그래서 그는 원로원의 권력을 줄이고 입법, 행정, 사법 등의 3권을 모두 장악해 다방면에 강력한 개혁을 실시하였습니다. 후기 로마 제국 통치의 기틀을 마련한 것입니다. 그래서 역사는 로마의 전기에 존엄한 자라 불린 아우구스투스 황제가 있다면 후기엔 디오클레티아누스 황제가 있다고 할 정도로 그를 높게 평가하고 있습니다.

그의 다음 황제인 콘스탄티누스 1세는 기독교를 공인하고313 오늘날 이스탄불인 콘스탄티노플로 수도를 천도하게330 되는데, 그는 디오클레티아누스가 만든 제도를 거의 승계하였습니다. 이렇듯 이후 476년 게르만족들의 남하에 속절없이 멸망한 서로마와는 달리 그보다 1,000년을

스폴리트의 황제 디오클레티아누스의 두상 | 3세기 후반 | 이스탄불 고고학 박물관

더 장수한 동로마의 기틀을 그가 확립한 것입니다. 동로마는 1453년 오스만 제국의 메흐메트 2세가 콘스탄티노플을 함락시킬 때까지 건재했으니까요. 4두정치 시 디오클레티아누스가 제국의 수도가 있던 이탈리아반도가 아닌 동방 지역을 담당하는 동방정제를 맡은 것을 보면 로마의 무게 추는 이미 그의 시대부터 동쪽으로 기울어져 가고 있었나 봅니다.

## 디오클레티아누스의 패착

그렇게 역동적으로 로마 제국을 위해 일하던 디오클레티아누스 황

제가 난데없이 은퇴를 선언하고 퇴위를 하였습니다[305]. 61세의 나이지만 딱히 큰 병이 있던 것도 아니었습니다. 로마 역사상 이전에도 없었고 이후에도 없던 일입니다. 이후엔 혹시 있더라도 누군가 그는 아래에 소개할 디오클레티아누스 황제의 비극을 떠올리며 생전 퇴위 생각을 접었을지도 모릅니다.

고향 스플리트에 돌아온 디오클레티아누스 황제는 그간 꿈꾸어온 대로 농사를 지으며 행복한 은퇴자의 생활을 시작합니다. 일전에 카드사 광고에 나온 "열심히 일한 당신, 떠나라!"라는 카피처럼 이후 천 년을 더 갈 후기 로마 제국의 제도를 수립하고 기틀을 마련해놨으니 속 편하게 후회 없이 왕좌에서 떠났을 것입니다. 어쩌면 이것은 그가 본래 왕족이나 귀족이 아닌 하층민이었기에 가능했을 수도 있습니다. 수구초심首丘初心이라고 사람들은 귀소본능으로 인해 본래 그가 있던 곳으로 돌아가고파 하니까요.

이렇게 야인으로 돌아간 그는 그가 건축주로 설계하고 감리한 스플리트의 궁전에서 농사를 지으며 7년을 더 살고 죽었습니다. 야인이라지만 상왕으로 주요 정치 사안에 대해 고문 역할을 하기도 했습니다. 그런데 이때 예기치 않은 일이 생깁니다. 서방 지역에 살던 딸 발레리아와 그녀를 만나러 간 그의 아내 프리스카가 그곳의 실력자인

디오클레티아누스 궁전 내부 페리스틸 광장. 오른편은 레스토랑,
왼편은 기독교 박해자였던 황제의 영묘 자리에 세워진 성 돔니우스 대성당

다이아에게 정치적인 이유로 재산을 몰수당하고 감금당한 것입니다. 정략결혼을 시도했던 그에게 결혼을 거절한 결과였습니다. 그래도 바로 직전 황제의 아내와 딸인 왕비와 공주가 그런 험한 짓을 당하다니요? 그것도 그 황제는 아직도 버젓이 살아있는데 말입니다. 디오클레티아누스는 당연히 이것에 항의하는 서한을 보냈지만 소용이 없었습니다. 은퇴했기에 그의 말발이 안 먹힌 것입니다. 결국 모녀는 옥에서는 풀려났지만 황제가 사는 스플리트로 보내진 것이 아니라 다른 동방 지역으로 추방을 당했습니다.

모녀의 비극은 그가 퇴위 후 4두정치로 나뉜 땅에서 일어난 후임자들의 권력 투쟁에서 생긴 일이었습니다. 만약 그가 막강했던 생전에 퇴위하지 않았다면 절대로 일어날 수 없는 일이었습니다. 그리고 또 그가 밀어붙였던 4두정치를 실시하지 않았다면 그런 일은 일어나지 않았을 것입니다. 그래서인가 그의 후임자인 콘스탄티누스 1세 황제는 그의 정책을 거의 모두 승계했지만 4두정치는 폐지하였습니다. 디오클레티아누스와 군사 권력을 나누었던 서방부제 콘스탄티우스의 아들인 그는 2차 4두정치의 혼란기 권력 싸움에서 최후의 승자가 되어 후임 황제에 오른 것입니다. 그는 불필요하고 낭비적인 권력 싸움을 직접 경험하였기에 이후 그것의 재연을 막고자 4두정치를 폐지하였을 것입니다. 모녀는 고래 싸움에 등 터진 새우 격으로 그 싸움에서 희생된 것입니다.

이빨 빠진 선제 디오클레티아누스는 그의 아내와 딸의 비극에 통분하며 퇴위를 크게 후회했을 것입니다. 그가 꿈꾸던 은퇴 후의 생활과 전혀 다른 일이 벌어진 것입니다. 전제정인 도미나투스 실시로 역대 로마 황제 중 최고의 권력을 행사했던 디오클레티아누스가 이렇게 권력을 놓는 순간 그와 가장 가까운 처자조차도 보호하지 못하는 범부가 되었습니다. 아마 당시 그가 보았을 궁전의 거울 속엔 그곳 출신의 초라한 하층민 노인의 모습이 보였을지도 모릅니다.

과거 황제를 알현했던 공간. 돔 지붕이 날아가 더 이채로운 건축물로 남음

그러나 비극은 거기에서 그치지 않았습니다. 모녀의 재산 몰수와 감금, 그리고 추방에서 멈추지 않았다는 것입니다. 모녀는 결국 살해를 당했습니다. 그들을 추방한 다이아를 제거한 리키니우스에게 의탁하려 가다가 오히려 그가 보낸 군사에 의해 최후를 맞이했습니다. 복수를 해주었다고 생각한 그가 그들 편이 아니었던 것이었습니다. 그 또한 정치적 이해관계에 의해 일어난 일이었을 것입니다. 황제는 그것까지는 보지 못했습니다. 312년 그가 사망한 후 일어난 일이었습니다. 만약 디오클레티아누스가 살아있었다면 모녀는 스플리트의 그에게 갔겠지요. 17세기 영국의 대문호 셰익스피어가 이 역사적 사실을 알았는지는 모르겠으나 그의 비극에서나 나올 법한 이야기가 이렇게 4세기 초 로마에서 실제 일어났습니다. 왠지 그의 4대 비극 중 하나인 슬픈 리어왕의 모습이 디오클레티아누스에게 겹쳐집니다. 그의 아내와 딸은 죽어가며 남편과 아버지를 원망했을 것입니다.

## 종신 퇴위와 생전 퇴위

지난 9월 영국의 엘리자베스 2세 여왕이 96세의 나이로 사망을 하였습니다. 1952년에 재위하였으니 영연방 군주로서는 가장 긴 70년 재위라는 기록을 세웠습니다. 그녀 전엔 그녀의 고조할머니인 빅토리아 여왕이 64년 재위라는 기록을 가지고 있었습니다. 그녀 생전엔 그녀가 고령화될수록 그녀의 생전 퇴위에 대한 이야기가 종종 돌곤 하였습니다. 고령화로 인한 건강 문제로 업무 수행능력의 쇠퇴도 문제지만 그녀의 후계자인 찰스 왕세자가 1948년생이므로 그도 이미 할아버지의 나이에 접어들었기 때문입니다. 이 여론엔 왕세자의 인기 여부와 상관없이 영국 국민의 동정심과 측은지심도 발동했을 것입니다. 같은 값이면 대외적으로 젊고 힘 있는 새 왕을 바라는 열망을 포함해서 말입니다.

여왕도 이런 여론을 당연히 알고 있었을 것입니다. 그때 그녀는 무슨 생각을 하였을까요? 아마 왕관을 내려놓을 생각을 했을지도 모릅니다. 70년 재위에 가까워질수록 영육의 피곤함과 피로함이 더 커져서도 그럴 수 있겠지만 그녀 생각에도 후임인 찰스 왕세자가 너무 늙어서 왕위에 오르는 것도, 그의 재위 기간이 너무 짧은 것도 그렇게 바람직해 보이지 않아서도 그럴 수 있었을 것입니다. 여기엔 사적으로 후대 왕이 그녀의 아들이니 곱고 밉고를 떠나 엄마 마음에서도 퇴위를 고민했을 수도 있습니다.

하지만 그녀는 그렇게 하지 않았습니다. 계속 가야만 하는 권력의 속성대로 움직인 것입니다. 그녀도 인간이기에 여왕 신분으로 살아온 것처럼 죽을 때도 여왕 신분이기를 바라는 마음이 작용했을 수도 있습니다. 역대 여러 국가의 지나간 역사에서 보듯, 그리고 우리가 살아가는 이 시대에서도 보듯이 권력은 내려놓는 순간 끝이니까요. 물론 실권이 없는 입헌군주제의 수장인 엘리자베스 2세 여왕의 생전 퇴위를 논하며 위의 디오클레티아누스 황제의 비극을 빗대는 것은 시대적인 상황도 그렇고 많은 부분 일치하지는 않을 것입니다.

엘리자베스 2세 여왕은 70년간 변함없이 한결같은 모습을 보여준 그녀답게 원칙대로 영면에 들기 직전까지 종신직인 영연방 여왕의 임무를 충실히 수행하였습니다. 생전 퇴위가 불가능한 것은 아니지만 그것은 원칙이 아니고 영국 왕실의 역사에 이례적인 일이기에 그렇게 하지 않았을 것입니다. 그런 논란을 불식시키려는지 여왕은 96세의 나이로 죽음을 코앞에 둔 상태에서도 그녀의 중요 임무를 정상적으로 수행하였습니다. 죽기 불과 2일 전까지 스코틀랜드 밸모럴성에서 집권 보수당의 트러스 신임 당 대표의 예방을 받고 그녀를 영국의 신임 총리로 임명하였으니까요. 그녀들이 만나서 악수하는 사진만 보면 여왕이 이틀 후 죽는다는 것은 전혀 상상할 수 없을 정도로 그녀는 꼿꼿하고 화사했습니다. 저는 여왕의 죽음 전후로 이 장면이 가장 인상적이었습니다.

그런데 예기치 않게 트러스 총리는 취임 44일 만에 자리에서 내려왔습니다. 총리는 종신직이 아니기에 생전 퇴위가 자연스러운 일이지만 경제를 일으켜야 할 그녀가 경제를 더 혼란스럽게 해 강제성 퇴위를 당한 것입니다. 잉크도 마르기 전이란 말이 적절할 정도로 그녀는 불과 44일 차이로 임명장은 엘리자베스 2세 여왕에게 받았고 사표는 그녀의 아들인 찰스 3세 국왕에게 제출하였습니다. 만약 여왕이 아직 살아있어 사표 수리를 했다면 그녀는 매우 씁쓸했을 것입니다.

다. 영국 역사상 군주 중 가장 긴 재위 기간을 기록한 그녀가 영국 역사상 총리 중 가장 짧은 재위 기간을 기록한 그녀를 임명한 것이었으니까요.

2013년 2월엔 로마 바티칸에서 세계를 깜짝 놀라게 하는 뉴스가 터졌습니다. 베네딕토 16세 교황이 건강을 문제로 생전 퇴위를 발표한 것입니다. 늘 종신직인 교황이 선종 후 엄숙한 상가의 분위기에서 신임 교황을 선출하는 콘클라베를 봐온 세계인들에게 이 뉴스는 일반인은 물론 카톨릭 신자조차도 머리를 갸우뚱거렸을 것입니다. 그도 그럴 것이 2천여 년 266대 교황들 중 생전에 퇴위한 교황은 그 이전

디오클레티아누스 궁전 안에서
바라본 스플리트 항구 전경

에 2명밖에 없었고, 마지막 퇴위도 600여 년 전이라 사람들은 교황
도 퇴위가 가능하다는 사실을 모르고 살아왔으니까요. 그만큼 종신
직인 국가의 군주나 조직의 수장이 살아생전에 자리를 내놓고 물러
나는 것은 매우 이례적인 일이라 하겠습니다. 하지만 지난 7월 현재
교황인 프란체스코 2세도 당장은 아니더라도 훗날 건강상의 문제로
생전 퇴위의 여지가 있는 발언을 하기도 하였습니다. 2022년 12월
선종한 선임 교황 베네딕토 16세의 생전 퇴임 후 사망까지의 공식
칭호는 명예 교황이었습니다.

이렇게 흔치 않은 생전 퇴위가 우리 조선시대 초기엔 일상적으로 일어났습니다. 건국 후 3왕인 태조, 정종, 태종은 왜 그랬는지는 모르겠지만 연속으로 생전에 퇴위를 하였습니다. 그리고 그들은 순차적으로 상왕, 또는 태상왕으로 물러나 앉았습니다. 함흥차사가 넘칠 정도로 태조 이성계는 아들인 태종 이방원과 사이가 심하게 틀어졌으니 로마의 디오클레티아누스 황제처럼 생전 퇴위를 후회했을지도 모릅니다. 2대 왕 정종은 동생 이방원에 의해 강제 퇴위를 당한 것이나 마찬가지이니 후회고 자시고 할 게 없었겠지요. 3대 왕 태종은 다분히 전략적으로 생전에 퇴위하여 아들인 세종에게 왕을 물려주고 4년을 더 살다 갔습니다.

하지만 세종부터는 생전 퇴위가 사라집니다. 있다 해도 이후엔 죽기 바로 전인 하루 이틀만 상왕으로 불린 왕들이 몇 있었으니까 없는 것과 마찬가지라 하겠습니다. 그러다가 왕조 후기 끝에 가서 다시 생전 퇴위가 나타나는데 그들의 퇴위는 전기와는 달리 왕의 뜻과는 전혀 상관없이 이루어졌습니다. 망국의 왕 고종은 일본에 의해 강제 퇴위당해 1907년부터 12년간은 허울뿐인 인생을 살다 갔습니다. 역시 그의 아들로 이씨 왕가 마지막 왕인 순종도 1910년 한일합병까지 3년만 재위하고 퇴위를 하였는데 나라도 함께 퇴장했으니 그것은 아무 의미가 없다 하겠습니다.

# 2022년 9월 스플리트

디오클레티아누스 황제의 아름답고 고색창연한 궁전을 걸으며 저는 이렇게 그의 생전 퇴위와 관련한 권력의 무상함과 인생의 무상함에 대해 생각을 하였습니다. 그리고 그것은 꼬리를 물어 바티칸도 가고, 바다 건너 영국도 들르고, 우리 역사까지 이르렀습니다. 이윽고 저는 황제의 궁전을 벗어나 밖으로 나왔습니다. 제 눈앞엔 입궁 땐 뒤로 있어 제대로 못 본 파란 바다가 드넓게 펼쳐져 있었습니다. 선글라스를 꺼냈습니다. 한여름은 아니었지만 내리쬐는 태양 빛이 바다에 잠기지 않고 반사된 빛까지 더해 눈이 부셔 앞을 보기 힘들어서 그랬습니다. 그만큼 스플리트가 뿌려대는 빛은 강렬했습니다.

황제가 궁전을 건립할 시에는 궁전 남문에 작은 선착장이 있어서 배에서 내리면 바로 궁전 안으로 들어올 수 있었다고 합니다. 마치 북부의 베네치아처럼 말입니다. 과거 디오클레티아누스 황제는 아내와 딸의 비극적인 소식을 접했을 때 혹시나 하며 궁전 끝 아래 사진의 그곳까지 나와 그날 제가 바라보던 바다보다 더 멀리 수평선 끝까지 바라보며 그의 아내와 딸을 기다렸을 것입니다. 바다였던 지금 궁전 앞 그 자리는 땅을 매립하여 차가 다닐 수 있게 큰 도로를 내고 큰 배도 들어올 수 있게 정상적인 부두가 조성되어 있습니다. 그날 부두

디오클레티아누스 궁전 앞 리바 거리에 세워진 과거 궁전의 이미지 보드

엔 커다란 크루즈가 정박해있었습니다. 코로나가 끝나가는 2022년 9월 아드리아해 연안 스플리트의 정경이었습니다.

마르쿠스 아우렐리우스 황제의 실물 영접

역사책이 아닌 국어책에서 알게 된 로마의 황제가 있습니다. 그가 어느 날 갑자기 제 앞에 나타났습니다. 영화 속에 등장한 그는 국어책 그가 쓴 수필에서 상상되던 딱 그대로의 모습이었습니다. 이 글을 통해 그의 작품을 회고하고 그땐 몰랐던 그의 역사까지 알아봅니다.

# 수필로 더 유명해진 황제

우리 귀에 일찍부터 들려온 로마의 황제들이 있습니다. 로마인 하면 가장 먼저 연상되는 율리우스 카이사르, 존엄한 자 아우구스투스라 칭하는 옥타비아누스, 폭군으로 로마를 불태운 네로, 그리고 기독교와 관련해서 신앙의 자유를 공인한 콘스탄티누스와 로마 제국의 국교로 선포한 테오도시우스 등이 있습니다. 아마 이들 정도가 학창 시절 역사책에 등장했던 로마의 황제들일 것입니다. 그런데 이중에서 가장 유명세가 큰 율리우스 카이사르는 황제가 아닙니다. 그는 제정이 아니라 공화국 로마에서 살다가 암살을 당했으니까요. 그의 최종 직위는 종신독재관이었습니다. 그렇다고 해도 부르는 이름만 다를 뿐이지 황제 이상의 권력을 휘두른 그였습니다. 그렇게 황제인 적이 없던 그는 사후 서구에서 그의 이름이 황제를 칭하는 다소 아이러니한 영예를 안게 됩니다. 각 국가별로 황제를 뜻하는 시저, 차르, 카이저, 세자르 등이 바로 카이사르이니까요.

그런데 우리가 기억하는 로마의 황제들 중 이들과는 인지의 원천이 전혀 다른 또 한 명의 황제가 있는데 그는 특이하게도 그 이름이 역사책이 아니라 국어책에서 발견되었습니다. 바로 제목에 보이는 마르쿠스 아우렐리우스 황제입니다. 긴 이름에도 불구하고 이름이 입에 착 붙는 이 황제는 견인주의 또는 금욕주의라 불리는 스토아 철학파의 다섯 황제인 오현제의 마지막 황제로 서기 161년에서 180년까지 로마를 통치했습니다.

기억을 되살려보면 고교 국어책에 우리나라 1세대 수필가인 이양하 님이 쓴 〈페이터의 산문〉이라는 글에 이 황제의 이름과 함께 그가 쓴 수필《명상록Meditations》이 소개됩니다. 사실 이양하 님의 이 수필은 창작물이라기보다는 거의 대부분《명상록》중 주요 내용을 발췌해 번역을 한 글이었습니다. 그런데 원전을 바로 번역한 것이 아니라 이양하 님 이전에 이《명상록》에 먼저 감명을 받은 영국의 심미 비평가 월터 페이터가 쓴 〈쾌락주의자 마리우스〉라는 글에 등장하는《명상록》의 내용을 번역해서 옮긴 것입니다. 그래서 수필의 제목이 마르쿠스 아우렐리우스의 어찌어찌 산문이 아닌 〈페이터의 산문〉이 된 것입니다.

그러니까 2세기에 로마 황제 마르쿠스 아우렐리우스가 쓴 수필《명상록》은 19세기 서구 영국의 월터 페이터를 거쳐 20세기 우리나라의 이양하 님에 의해 교과서에 실려 우리가 그 생소한 황제와 글을 알게 된 것입니다. 참으로 긴 시간, 먼 거리를 달려와 오늘날 우리에게 온 그의 글입니다. 그만큼 시대 불문, 장소 불문 위대한 글이기에

동서양의 작가들이 서로 자기의 이름을
걸고 그의 책이나 글을 소개하고 인용했
을 것입니다.

《명상록》 낭독(일부),
박문재 옮김, 현대지성

《명상록》은 마르쿠스 아우렐리우스 황
제가 20년 재위 기간 중 틈틈이 기록한
그의 사색이자 철학의 결과물입니다. 내
용 중 "세상만사는 각자 생각하기 나름"
이라는 동서고금을 대표하는 이 금언이
거의 주제처럼 가장 많이 알려진 고전입

니다. 이렇게만 보면 이 철인 황제는 마치 우리의 세종대왕이 집현전
에서 밤을 새우며 공부에 정진했던 것처럼 로마 황궁의 도서실에서
임기 내내 조용히 철학을 연구하고 글만을 썼을 것 같은데 실제 그의
인생은 전혀 그렇지 못했습니다. 재위 기간 내내 이민족 간 국경전쟁
으로 제국 변방을 떠돌아 실제 황궁에 머문 기간은 5년여에 불과했
습니다. 황제 임기의 4분의 3을 밖에서 보낸 것입니다. 그리고 그나
마 로마에 머문 시간도 기아, 홍수, 질병 등 재난이 끊이지 않아 단 하
루도 편안할 날이 없이 힘든 시간을 보냈습니다. 그의 운명이 그래서
인가 그는 죽음까지도 그의 집인 로마의 황궁이 아닌 변방의 야전에
서 맞이하였습니다. 객사한 것입니다.

# 영화로 더 유명해진 황제

어느 날 저는 학교 졸업 후 까마득히 잊고 있었던 이 철인 황제를 뜻하지 않게 만나게 됩니다. 아무 정보 없이 보던 어떤 영화에서 갑자기 그의 이름이 들린 것이었습니다. 2000년에 개봉한 〈글래디에이터〉. 아, 저의 인생 영화 도입부에 그가 짠하고 등장한 것입니다. "아니 이분이 바로 그분?" 영화관이라 이렇게 소리를 내지는 못했지만 제 머릿속에선 그렇게 외치고 있었습니다. 근데 이 영화 속 황제의 용모와 느낌이 딱 국어책의 그분 같았습니다. 제겐 그의 첫인상이 분명히 그렇게 다가왔습니다. 마치 동양의 신선처럼 백발과 흰 수염을 날리며 그윽한 눈빛의 선한 인상과 인자한 목소리로 등장했던 그 영화 속 황제가 진짜 황제의 현생처럼 보인 것이었습니다. 안타깝게도 그렇게 마르쿠스 아우렐리우스 황제를 실감나게 보여준 아일랜드 출신의 배우 리처드 해리스는 개봉 2년 후에 영화 속 그 황제처럼 사망했습니다.

영화와 역사는 다릅니다. 황제는 〈글래디에이터〉 영화에서처럼 아들 콤모두스에게 암살당하지 않았습니다. 황제의 사인은 병사였습니다. 그렇게 고단하게 제국의 이곳저곳 전선을 다닌 그였기에 그곳에서 59세의 나이로 수명을 다한 것입니다. 그의 임종을 상상하며 낭

낭만파 화가 들라크루아는 〈마르쿠스 아우렐리우스의 유언〉이라는 그림을 그렸는데 아래 그림 속 오른쪽에 서있는 상의를 탈의한 키 큰 남자가 콤모두스입니다. 그런데 아버지가 유언을 남기는데 삐딱하게 서있는 것도 그렇고 듣는 자세가 영 불량해 보입니다. 부자간 사이가 원만하지 않았다는 역사적 사실을 들라크루아는 이렇게 그려낸 것입니다. 그리고 이 영화의 연출자인 리들리 스콧 감독은 거기서 한 걸음 더 나아가 아들 콤모두스가 아버지 마르쿠스 아우렐리우스 황제를 살해까지 한 것으로 극화했습니다. 역사와 영화 속에서 황제가 죽은 곳은 당시 야만인인 게르만족과의 전투지로 로마의 북동 국경 라인인 도나우강의 최북단 군사 기지인 빈도보나 근처로 알려져 있습니다. 빈도보나는 오늘날 오스트리아의 수도 비엔나입니다.

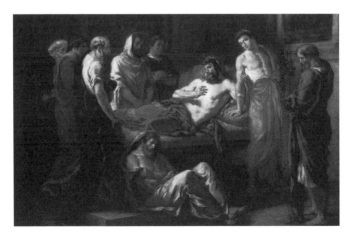

〈마르쿠스 아우렐리우스의 유언〉 | 들라크루아 | 1844

개인적으로 저는 이 영화가 명배우 러셀 크로우의 인생작이라고 생각합니다. 아마 그도 그렇게 생각하고 있을 것입니다. 하지만 그가 맡은 주인공 막시무스 장군은 당시 동명의 인물은 있으나 역할로 보면 실존하지는 않은 가공의 인물입니다. 일단 영화에서 그가 황제의 유언으로 내내 떠받드는 공화제는 당시 상황상 허구일 수밖에 없습니다. 제정을 시작한 아우구스투스 황제부터 200여 년 가까이 잘 이어온 로마 제국을 별 이유 없이 공화제로 되돌린다는 것부터가 좀 이해하기 어려운 발상입니다. 그 아우구스투스부터 마르쿠스 아우렐리우스까지의 200여 년은 팍스 로마나로 불릴 정도로 로마 최고의 번영기였는데 군이 제정을 끊을 이유와 동기가 없다는 것입니다.

특히 마르쿠스 아우렐리우스 황제는 그 이전부터 오현제의 시대라 불릴 정도로 승승장구해오고 있던 로마를 승계하여 제국을 경영하고 있던 터라 더욱 그럴 일이 없었습니다. 제정의 문제점이 발견하기 힘들었다는 것입니다. 그의 아들 콤모두스가 모자라면 다른 사람을 황제로 내세우면 될 일이었습니다. 당장 그부터가 그의 아버지가 황제가 아니었으며 그 이전 네 명의 황제 그 누구도 아들에게 황제를 물려주지 않았습니다. 그래서 사가들은 로마의 오현제 시대가 가능했던 것을 적자 상속이 아닌 가장 뛰어난 인재에게 황제를 승계한 것에서 그 이유를 찾기도 합니다. 그러니까 마르쿠스 아우렐리우스 황제는 그의 아들 콤모두스가 황제의 감이 아니라면 진작부터 후계자를 정했으면 될 일이었습니다. 영화에서 공화제 이슈는 〈글래디에이터〉를 연출한 리들리 스콧 감독의 정치철학이 개입되어 그런 스토리로 전개되었을 가능성이 큽니다.

이후 영화 〈조커〉로 더 유명해진 호아킨 피닉스가 연기한 콤모두스는 야전에서 병사한 아버지에 이어 무난히 로마의 다음 황제에 오르고 그 넓은 제국을 다스렸습니다. 그리고 영화에서처럼 그는 실제 검투사가 되어 콜로세움의 많은 경기에 출연을 했습니다. 워낙 무예를

마르쿠스 아우렐리우스 황제의 기마상 |
2세기 후반 | 로마 카피톨리노 광장

좋아하기도 했지만 인기를 위해 서커스 정치를 펼친 것입니다. 그래도 목숨을 걸고 진짜 직업 검투사들과 정정당당하게 승부를 벌이진 않았을 것입니다. 아버지와는 달리 정치철학이 부재했던 그는 결국 측근에게 암살을 당하는 비운의 종말을 맞이합니다. 그가 선대 황제들처럼 좋은 정치를 펼쳤다면 후대의 사가들은 그때를 그까지 포함시켜 오현제가 아닌 육현제의 시대라 불렀을 것입니다.

오늘날 마르쿠스 아우렐리우스 황제의 동상은 로마 시내 카피톨리노 광장에 기마상으로 전시되어 있습니다. 아직까지도 말에서 내려오지 못하고 로마를 지키고 있는 것입니다. 플라톤이 가장 이상적인 국가는 철인이 다스리는 국가라 하였는데 바로 그 철인 황제는 2천여 년이 지난 지금도 여전히 그 이상을 위해 고단한 그의 여정을 달려가고 있습니다.

사람은 나뭇잎과도 흡사한 것
가을바람이 땅에 낡은 잎을 뿌리면
봄은 다시 새로운 잎으로 숲을 덮는다

– 마르쿠스 아우렐리우스의 《명상록》 중에서

# 안티 르네상스, 허영의 소각

피렌체와 뗄 수 없는 메디치가 그 도시를 비운 적이 있습니다. 위대한 자라 불린 로렌초 메디치 사후 일어난 일입니다. 당시 도시는 한 수도사에 의해 다시 중세의 엄격한 신정 국가로 돌아갔습니다. 타오르던 르네상스도 꺼져갔습니다. 어느 날 그는 피렌체에서 전대미문의 의식을 치릅니다. 가히 안티 르네상스라 할 사건이었습니다.

# 화형, 화장, 소각

문재인 정부 시절 북한 영해에서 일어난 우리 국민의 사망 사건에 화장이냐 소각이냐 하는 논란이 있었습니다. 소각은 불에 태워 없애는 것이고 화장은 장례의 한 형식이니 물리적 현상은 같을지라도 의미와 해석은 매우 다를 것입니다. 소각은 모든 것을 흔적도 없이 말끔히 없애는 것이나 화장은 육체를 불로 정화해 깨끗해진 영혼은 남기는 것이므로 당연히 논란이 될 수밖에 없습니다.

불에 사람을 태우는 방법으로 화형도 있습니다. 화형은 '바디'뿐만이 아닌 '소울'까지 없애려 한다는 측면에서 방법은 화장과 비슷하나 의미는 소각과 유사하다 할 것입니다. 중세 마녀사냥 시 마녀 입증을 위해 고문은 다양하게 가하지만 처형만큼은 화형으로 동일하게 집행한 것은 그러한 맥락일 것입니다. 영혼까지 싹 없앤 것입니다.

소각과 화형을 하는 현장에 사람이 모여들면 쇼적인 의미가 더해지면서 주최측이 전달하고자 하는 선언적 메시지는 강해집니다. 이른바 스펙터클 효과입니다. 마녀 화형식은 요즘 교수형과는 달리 다수의 군중이 모인 곳에서 집행되었습니다. 그것도 모두가 잘 보이게 단을 높게 쌓아서 집행했습니다. 역사적으로 유명한 소각도 마찬가지였습니다. 중국의 진시황이 분서갱유를 할 때 그 현장엔 아방궁 안의 만조백관과 학자들이 모여서 그 장면을 지켜보았을 것입니다. 삼성전자가 1995년 행했던 500억 원대 '애니콜' 불량 휴대폰 소각 장면은 당시 공장 운동장에 모인 2천여 명의 임직원은 물론 TV 뉴스를 통해 전 국민이 보았습니다.

## 허영의 소각

1497년 어느 날 르네상스의 도시 피렌체에선 역사적인 소각식이 행해지고 있었습니다. 이름하여 허영의 소각 Falò delle Vanità, Bonfire of the Vanities, 허영을 불에 태워 없애려 도시의 시민들이 모인 가운데 이러한 의식이 집행된 것입니다. 이 행사의 기획자이자 연출자는 지롤라모 사보나롤라, 그는 피렌체의 산 마르코 수도원장이었습니다. 당시 그는 메디치 가문을 몰락케 하는데 일조한 그 도시의 지도자였습니다. 위대한 자라 불리는 로렌초 메디치 사후 피렌체는 이렇게 일순 기독교 지도자가 다스리는 신정 도시국가로 변모해있었습니다.

허영은 태울 수 있는 물품이 아니니 대신 그것을 상징하는 귀족과 부자들의 사치품, 예술품, 서적, 화장품, 의상, 오락물 등이 불에 타 없어

1497년, 피렌체 시내에서 공개적으로 행해진 허영의 소각

졌습니다. 사보나롤라 입장에선 모두가 신성을 위반하고 방해하는 물품들일 것입니다. 허영이 태워진 도시에 남은 건 억제된 금욕과 검약한 청빈이었을 것입니다. 그것은 근세를 연 르네상스가 추구한 인간 중심에서 다시 신 중심의 중세로의 귀환을 의미합니다. 당시 유럽에서 가장 화려했던 꽃의 도시 피렌체가 이렇게 침묵하는 암흑의 도시로 바뀌게 된 것입니다. 허영의 소각, 그것은 르네상스를 소각하는 안티 르네상스의 의식이었습니다.

1492년 로렌초 메디치의 죽음이 이러한 과거로의 귀환을 불러왔습니다. 그의 후계자 피에로가 아버지만 못해서 그런 것도 있겠지만 사실 이러한 비극 아닌 비극은 로렌초 본인이 불러온 측면도 있습니다. 왜냐하면 피렌체에 적응 못해 도시를 떠났던 사보나롤라 그를 다시 불러들여 산 마르코 수도원장으로 앉힌 이가 바로 로렌초 그였기 때문입니다. 메디치 입장에선 사람을 잘못 쓴 것이지요.

## 로렌초 메디치의 팽창

그 이전 1478년 부활절 파치가의 음모 사건이 실패한 후 로렌초는 더욱 막강해졌습니다. 피렌체에서 경쟁자였던 파치가가 사랑하는 동생 줄리아노를 잃은 그의 복수극으로 멸문지화를 당했으니 그건 자연스러운 일일 것입니다. 이제 그가 가는 길은 공화국 피렌체에서 군주의 길로 바뀌게 됩니다. 파치가와 손잡았던 교황 식스투스 4세와 조카인 리아리오가 나폴리 등 주변 세력을 규합해 여전히 그를 호시탐탐 노리니 생존을 위해서라도 그는 그렇게 세게 갈 수밖에 없었을 것입니다.

위기 타개를 위해 그는 국가 비상사태를 명분으로 시뇨리아 의회를 해산하고 그의 밑에 10인 위원회를 설치해 피렌체를 완벽히 장악했습니다. 다수의 협치가 아닌 독단적 중앙집권

메디치 중의 메디치 로렌초 메디치(1449~1492) | 라파엘 모르겐 | 19세기 초

적 통치 시대가 된 것입니다. 결국 그를 위협했던 교황 세력은 제거되고, 이후 그는 항구적인 평화를 위해 주변의 막강 도시 국가인 베네치아, 밀라노, 나폴리 등과 상호 불가침 평화조약을 맺어 피렌체는 물론 이탈리아반도의 평화 시대를 열어갑니다. 당연히 그 중심엔 로렌초 메디치의 피렌체가 있었습니다. 아니 피렌체의 로렌초 메디치가 있었습니다.

## 안티 르네상스, 중세로의 귀환

하지만 적은 내부에 있었습니다. 그가 임명한 산 마르코 수도원장 사보나롤라, 그의 눈엔 이런 로렌초가 탐탁지 않았습니다. 명분은 피렌체를 위해서라지만 정치적 이익을 위해 권모술수가 날뛰고 그 안에 필연적으로 피어나는 부패와 도덕적 해이 등을 그는 볼 수가 없었던 것입니다. 그는 군중들 앞에서 르네상스의 예술가와 학자들을 적극 후원하고, 비싼 건축물과 정원을 조성하고, 화려한 생활을 하는 메디치가와 귀족들에게 날선 비판을 가하기 시작합니다. 그 돈으로 가난한 자들을 먹여 살리라고, 그리고 회개하라고…. 그의 눈엔 당시 부강한 꽃의 도시 피렌체가 멸망 전 소돔과 고모라처럼 보였을 것입니다.

사실 민초들에게 부자들의 전유물인 예술과 부는 아무 상관이 없을 것입니다. 이에 많은 사람들이 사보나롤라의 설교에 감화되어 그를 따르는데 그 수가 점점 불어나 로렌초가 통제하기 힘든 상황까지 이릅니다. 설상가상으로 로렌초는 가족력인 통풍으로 43세인 이른 나이에 유명을 달리하는데 이로써 도시의 권력은 사보나롤라와 그의 추종자들에게 넘어갑니다. 그들을 막기에 아들 피에로 메디치는 많이 유약했습니다. 사보나롤라는 로렌초의 권력 기관인 10인 위원회를 해체하고 평민으로 구성된 평의회를 구성해 피렌체를 이끌게 됩니다.

그 후 피렌체는 달라졌습니다. 르네상스의 활기찬 기운은 사라지고 기독교적인 도덕과 규율이 지배하는 도시가 된 것입니다. 사보나롤라는 피렌체를 신의 도시, 새로운 예루살렘으로 만들고 싶어 했습니다. 이때 이 틈을 노린 당시 유럽 최강 프랑스의 샤를 8세가 피렌체를 침공합니다. 그 결과 강력한 군주가 부재한 피렌체는 프랑스의 지배하에 놓이게 되고 사보나롤라는 괴뢰정부의 수반으로 전락하게 됩니다. 로렌초 메디치가 생전 애써 만들어놓은 이탈리아 도시들의 평화협정은

페라라 소재 사보나롤라의 동상 | 스테파노 갈레티 | 1875

깨졌고 경제, 군사, 외교, 문화예술적으로 강했던 피렌체의 모습은 온데간데 없어졌습니다.

## 사보나롤라의 소각

이런 시기에 사보나롤라는 피렌체 시민을 모아놓고 허영의 소각 의식을 실행한 것입니다. 그 시점이면 대다수 시민들은 이제 점점 더

1498년, 사보나롤라의 화형식

강도가 세어지는 그의 도덕과 금욕 정책에 무료해하고 지루해했을 것입니다. 구관이 명관이라는 소리가 나온다는 것입니다. 부강하고 힘이 있던 메디치 시대가 살만했다고 느끼며 그 당시에 행해졌던 화려한 축제와 아름다운 예술 등의 볼거리가 가득했던 피렌체를 사람들은 당연히 그리워했을 것입니다.

이래서 정치는 어렵습니다. 군중은 입에 달고, 코에 향기롭고, 귀를 간질이는 새로운 것에 혹하지만 그것의 유통 기한이 끝나면 그보다 더 강한 것이나, 아니면 반대급부적인 옛것을 그리워하기 때문입니다. 허영의 소각 20여 년 후인 1516년 영국의 토머스 모어는 이상적인 국가는 세상 어디에도 없다는 뜻의 《유토피아》를 출간하게 됩니다. 세상에 모두를 만족시키는 완벽한 것은 어디에도 없다는 것이지요.

결국 사보나롤라는 1498년 처형당하게 됩니다. 당시 그는 메디치 같은 정치 권력자는 물론 세속화된 교황청도 계속해서 비판해왔기에 교황의 눈 밖에 난 그의 종교재판은 형식적으로 치러졌을 것입니다. 이단으로 사형 언도가 떨어졌고, 그리고 선택된 처형 방법은 화형이었습니다. 피렌체에서 그의 흔적은 물론 영혼까지 완전히 지우기 위해 그렇게 했을 것입니다. 1년 전 그가 주도했던 허영의 소각처럼 그는 불에 타 역사에서 사라졌습니다.

땅은 갖은 악으로 억압받아

멍에를 스스로 벗어버릴 수 없고

바닥으로 추락한 세상의 우두머리 로마

결코 위대한 직분으로 돌아갈 수 없네


– 사보나롤라의 저서《세계의 몰락》에서

# 비운의 이름 타이탄

이름이 같으면 그 운명도 같은 것일까요? 성명철학에선 모르겠지만 그렇지는 않을 것입니다. 하지만 우연인지는 모르겠으나 여기 같은 비극이 반복된 이름이 있습니다. 바로 타이탄입니다. 그 역사 아닌 역사에 대해 알아봅니다. 그리고 최근에 떠오르는 익스트림 투어에 대해서도 알아봅니다.

**셀린 디옹,**
**〈My Heart Will Go On〉**

## My Heart Will Go On

2007년, 그때 처음 가고 이후엔 간 적 없는 미국의 라스베이거스에서 으레 관광객들이 그러하듯이 한 공연을 관람하였습니다. 과거 프로 복싱이 유행할 때 세계적인 빅 매치가 주로 열렸던 시저스 팰리스 호텔에서 캐나다 출신의 가수인 셀린 디옹의 공연을 본 것입니다. 당시 세계적인 스타였던 그녀는 그 호텔에서 천문학적인 금액을 받고 5년 동안 전속 계약으로 공연 중이라고 했습니다. 신비롭고 몽환적인 배경의 무대 위에서 그녀의 주옥같은 히트곡들이 울려 퍼졌는데 제게 가장 인상적이고 기억에 남는 노래는 누가 뭐래도 〈My Heart Will Go On〉이었습니다. 아이리쉬 휘슬의 감미로운 전주가 아련하게 흘러나오는 시작부터 아름다운 소년 레오나르도 디카프리오와 소녀 케이트 윈슬릿 커플의 그 유명한 뱃머리에서 바다 위 하늘을 향해 비상하듯 포개어 포즈를 취하는 영화 장면까지 떠올라서 그랬습니다.

그때 그 소년 소녀가 탄 배는 타이타닉호였고, 그 영화는 그로부터 딱 10년 전인 1997년 개봉해 전 세계적으로 흥행한 〈타이타닉〉이었습니다. 개봉하자마자 단숨에 역대 세계 1등 흥행작이 된 그 영화였습니다. 연출자인 제임스 카메론 감독은 이후 그가 만든 화제의 영화 〈아바타〉로 본인이 세운 그 1등 기록을 갈아치웠습니다. 마치 운동 경기에서 대회마다 세계 기록을 연거푸 경신하는 스포츠 스타와도 같은 대단한 감독입니다. 셀린 디옹의 〈My Heart Will Go On〉은 그 영화의 여러 OST들 중 영화만큼이나 메가 히트를 쳐 이후 그녀의 대표곡이 되었습니다. 현재 희귀한 난치병과 투병 중인 그녀가 쾌유하기를 기원합니다.

## 타이타닉의 데자뷰 타이탄

최근 전 세계적으로 타이타닉호에 대한 뉴스가 연일 지면과 화면을 장식했습니다. 빙산과 충돌하여 침몰한 그 여객선의 잔해를 보기 위해 잠수정인 타이탄호가 타이타닉호를 향해 4,000m 심해를 내려가다가 실종되어서 그랬습니다. '타이타닉 titanic'은 크고 거대한 것을 가리키는 '타이탄 titan'에서 유래하니 두 배의 이름은 동명으로 봐도 무방할 것입니다. 하지만 수색 결과 안타깝게도 그 잠수정은 외부 수압을 견디지 못한 압궤壓潰로 내부가 파열되어 침몰되었음이 지난 6월 25일 확인되었습니다. 승선한 5명의 승객들은 전원 사망했는데 그들은 8일간의 그 해저 탐사를 위해 무려 25만 달러(3억 2천만 원)을 기꺼이 지불한 4명의 부호들과 그 탐사 상품을 개발한 운영사의 대표였습니다. 20세기 초인 1912년 출항 당시 인류 역사상 최고의 대형 여객선이었던 타이타닉호의 침몰 현장으로 111년이 지난 2023년 접근한 최첨단 소형 잠수정 타이탄호가 그 북대서양 바닷속 타이타닉호 옆에 또 사체와 잔해를 남긴 것입니다. 같은 이름이라 같은 운명이었을까요? 크기는 다르지만 역사적인 비극이 반복되었습니다.

## 타이타닉의 비극

그 해 4월 10일 영국의 남부 사우샘프턴 항은 분주하기 이를 데 없었습니다. 유럽 각지에서 그곳을 떠나 세계의 신흥 강국으로 떠오르는 미국을 향해 떠나는 많은 승객들로 붐볐기 때문이었습니다. 흥분은 승선하는 승객들뿐 아니라 선장을 비롯한 모든 승무원들도 마찬가지였습니다. 왜냐하면 그날의 출항이 북아일랜드의 벨파스트에서 건조를 마친 그 배의 처녀 출항이었기 때문이었습니다. 그 배는 길이 269m에 달하는 당시 세계 최대의 신상 증기 여객선이었기에 그 배를 타지 않은 유럽인과 미국인에게도 관심과 뉴스의 초점이 되었던 출항이었습니다. 〈타이타닉〉 영화에서 보듯이 그런 부산함과 흥분감이 가득한 출항이었던 것입니다.

흔히 호화 여객선이라 불리는 타이타닉호이지만 그 배는 신분과 부의 계급에 따라 1등실(329명), 2등실(285명), 3등실(710명)을 갖춘 종합 여객선이었습니다. 보듯이 가난한 자들이 타는 3등실의 인원이 가장 많았습니다. 그들은 구대륙인 유럽에서 이루지 못한 삶을 멀리하고 신대륙인 미국에서 아메리칸드림을 이루기 위한 이민자로 그 배에 승선했습니다. 물론 1등실의 승객들 중 최상위 층은 요즘으로 치면 호화로운 크루즈 여행을 가듯이 호화로운 미국 여행을 즐기고자 최고 신상인 그 배를 구경삼아 승선한 자들도 있었을 것입니다.

그렇게 힘차게 경적을 울리며 출항한 타이타닉호는 영국의 사우샘프턴 남쪽 바다 건너 프랑스의 쉘부르를 거쳐 서북부로 향해 아일랜

1912년 4월 10일 출항 당시 타이타닉호의 모습

드의 퀸즈타운을 거치며 유럽을 떠나 북대서양으로 나가 미국의 뉴욕으로 향했습니다. 그리고 4일 후인 4월 14일 밤 11시 40분, 북대서양 허허바다에서 예상치 못한 빙산과 충돌한 그 배는 불과 2시간 40분 만인 15일 새벽 2시 20분에 완전히 해상에서 자취를 감추었습니다. 4월임에도 차가운 북대서양 바다 밑으로 수장된 것입니다. 뉴욕에 당당히 도착해 인류의 해상 교통 혁명으로 한 획을 그었어야 할 역사적인 출항이 대형 해상 사고의 흑역사로 기록되는 순간이었습니다. 2,223명의 승선자들 중 무려 1,514명이 사망하고 706명만이 구조되었습니다. 영화 〈타이타닉〉에서 배가 두 동강이 나 바다로 잠기는 마지막 순간까지 선상에서 현악기의 활을 놓지 않고 꼿꼿하게 음악을 연주하던 음악가들의 모습이 불현듯 떠오릅니다.

제우스 연합군의 무자비한 바위 공격, 〈타이탄족의 몰락〉 | 루벤스 | 1638

# 타이탄의 비극

타이탄, 이 이름은 어쩌면 비극의 씨앗을 가진 이름일지도 모릅니다. 타이타닉호가 건조되기 훨씬 전 세상이 하늘과 땅, 그리고 산과 바다로 구분된 후 벌어진 이 세상 최초의 전쟁에서 패배하고 쫓겨난 자들의 이름이기에 그렇습니다. 인간은 창조되기도 전의 이야기로 그리스 신화에 등장하는 거신족巨神族이 바로 그들입니다. 타이탄은 영어이고 원어인 그리스어로는 티탄Τιτάν이라 불립니다.

세상이 태동하며 남성을 상징하는 하늘의 신 우라노스와 여성을 상징하는 대지의 신 가이아 사이에서 12남매가 태어났는데 그 족속을 가리켜 타이탄이라 불렀습니다. 아마도 거대한 몸집을 가졌었나 봅니다. 그들 중 막내인 크로노스는 엄마인 가이아와 짜고 아버지인 우라노스를 제거함으로써 세상의 2대째 권력을 가지게 됩니다. 그런데 크로노스 역시 아버지와 같은 운명으로 그와 부인인 레아 사이에서 태어난 6남매의 막내아들인 제우스에 의해 축출되었습니다. 세상은 이렇게 태동기 때부터 부자간의 권력 전복 역사가 똑같이 반복된 것을 보면 "역사는 반복된다"라는 격언은 진리임에 틀림이 없는 것 같습니다. 게다가 크로노스가 그의 엄마인 가이아와 함께 짜고 우라노스의 성기를 잘라내어 권력을 잡았듯이, 제우스 역시 그의 엄마인 레아의 기지로 그를 삼켜서 먹으려는 크로노스로부터 살아나 거사를 완수한 것을 보면 엄마의 역할까지도 매우 유사한 반복이었습니다. 이렇듯 여자는 동서를 막론하고 남편 편이 아니고 아들 편인가 봅니다. 오죽하면 우스갯소리로 남편을 남의 편이라고도 하겠습니까?

제우스가 벌인 거사는 전쟁이었습니다. 그의 형제인 포세이돈과 하데스를 비롯한 6남매와 타이탄족인 아버지 크로노스와 그의 12남매 간에 한판 전쟁을 벌인 것입니다. 세상을 만들고 지배했던 거신족 타이탄들을 상대로 한 전쟁이었으니 아마 지축까지 흔들렸을 것입니다. 10년간 벌어진 이 전쟁을 신화에선 티타노마키아라고 부릅니다. 결국 그 전쟁에서 제우스와 그의 연합군인 올림포스 신들이 승리하면서 제우스는 그리스 신화의 명실상부한 최고 신으로 등극하여 그때부터 더 이상 적수 없이 신계와 인간계를 안정적으로 다스리게 되었습니다. 하지만 패배한 타이탄들은 타르타로스라 불리는 음침하고 어두운 지하 공간에 갇혔습니다. 그곳은 제우스의 반역자들이 유폐되는 지하 감옥으로 죽음과 저승을 상징하는 하데스보다 더 깊은 곳에 위치해 있어 한번 간히면 절대로 빠져나올 수 없는 곳입니다. 이렇게 초기에 호기롭게 세상을 지배했던 타이탄들은 지상에서 지하로 영원히 갇히는 신세가 되었습니다. 타이탄의 비극입니다.

호메로스의 장대한 서사시 〈오디세이〉에도 한 타이탄이 등장합니다. 트로이 전쟁이 끝나고 그 전쟁의 영웅인 오디세우스(영어명 율리시즈)의 귀갓길을 다룬 그 작품에 등장하는 외눈박이 거인 키클롭스가 그입니다. 키클롭스는 위에 등장한 신화의 초대 권력자 우라노스와 가이아의 12남매 이외에 태어난 3형제 타이탄으로 그의 신체적 특징은 외눈박이였습니다. 이 키클롭스 부족의 일원인 폴리페모스가 오디세우스가 바다에서 만난 거인으로 그는 그

가 사는 시칠리아섬에 올라온 오디세이의 부하들을 매끼마다 두 명씩 잡아먹었습니다. 타이탄답게 산만 한 거인이라 오디세우스 일행이 힘으로는 이길 수 없던 그였습니다. 하지만 트로이 목마를 고안하여 10년이나 끌던 그 전쟁을 승리로 이끈 오디세우스답게 그의 꾀로 키클롭스는 그 하나 남은 눈마저 불에 달군 나무에 찔려 실명을 하게 됩니다. 그 틈에 오디세우스와 부하들은 무사히 그 섬을 빠져나갔습니다. 타이탄의 또 1패입니다. 하지만 바다의 신 포세이돈의 아들이라고도 알

타이탄족 편에 선 죄로 제우스에 의해 지구를 짊어지는 형벌을 받게 된 아틀라스. 기원전 2세기경 제작된, 일명 〈파르네세 아틀라스〉

려진 그이기에 포세이돈의 저주로 오디세우스는 고국인 이타카를 코앞에 두고 무려 10년이나 지중해 바다 이곳저곳을 헤매다 간신히 집에 도착하였습니다.

## 익스트림 투어의 시대

주지하듯이 이번에 참사를 당한 소형 잠수정인 타이탄호는 과학 탐사선이 아니었습니다. 오션게이트 익스페디션이라는 민간 기업이 관광 상품으로 개발한 순수한 여행 잠수정이었습니다. 요즘 들어 이런 희귀한 상품의 여행이 종종 뉴스를 장식하곤 합니다. 익스트림 투어 extreme tour 라 불리는 상품들입니다. 스포츠에서 일반인은 접하기 어렵고 즐기기도 힘든 소수의 종목을 익스트림 스포츠라고 부르듯이 여행 상품도 그렇게 부르는 것입니다. 그 여행은 이번 타이타닉호 탐사 여행처럼 당연히 보통 사람들은 접근하기 힘든 희귀하고 희소한 상품일 수밖에 없습니다. 세상 이곳저곳을 다 가봐서 일반 여행은 더 이상 흥미를 가지기 힘든 여행가와 모험가, 그리고 혁신가들이 그 여행의 타깃일 것입니다. 당연히 상상 이상으로 비싼 가격도 일반 여행객이 접근하기 힘든 요인이 됩니다. 이번 타이타닉호 탐사 여행이 8일에 25만 달러였던 것처럼 말입니다.

이번 타이타닉 사태보다 더 먼저 관심을 끈 익스트림 투어는 우주여행이었습니다. 최근 몇 년 전부터 심심찮게 뉴스에 등장하는 그 여행입니다. 현재 우주여행은 세계적인 혁신 기업가들이 나서서 내가 먼저를 외치며 민간 관광 우주선을 쏘아 올리고 미래 관광을 위한 사전 예약을 받고 있습니다. 3파전 양상으로 일론 머스크(테슬라)의 스페이스 엑스, 제프 베조스(아마존)의 블루 오리진, 리처드 브랜슨(버진 그룹)의 버진 갤럭틱이 그들이며 그들이 소유한 회사들입니다. 대기권 밖 우주를 90분 정도 올라갔다 오는 우주여행에 20만 달러 정도의 비용이 든다고 합니다. 1시간 반 만에 그 큰돈이 우주로 날아가는 것입니다. 그보다 근사하고 진보적인 우주여행으론 작년 9월 일론 머스크와 함께 4인이 585km 상공에서 지구를 3일 동안 15바퀴 돈 상품이 있었습니다. 환상적인 그 여행에 들어간 전체 비용이 3천억 원이라 하니 1인당 750억 원이 들어간 관광 상품이었습니다. 이런 여행들이 앞으로 상용화되면 얼마까지 떨어질지 모르겠습니다.

이번 타이타닉호를 찾아가는 타이탄호의 뉴스를 처음 접했을 때 프랑스의 작가 쥘 베른의 소설《해저 2만리》가 떠올랐습니다. 그 책은 1869년에 쓰인 소설로 미래형 잠수함인 노틸러스호를 타고 전 세계 바다를 누비는 이야기를 다루고 있습니다. 당시엔 우주여행은 언감생심이니 그 시대로 볼 때는 가장 익스트림한 여행을 다룬 SF소설이었을 것입니다. 그래도 그때도 어설프나마 잠수함은 있던 시대였습니다. 제대로 된 잠수함은 그때보다 미래인 1910년대 제1차세계대전에 등장해 맹활약을 펼쳤습니다. 이렇게 같은 해저를 소재로 하고, 타이탄호 잠수정처럼 최첨단 잠수함을 타고 바닷속을 탐사하는 여행도 같으며, 심해 4,000m라는 해저 10리를 여행하는 숫자도 구체적이라《해저 2만리》가 바로 생각이 났던 것 같습니다.

쥘 베른은 이 책 출간 4년 후인 1873년 또 하나의 익스트림 여행을 다룬《80일간의 세계일주》를 발표하였습니다. 그리고 이 두 책에 앞서 1864년 아이슬란드의 화산 속으로 들어가 땅 밑 세계인 지저 탐험을 소재로 한《지구 속 여행》이란 책도 출간하였습니다. 연이은 지하와 바다와 육지에서의 여행, 과연 그는 익스트림 여행의 시조라 불려도 좋을 매우 익스트림한 작가였습니다.

라이트 형제가 1903년 최초의 비행을 한 후 비행기가 여객기로 바로 상용화된 것은 아니었습니다. 그로부터 30년이 넘는 세월이 흘러도 비행기는 공중 수송의 역할을 담당하지 못했습니다. 대신 그 기간 하늘 여행을 주도한 것은 먼저 개발된 비행선이었습니다. 1920년대와 30년대 비행선은 유럽과 미국을 오가는 주요 교통수단으로 많은 승객들을 실어 날랐습니다. 하지만 1937년 당시 245m 길이에 달하는 가장 큰 비행선이었던 독일의 힌덴부르크호가 미국의 뉴저지로 착륙

쥘 베른의 해양 SF소설 《해저 2만리》의 표지. 2만 리는 오역으로 실제로는 20만 리.

시 화재로 파괴되며 비행선 시대는 종말을 맞이하였습니다. 97명의 승객들 중 36명이 사망한 것입니다. 해상 사고로 가장 컸던 타이타닉호와 같이 그때까지 공중 사건으론 가장 큰 참사였습니다. 이로 인해 안정성이 높은 여객기의 개발에 박차를 가하게 되어 오늘날과 같은 비행기의 시대가 열린 것입니다.


## No More 타이탄의 비극


고대 그리스 신화의 타이탄들은 기득 권력을 가졌음에도 후발 주자

인 제우스의 올림포스 연합군에게 대패하였습니다. 거대한 덩치와 힘만을 믿고 싸운 결과일 것입니다. 20세기 초 거대한 타이타닉호는 역시 또 거대한 빙산을 사전에 인지하지 못하여 침몰하였습니다. 그 기술적 결함을 지적받아야 할 것입니다. 아울러 선체가 완전히 절단되고 불과 2시간 40분 만에 배가 완전히 가라앉은 것도 문제였습니다. 무엇보다도 총정원 3,327명의 배에 구명정은 절반에도 한참 못 미치는 1,178명 정원의 20척만이 있었다는 원초적인 문제점을 안고 있었습니다. 이렇듯 무모한 자신감이 초래한 참혹한 결과였습니다.

21세기에 들어선 최근 그 타이타닉호를 찾아 나선 타이탄 잠수정은 결국 4,000m 심해의 엄청난 수압을 견디지 못하고 침몰하였습니다. 지극히 상식적인 사실이기에 더 정밀하게 검증하고 체크했어야 할 아주 기본적인 기술적 결함이 큰 재앙을 만들었습니다. 설마 이름이 나빠서 화를 당했을 리야 없겠지만은 타이탄이라는 같은 이름을 가진 두 배가 같은 바다의 같은 위치에서 111년의 시차를 두고 똑같은 참사가 반복된 것은 매우 아이러니한 사실이 아닐 수 없습니다. 애먼 그리스 신화의 타이탄까지 소환한 이유입니다.

* 글에서 타이타닉 여객선에 대한 계수적인 내용은 위키백과를 인용하였습니다.

# 알프스에서 한니발을

알프스 중턱의 설원에서 왜 그 남자가 생각이 났는지 모르겠습니다. 더없이 춥고 거친 환경이라 그랬나 봅니다. 그 눈밭에서 시간을 초월한 동병상련이 발동했습니다. 첨단 장비가 갖춰진 오늘날도 그렇게 힘들게 느껴졌는데 한 남자가 2,200년 전 그 알프스를 걸어서 넘었습니다. 그것도 거대한 코끼리를 끌고서 말입니다.

# 가자! 눈이 있는 알프스로

2017년 11월 이맘때의 기억을 되살립니다. 당시 우리에겐 눈이 필요했습니다. 우리는 저를 포함한 포스코 기업의 광고를 맡는 회사 담당자들이고, 눈은 당시 광고에 꼭 필요한 소품이자 배경이었습니다. 흔히 말하는 공장 이야기로 이 글을 시작합니다. 저의 본업이 광고이니까요.

2018년 2월에 개막한 평창 동계올림픽을 주제로 하는 포스코 TV 광고의 시안이 결정난 것은 전년도 10월 말이었습니다. 철$_{Fe}$이 다 들어가 있는 동계올림픽의 15개 종목을 광고에서 표현하려니 응당 눈과 얼음이 필요했을 것입니다. 그중 눈, 그것도 많은 눈이 있는 설원은 스키, 바이애슬론 등의 경기 종목을 표현함에 꼭 필요했습니다. 이제 우리는 그렇게 많은 눈이 있는 대자연을 찾아야 했습니다. 스케이트, 봅슬레이 등의 경기를 표현하는데 필요한 얼음은 인공으로 얼려 실내 세트에서 촬영하기로 결정한 상태였습니다.

시월 하순 지구촌에서 샤갈의 〈눈 내리는 마을〉처럼 그렇게 눈이 있는 곳을 뒤졌습니다. 우리나라에선 그 계절에 그 어떤 기우제, 아니 기설제를 지내도 불가능한 자연의 현상이기에 전 세계의 모든 설원이 후보지가 될 수밖에 없었습니다. 물론 주어진 예산으로 해결 가능한 최적의 장소가 최종 로케이션이 될 것입니다. 펭귄이 있는 남극이나 백곰이 있는 북극은 눈이 쌓여 있어도 가기 힘드니 말입니다.

이런 와중에 들린 희소식, 알프스에 눈이 쏟아졌다는 것입니다. 프랑스, 이탈리아, 스위스, 오스트리아 등 4개국이 공유한 유럽 최고봉 알프스 중 이탈리아 땅 알프스에 상당량의 눈이 내렸다는 것입니다. 다행히 장소는 이렇게 해결되었습니다. 근접 공항은 이탈리아의 북부 상공업의 중심지인 밀라노였습니다.

밀라노 공항에 착륙하여 자동차를 타고 더 북으로 북으로 알프스를 향해 올라갔습니다. 사실 산길을 달린다면 모를까 올라가는 것이 아니고 그냥 달린다는 표현이 맞겠지요. 우린 무의식적으로 지도상 북쪽이 위에 표기되어 있어서인가 북으로 가면 으레 올라간다고 말하곤 합니다. 경의선 종점인 신의주에서 서울로 북에서 남으로 와도 상경인데 말입니다. 그래도 알프스 산악지대로 가는 것이니 딱히 느끼지는 못했지만 올라가는 것이 맞을 것입니다.

5시간 정도 달렸을까 드디어 지정된 호텔에 도착하였습니다. 먼저 도착한 광고대행사와 프로덕션의 제작 스탭이 저와 동행한 광고주

멀리 알프스가 보이는 북이탈리아 산악 도시 보르미오(Bormio)

를 맞이하였습니다. 이탈리아 현지 제작 스탭도 마찬가지이지만 이 프로젝트에 동원된 모든 인력들은 등산을 하러 알프스에 온 것이 아니기에 설원 위의 텐트가 아닌 산 아래 형성된 보르미오라는 아름다운 소도시에 베이스캠프를 차렸습니다.

아마 보르미오 이곳은 먼 옛날 고대로부터 거산이요 악산인 알프스를 넘나드는 상인들이 이 마을에서 넘기 전 쉬거나, 넘어와서 쉬며 발전한 중간 기착지일 것입니다. 배정받은 방에 들어와 여장을 풀고 호텔 창문을 여니 저 멀리 위로 알프스 설산의 비경이 보였습니다. 로마 시대부터 중세를 거쳐 근대까지의 과거 상인들도 이곳에서 이렇게 산을 바라보며 쉬었겠죠. 로마를 출발해 밀라노나 베로나를 거처 이곳 알프스를 넘어 독일의 메르헨 가도 위 브레멘, 뤼벡, 함부르크 등 한자동맹 도시들로 오갔던 그들이었습니다.

다음날 아침 우리는 촬영지인 고지대 설원을 향해 차를 타고 올라갔습니다. 그런데 그 길이 장난이 아니었습니다. 우리나라 속리산의 말티고개는 거의 레고 수준의 장난감으로 만들어 버리는 꼬불꼬불한 길이 하염없이 이어져 이번엔 진짜 위로 위로, 과장 좀 더하면 느낌으론 거의 수직 길을 옆으로 옆으로 돌아 천천히 올라갔습니다. 그렇게 산 밑 도시 보르미오에서 직선거리로는 불과 4km 남짓한 거리를

북이탈리아 알프스의 험준한 스텔비오 패스(Stelvio pass)

30분 넘게 구비구비 올라가니 비로소 촬영지인 알프스의 하얀 눈이 시원하게 눈앞에 펼쳐졌습니다.

방금 전 올라온 이 길의 이름은 스텔비오 패스라 불립니다. 해발 2,757m의 유럽에서 두 번째로 높은 고갯길로 전 세계 바이시클 라이더들의 꿈의 코스로 알려진 고개입니다. 우리나라 최고봉인 백두산의 높이가 2,744m니 고갯길 정상이 딱 그 정도의 높이입니다. 알프스 최고봉인 몽블랑은 4,807m, 그날은 날씨 때문인가, 거리 때문인가 그곳에선 보이지 않았습니다.

그곳에 오르자마자 제가 떠올린 것은 자전거가 아니라 어떤 사람이었습니다. 사실 제목에서 보듯 역사 속 그 사람 때문에 이 글을 쓰고 있는 중입니다. 지난 일이지만 그때의 그 생각이 여전히 살아있기에 미뤄뒀던 숙제를 하듯이 말입니다.

## 알프스의 영웅 한니발

한니발…. 이름부터 아우라가 풍기는 그는 고대 로마와 카르타고가 지중해 패권을 두고 3차에 걸쳐 벌린 포에니전쟁의 2차전 영웅입니다. 양들의 침묵에 나오는 그 한니발 아닙니다. 아버지에 이어 27세

젊은 나이에 카르타고 군의 실권을 장악한
한니발은 BC 218년 로마 본토인 이탈리
아반도를 침공하기 위해 50여 년 전 발발
한 1차 포에니전쟁 때와는 달리 지중해가
아닌 알프스를 넘는, 당시로서는 무지막지
한 작전을 감행해 그 사실 하나만으로도
그의 이름은 전쟁의 승패와 상관없이 2천
년 넘게 역사의 한 페이지를 장식하고 있
습니다.

패장임에도 승장보다 더 유명해진 카르타고의
한니발 바르카(기원전 247~183?)

그때 그가 제가 오른 스텔비오 고갯길을 통해 로마로 진입했는지는
기록상 찾아보기 힘드나 제 판단으로는 그럴 수도 있다고 생각합니
다. 어차피 인간이 뚫는 길이란 것은 시대와 상관없이 여러 대안 중
가장 편하고 빠른 코스로 개발되고 발전될 수밖에 없으므로 험로이
긴 하지만 스텔비오 이 길도 예로부터 알프스에서 이탈리아 북부로
진입하는 그나마 최선의 길로 열렸으리라 생각되었기 때문입니다.

당시 기록상 한니발의 군대는 16일에 걸쳐 알프스를 넘었습니다. 알
프스와 함께 그를 유명하게 만든 또 하나의 캐릭터인 그 무거운 코끼
리들을 어르다 못해 지고, 이고 매달고 하며 넘었을 것입니다. 등산

중에 당시 알프스에 기거하던 갈리아족과 두 차례의 예상 못 한 전투도 펼쳤습니다. 계절은 가을이 끝나가는 시점이라 하였으니 당시 제가 있었던 촬영일인 11월과 비슷한 시기였을 것입니다. 고개도 험난했지만 산 아래와는 급이 다른 매서운 추위가 한니발과 그의 군대를 얼마나 괴롭혔겠습니까? 그리고 저도 경험했지만 서 있기조차 힘들게 한 그 바람의 세기란…. 아름다운 이름을 가진 알프스에서 로마

〈알프스를 넘는 한니발의 군대〉 | 하인리히 로이테만 | 19세기

인을 만나기도 전에 한니발은 많은 병력을 잃어야만 했습니다.

사실 제가 이 고대 영웅을 떠올린 포인트는 이렇게 험준한 알프스를
넘었다는 알려진 사실보다는 제가 기존에 알고 있던 어긋난 지식이
떠올라서입니다. 흔히 한니발은 2차 포에니전쟁 시 알프스를 넘는
누구도 예상 못한 기습을 감행하여 로마에 승리했다고 전해지고 있
습니다. 어긋남의 포인트는 기습이란 표현에 있습니다. 흔히 기습이
라 함은 예측불가성이 우선이지만 상대가 준비할 틈이 없는 전광석
화 같은 신속성도 갖춰야 비로소 완전한 기습이라 할 것입니다.

한니발은 아프리카 북부 카르타고 본토가 아닌, 카르타고의 식민지
인 이베리아반도의 히스파니아에서 자랐습니다. 그가 로마로 출정
한 도시가 오늘날 바르셀로나인데 그 도시는 그의 이름에서 유래합
니다. 한니발의 패밀리 네임이 바르카Hannibal Barca인데 그 이름을 따서
지어졌기에 그렇습니다. 그와 그의 군대는 그곳을 출발해 오늘날 프
랑스인 갈리아의 여러 부족들과 전투를 벌이며 동진을 한 끝에 마침
내 로마에 이른 것입니다. 당연히 이 사실을 숙지한 로마는 당시 점
령지인 프로방스의 마르세유에 군대를 출정시켜 한니발과의 한 판
대전을 위해 숨고르기를 하며 기다리고 있었습니다. 그런데 한니발
은 로마의 예상과는 달리 이곳을 쓰윽 지나쳐 돌아서 알프스를 넘어

북이탈리아에 도달한 것입니다.

유럽의 서쪽 끝 스페인에서 코끼리를 끌고, 느린 코끼리와 발맞추며 이런저런 전투를 하면서 중부 알프스까지 오고, 알프스를 넘는데 16일, 넘어서도 거기서 밀라노까지 오늘날 자동차로 약 5시간, 밀라노에서 고속철로 로마까지는 약 3시간이 걸리는 거리이니 그 정도의 시간이면 왠지 기습이란 용어가 적절해 보이지는 않습니다. 제가 어렸을 때 한니발 전기를 읽었을 때는 마치 알프스가 로마의 뒷산인 양 질풍노도와 같이 침공한 것처럼 묘사하며 한니발을 띄운 것으로 기억됩니다. 즉, 로마는 한니발에게 기습을 당해 반도 이곳저곳이 초토화된 것이 아니라 정상적인 전투에서 보여준 그의 뛰어난 전술과 군사력에 의해 피해를 본 것입니다.

그러함에도 2차 포에니전쟁도 최종적으로는 로마가 승리하게 됩니다. 한니발이 로마의 칸나에 Cannae 전투에서는 절정의 대승을 거두지만, 그가 비운 사이 본국 카르타고를 기습적으로 침공한 로마의 맞수 명장 스키피오와의 자마 Zama 전투에선 결정적 패배를 당함으로써 BC 201년 전쟁은 막을 내립니다. 후대의 사가들은 한니발이 칸나에로 가지 않고 곧바로 로마로 침공했다면 역사는 달라졌을 것이라고 합니다. 하지만 역사에서 일어나지 않은 가정은 무의미합니다. 아쉬움 속에 그렇게 했더라면 하며 행복한 결과를 상상하는 후손들에게 허무함만을 안겨주곤 합니다. 다시는 반복하지 말자는 교훈은 되겠지요.

## 영웅을 이긴 로마의 힘

이후 50여 년 후 3차 포에니전쟁이 발발은 하지만 카르타고는 이전 두 차례의 전쟁과는 다른 양상으로 시작하고 패배해 역사에서 사라지게 됩니다. 사실 해서는 안 될 무모한 전쟁을 또 일으켜 화를 재촉한 것입니다. 2차 전쟁 후 로마는 한니발 같은 영웅이 또 출현할까 봐 카르타고를 철저하게 탄압했습니다. 로마 전역을 쑥대밭으로 만든

〈칸나에 전투에서의 한니발〉| 하인리히 로이테만 | 19세기

대가로 채찍과 당근, 강온정책을 병행하던 로마의 많은 속주들과는 달리 카르타고에는 강한 채찍만 휘둘렀습니다. 로마의 허락 없이는 숨도 쉬기조차 힘들어진 카르타고가 된 것입니다.

그런 탄압의 결과로 역설적으로 로마와 카르타고의 3차 전쟁이 일어났습니다. 이래 죽으나 저래 죽으나 마찬가지라는 심경으로 군사력이 안 됨에도 카르타고는 전쟁을 일으킨 것입니다. 1차 세계대전후 패전국 독일에 대한 승전국의 강력한 배상 요구와 적대적 대응이 히틀러 같은 괴물을 출현케 해 2차 세계대전이 일어난 것은 이와 같은 역사의 회전성이라 할 것입니다. 그럼에도 과거 지중해를 장악했던 페니키아와 한니발의 후예답게 카르타고는 3년에 걸친 공방 끝에 장렬하게 최후를 맞이하였습니다. 완전 정복 후 카르타고라면 넌더리가 난 로마인들은 도시를 전소시켰으며 그 땅에 생명체가 자라지 못하도록 소금까지 뿌렸다고 합니다.

앞선 2차 포에니전쟁은 한니발전쟁이라고도 불립니다. 그만큼 그가 탁월했고 그의 독무대 같은 전쟁이어서 그럴 것입니다. 로마 역사상 이렇게 장화 모양의 본토 반도 전체를 휘젓고 다니며 로마 전역을 공포에 떨게 한 장수는 없었습니다. 하지만 카르타고는 한니발 한 사람에 의존했고 로마는 시스템에 의존하는 국가라 최종 명암은 거기에

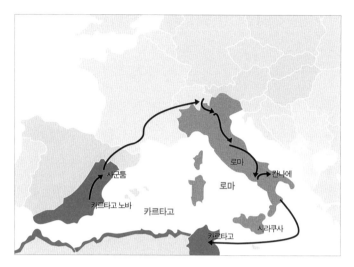

스페인부터 이탈리아를 거쳐 아프리카까지, 한니발의 여정

서 갈렸습니다. 실제 전쟁에서 카르타고의 주요 장수들은 단 한 번의 전투만 빼곤 다 패배하였습니다. 한니발만이 로마에서 승리한 것입니다. 하지만 로마는 국가의 풍전등화와 같은 위기에서 귀족들이 앞장서 전쟁에 참여하고 물자 징발 시 재산을 기부하며 노블리스 오블리주를 실천하였습니다. 제국 로마의 힘입니다.

아프리카 북부 카르타고와 히스파니아를 로마가 차지함으로써 이제 지중해는 거의 다 로마의 손아귀에 들어왔습니다. 육군이 강했던 로마가 포에니전쟁으로 해군까지 강해진 것입니다. 1차 포에니전쟁에서 승리해 카르타고가 전진해있던 시칠리아, 사르데냐, 코르시카섬은 이미 확보된 터였습니다. 이후 100여 년 후 어떤 로마인이 나타나 역사에서 사라진 요충지 카르타고를 재건하기 시작합니다. 로마사에서 왠지 그다 싶으면 꼭 나타나는 율리우스 카이사르입니다. 이미 갈리아를 정복한 그였습니다. 그리고 그의 후계자 옥타비아누스가 이어서 카르타고 재건을 완료하고 클레오파트라와 안토니우스의 이집트까지 정복함으로써 이제 지중해는 한 바퀴 빙 둘러 완벽한 로마의 내해가 됩니다.

## 가장 긴 전쟁, 포에니전쟁

3차에 걸친 포에니전쟁은 단일 이름을 가진 전쟁 중 역사상 가장 긴 전쟁으로 기록될 것입니다. 기원전 264년에서 146년까지 120여 년에 걸쳐서 일어난 전쟁이니까요. 영국과 프랑스의 백년전쟁을 뛰어 넘습니다. 하지만 공식적으로 포에니전쟁은 1985년이 돼서야 완전한 종전이 되었습니다. 아, 이게 무슨…? 그해 1월 이탈리아의 로마 시장과 지금은 튀니지가 된 옛 카르타고의 수도 튀니스의 시장이 공식적으로 함께 포에니전쟁의 종전을 선언했으니까요.

요즘 우리도 6.25 전쟁에 대한 종전 이슈를 가지고 있습니다만 로마와 카르타고는 나라의 이름까지 바뀐 후대에 이렇게 종전 선언을 한 것입니다. 물론 역사의 본질이 팩트와 기록이기에 연대기적인 의미 부여를 위해 이런 이벤트성 종전을 하였을 것입니다. 결국 포에니전쟁은 기원전에 시작해 기원후까지 2,131년 동안이나 벌인, 디즈니의 마블 유니버스에서나 볼 법한 범우주적인 긴 전쟁으로 기록된 것입니다.

# 마르코 폴로의 동방견문설

서양에 유색인이 있다면 동양엔 색목인이 있었습니다. 서양인은 멀리서 피부색부터 봤고 동양인은 가까이서 눈을 봤나 봅니다. 동양 역사상 색목인 중 가장 출세한 사람을 꼽으라면 그건 마르코 폴로일 것입니다. 그는 원나라에서 17년간 쿠빌라이 곁에 있었습니다. 하지만 그가 쓴 《동방견문록》은 그곳에서 기록되지 않았습니다. 후에 뜻밖의 장소에서 그 책은 태어났습니다. 지금까지 설왕설래 되고 있는 이유입니다.

# 넷플릭스의 마르코 폴로

집에서 편히 영화를 볼 수 있는 OTT 서비스 시장이 팬데믹을 겪으며 크게 성장했습니다. 그것의 선두주자인 넷플릭스는 2016년 국내에 들어왔습니다. 본래 문명과 기계의 속도를 따라가는데 지극히 늦고 게으른 저는 뉴스에서만 그것을 접하다가 어느 날 드디어 스스로 넷플릭스를 찾게 되었습니다. 2년 전쯤 지인이 어떤 영화를 이야기하는데 그것은 당시 저의 영화 관람 형태인 극장과 케이블 TV에서는 볼 수 없는 작품이었습니다. 그 영화가 《동방견문록東方見聞錄》의 저자로 알려진 마르코 폴로의 일대기를 다룬 시리즈물 〈마르코 폴로〉였습니다. 그래서 저는 넷플릭스를 찾게 되었고 첫 작품으로 그 영화를 보게 되었습니다. 이렇게 〈마르코 폴로〉는 요즘 아이들 말로 저의 넷플릭스 입덕 작품이 되었습니다. 그로부터 제가 기억하는 한 집에서 케이블 TV를 통해 영화를 본 적은 없었으니까요.

그런데 이 영화가 좀 이상했습니다. 스토리도 좋고 스케일도 크고 화려해 볼거리가 많은 대작인데 반하여 어딘가 생경함이 느껴지고 어색해 보인 것이었습니다. 동양인으로서 같은 동양의 역사를 다룬 영화를 보면 처음 봐도 익숙한 느낌이 들어야 하는데 그렇지 않은 것이었습니다. 한마디로 영화의 특성상 허구가 필요해도 역사물이

라면 사실감이 있어야 하는데 〈마르코 폴로〉는 그보다는 마치 판타
지물을 보는 것과 같은 느낌을 받게 했습니다. 돈을 많이 쏟아부어
너무 화려해서 그랬을까요? 아니면 서양인이 동양인의 역사를 배경
으로 하는 무대를 꾸미다 보니 미장센의 디테일이 떨어지거나, 반대
로 오버해서 그랬을까요? 칭기즈칸의 후예인 몽골인은 우리와 가장
닮은 민족이라 딱히 거부감이 없고, 그들이 침공해 세운 원나라는
지리적으로 가까운 중국의 왕조인 데다가 우리 역사인 고려와도 상
관이 있어 이래저래 이질감이 없어야 하는데 〈마르코 폴로〉는 뭔가
의 막이 한 겹 눈앞에 있는 느낌으로 내내 그 시리즈를 시청하게 만
들었습니다.

그럴 수밖에 없는 한 가지 확실한 이유가 있었습니다. 등장인물들입
니다. 원나라의 세조가 된 몽골인 쿠빌라이 칸 앞에 좌우로 도열한
만조백관의 모습이 전통적인 중국의 그들과는 많이 달랐던 것입니
다. 신료들의 숫자가 적은 것도 그랬지만 그 와중에 그들 중엔 외국
인도 많이 껴있었습니다. 그래서 그렇게 낯설게 보였을 것입니다. 절
대 권력을 쥔 동양의 황제 앞에 선 신하들인데 통일되지 않은 피부
컬러와 외모, 그리고 제 각각 다르게 입은 복장 등으로 인해서 원나
라 초기 그 조정의 모습은 꽤나 산만하게 보였습니다. 제 눈엔 마치
그런 황제와 신하들의 모습이 할리우드 마블 영화의 히어로 군단처

럼 느껴졌습니다.

그런데 알고 보니 영화적인 과장과 생략은 있었겠지만 이것이 틀린 내용은 아니었습니다. 몽골의 5대 칸이자 원나라를 세운 쿠빌라이 세조는 역사상 실제로 그렇게 했으니까요. 그래서 그는 국적을 가리지 않고 중앙아시아와 서방의 외국인들은 물론 당시 그들이 침략한 적국인 중국의 주류인 한족까지 그의 핵심 가신으로 삼아 곁에 세우고 제국을 통치했습니다. 오늘날 우리로 치면 정부 주요 요직에 다문화인들이 대거 있었던 것입니다. 쿠빌라이 칸은 그들의 종교 문제에 있어서도 불교, 도교, 이슬람교, 기독교 등 무엇을 믿든 전혀 개의치 않고 신앙의 자유를 보장했습니다. 과연 세계를 정복한 할아버지인 칭기즈칸의 손자답게 그는 그 시절 이렇게 글로벌 정치를 펼친 진정한 코스모폴리탄이었습니다. 눈의 색깔이 다르다 하여 색목인色目人이라 불린 외국인들, 그 안에 이 글의 주인공 마르코 폴로가 있었고, 그가 칸의 총애를 받을 수 있었던 이유입니다.

마르코 폴로(1254~1324)의 모자이크 초상 | 프란체스코 살비아티 | 16세기 중엽

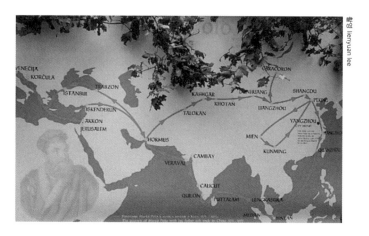

출영 lienyuan lee

위의 마르코 폴로의 생가 외벽에 부착된 그의 동방 원정과 귀환 경로 걸개 이미지

## 코르출라의 마르코 폴로

2022년 9월 말 저는 구 유고 연방의 일원 중 4개국의 여행을 떠났습니다. 꽃보다 아름답다고 하는 아드리아해에 접한 발칸반도의 국가들을 돌아보는 여행이었습니다. 일정 중 일행은 크로아티아의 스플리트에서 두브로브니크로 가는 길에 조그만 페리를 타고 어떤 섬으로 들어가게 되었습니다. 그 섬의 올드 타운은 주변 바다를 빙 둘러 피라미드 모양의 완벽한 중세 성곽 도시의 정형을 갖추고 있었습니다. 성안은 처음부터 계획도시로 설계되어 중앙을 관통하는 큰 도로 좌우로 바다 쪽으로 이어지는 좁은 골목길들이 대칭으로 이어져 위

에서 내려보면 마치 생선뼈를 연상하게 했습니다. 도로를 직각의 십자가 구조가 아니고 그렇게 일정하게 각을 살짝 틀은 헤링본 구조로 만든 것은 해풍 통과의 최적성을 기하기 위함이라는 가이드의 설명이 있었습니다. 그런데 일찍이 문명화된 이 섬에서 생각지 못한 한 인물의 이름을 듣고 놀랐습니다. 마르코 폴로였습니다.

마르코 폴로는 베네치아 국적이니 요즘 국경선으로 치면 이탈리아 사람입니다. 그가 살던 13세기 말과 14세기 초 베네치아는 독립 국가였습니다. 베네치아는 게르만 민족 남하 시 쫓겨난 이탈리아인들이 세운 바닷가 끝 조그만 마을이었는데 계속 난민이 유입되어 자치 도시로 발전하더니 12세기 십자군 전쟁 때엔 그 특수로 도시의 기운이 절정에 달했습니다. 동방 무역으로 큰돈을 벌어 그 경제력으로 해상을 지배한 것입니다. 당시 베네치아는 한때 그들을 지배해 온 동로마 제국의 수도인 콘스탄티노플을 점령할 정도로 맹위를 떨쳤습니다. 이미 오늘날 슬로베니아, 크로아티아, 북마케도니아, 그리스에 이르는 아드리아해와 달마티아 지방의 주요 도시에 그들의 무역 거점인 식민지를 건설하고 국가 형태를 갖춘 베네치아 공화국이었습니다.

마르코 폴로는 이 시기인 1254년, 위에 등장한 섬 코르출라에서 태어난 것입니다. 즉 코르출라 사람이지만 베네치아의 국민이었던 것입니다. 그래서 두 도시는 오늘날 서로 마르코 폴로의 연고를 주장하고 있습니다. 제가 방문했을 때에도 코르출라 거리 곳곳에서 마르코 폴로의 얼굴과 이름을 쉽게 볼 수 있었습니다.

하지만 오스만 제국의 부상으로 동방 무역이 막히자 베네치아는 힘이 빠지기 시작했습니다. 급기야 18세기 말 나폴레옹이 유럽을 휘어잡았을 때에 국가는 해체되고 도시는 이탈리아의 영토로 편입되었습니다. 그렇게 역사의 수레바퀴가 몇 바퀴 더 굴러 마르코 폴로의 고향인 코르출라는 금세기 크로아티아의 영토가 되었는데 그렇다고 크로아티아가 마르코 폴로를 자국민의 선조라고 우기기엔 스

마르코 폴로의 고향인 아드리아해의 코르출라섬

스로도 아니라고 생각할 것입니다. 이것은 지금은 러시아 영토가 된 칼리닌그라드에 칸트가 묻혀있는 것과 유사한 모양새입니다. 칸트 생존 시 그 도시는 프로이센의 쾨니히스베르크였습니다. 이렇듯 자국의 민족과 상관없는 사람이 후대의 선조가 되는 이 현상은 강국의 이해관계에 따라 계속해서 국경선이 변경되어 온 유럽 역사의 한 단면입니다.

## 동방의 마르코 폴로

코르출라섬에서 어려서부터 바다를 보고 자란 마르코 폴로는 15세

마르코 폴로의 생가, 오른쪽 사진 벽면에 그의 얼굴 부조가 부착된 집이 과거 그의 집

가 되자 동방과의 무역을 해오던 아버지와 삼촌을 따라 동으로 동으로 육로를 통해 머나먼 몽골 제국으로 갔습니다. 그리고 3년의 여정 끝에 1274년 드디어 쿠빌라이 칸을 알현하고 그의 신임을 얻어 관직을 받고 17년간 그곳에 머물며 중국 대륙의 이곳저곳을 돌아보았습니다. 그가 칸을 만나기 3년 전인 1271년 쿠빌라이는 중국을 통치하기 위해 국명을 원나라로 정하고 초대 황제인 세조가 된 상태였습니다. 거대한 중국 대륙을 다스리기 위해 역대 중국의 왕조처럼 중국화 한 것입니다. 그리고 이어서 5년 후 1279년 한족의 국가인 남송을 멸망시켜 이민족 중 처음으로 중국 대륙을 완전히 통일한 역사적인 인물이 되었습니다. 마르코 폴로는 쿠빌라이 칸과 그 통일의 여정을 함께 한 것입니다. 넷플릭스의 영화 〈마르코 폴로〉에 남송이 계속해서 나오는 이유입니다.

몽골 제국의 5대 칸이자 원나라를 세운
세조인 쿠빌라이(1215~1294)

마르코 폴로는 이런 원나라 초기에 색목인 우대 정책으로 특채된 것인데 다소 논란스러운 것은 이 당시 그의 기록이 존재하지 않는다는 것입니다. 원나라의 역사에도 나오지 않고 그곳에서 그가 쓴 책도 없습니다. 그의 저서인 《동방견문록》은 기록물인데 동방의 현장에 그가 있던 이 17년 기간 동안 쓰이지 않았다는 것입니다. 기록이라는 것은 시간이 지나면 흐릿해져 기억에 의존해서 남기긴 힘든데 말입니다.

## 동방견문록의 마르코 폴로

《동방견문록》은 마르코 폴로가 귀국 후 생각지 않은 시기와 장소에서 기록되었습니다. 원에 체류 기간 동안 그는 기회만 되면 고향으로 가고자 했지만 그를 총애하던 쿠빌라이 칸이 놓아주지 않아 그것은 번번이 좌절되었습니다. 그러다가 마침내 그는 페르시아 지역으로 시집가는 공주의 가이드 명목으로 우여곡절 끝에 1295년 베네치아로 돌아왔습니다. 하지만 그는 귀국 후 얼마 안 되어 그 시기 지중해 패권을 놓고 싸우던 베네치아와 제노바의 전쟁에 나가 포로로 잡혔습니다. 동방으로만 가던 그가 이번엔 본의 아니게 서방으로도 간 것입니다. 참으로 고국에서 살 팔자는 못 된 마르코 폴로였습니다. 하지만 그때 대반전이 일어나는데 1298년 감옥에서 쿠빌라이 칸에 이어 그를 역사적인 인물로 만들어준 또 한 명의 은인을 만난 것이었습니다. 그는 소설가인 루스티켈로였습니다. 그에게 마르코 폴로는 동방에서 겪은 경험담을 들려주었고 그것을 받아 적어 책이 되어 나온 것이 바로 《동방견문록》입니다.

만약 마르코 폴로가 감옥에서 루스티켈로를 만나지 않았으면 그 책은 세상에 나오지 못했을 것입니다. 그때까지도 쓰지 않은 책을 그가 이후에 쓸 리는 없었을 테니까요. 그런데 이 책이 대박이 났습니다. 유럽인들이 신기하고 신비롭게까지 생각하는 유럽 동쪽의 세계인 중국, 몽골, 중앙아시아, 인도, 페르시아와 일본 등의 지리와 민속에 대해 기록한 책이니 얼마나 화제가 되었겠습니까? 더구나 그곳에 17년간 고위 관료로 근무했던 사람이 쓴 책이니, 아니 쓰지는 않고 말한 책이니 당연히 베스트셀러가 된 것입니다. 동양의 진귀한 물품들, 희귀한 동식물과 당시 서양보다 앞선 중국에 대한 신기술 등이 그 안에 묘사되어 있었습니다. 역시 사람은 죽어서 이름을 남기려면 아주아주 훌륭한 일을 한 위인이 되거나, 반대로 아주아주 나쁜 짓을 한 악인이 되거나, 또는 이도저도 아니면 책을 남겨야 합니다. 본인이 안 써도 말입니다.

《동방견문록》의 원제는 《세계의 서술 The Description of the World》입니다. 당시의 세계는 유럽과 아시아가 전부였기에 그렇게 지었을 것입니다. 이 제목을 일본에서 《동방견문록》이라 번역하여 우리도 지금까지 그렇게 부르고 있는 것입니다. 죽은 마르코 폴로가 들으면 섭섭해할 제목입니다.

《동방견문록》이 책이 없었다면 오늘날 우리는 아무도 마르코 폴로를 기억하지 못할 것입니다. 당시에도 동양을 오가던 사람들은 많았으니까요. 당장은 그의 아버지부터가 동양을 오가던 서역인이었습니다. 그리고 쿠빌라이 칸이 마르코 폴로와 같은 색목인을 우대한 것처럼 유럽과도 맞닿은 그 큰 나라를 다스리려면 그가 채용한 다른 유럽인들도 분명히 더 있었을 것입니다. 훗날 우리 조선에 표류해 온 네덜란드인 하멜처럼 말입니다. 그도 《하멜 표류기》라는 책을 남겼습니다만 관심도는 《동방견문록》에 훨씬 떨어질 수밖에 없었습니다. 이미 동양의 신비가 많이 벗겨진 17세기 중엽인 데다가 조선이라는 나라는 중국이나 일본보다는 관심도가 덜했으니까요.

화려한 삽화가 그려진 《동방견문록》의 프랑스어판 | 15세기 초

# 동방견문설의 마르코 폴로

하지만 마르코 폴로의 《동방견문록》은 그 사실성에 대한 논란이 많아 설說로도 남아있습니다. 직접 보고 듣고서 쓴 견문록이라 하기엔 그가 묘사한 동방에 대한 내용에 상당히 허위성 있는 내용들이 많아서 그렇습니다. 예를 들면 신화 속에서나 나올 법한 기괴한 동식물들이나 궁전 지붕이 모두 황금으로 뒤덮였다 등이 그런 것들입니다. 그리고 크기나 숫자도 실상보다 꽤나 부풀려서 묘사되었습니다. 한마디로 뻥이 있다는 것입니다. 또한 위에서도 언급했듯이 책에서는 그가 양주라는 곳에서 행정관으로 3년간 근무했다는데 원나라의 역사 기록에 그에 대한 기록이 없다는 것도 이런 논란에 대해 불을 붙이고 있습니다. 즉, 《동방견문록》은 마르코 폴로가 동방을 가지 않고 그곳을 다녀온 사람들에게 들은 이야기를 재탕한 책이라는 것입니다. 낭장 그의 곁에 그와 가까운 아버지와 삼촌이 있었습니다. 또는 그런 관점이라면 그가 지금은 남아있지 않은 동양에 관한 책이나 문서를 보고 이야기한 것일 수도 있을 것입니다.

하지만 허위나 과장 부분은 감옥에서 마르코 폴로가 허세에 절어 요즘 말로 라떼 얘기를 한 것으로 해석될 수도 있습니다. 남자에게 왕년이나 과거는 대부분 화려한 법이니까요. 그리고 역사가가 아니고 소설가가 받아 적은 것도 그렇게 내용이 과장된 이유일 수도 있습니다. 소설도 연애 전문 소설가였던 감옥 동기 루스티켈로는 흥행에 도움이 될 내용이 필요했을 것입니다. 또한 인쇄술이 발달 안 된 14세기 초라 인쇄가 아니고 필사본으로 이 사람 저 사람 손을 타며 쓰고 번역되면서 내용이 더 부풀려진 것일 수도 있습니다. 그런데《동방견문록》같은 역사적인 책을 쓴 저자의 루스티켈로가 잘 알려지지 않은 점은 좀 특이합니다. 구술을 받아써도 그것을 구성하고 각색한 저자는 작가인데 말입니다. 마르코 폴로의 유명세에 가려서인가요? 아쉽게도 지금《동방견문록》의 원문은 남아있지 않습니다.

중요하고 확실한 것은 누가 썼든, 내용의 질이 어쨌든《동방견문록》으로 인해 서구인들의 동양에 대한 관심이 급격히 올라갔다는 것입니다. 그로 인해 그곳에 가고 싶다는 욕망을 부추겨 동양에 대한 탐사를 앞당긴 것입니다. 하지만 이후 오스만 제국의 출현으로 마르코 폴로가 갔던 그 육로로는 유럽인이 갈 수가 없게 되었습니다. 결국 길은 바다밖에 없었습니다. 마르코 폴로 사후 한 세기가 지난 1428년, 포르투갈의 어떤 남자가 이탈리아 여행에서 돌아온 형에게서《동방견문록》을 선물로 받았습니다. 그 형은 동생을 위해 그 책을 포르투갈어로 막 따끈하게 번역해서 건네주었습니다. 그 동생이 바로 항해술을 촉진시켜 대 항해 시대를 연 엔리케 왕자였습니다. 그 뒤로 그의 이름 뒤에 바르톨로뮤 디아즈1488(희망봉 발견), 콜럼버스1492(인도로 가다 아메리카 발견), 바스쿠 다가마1498(,인도 도착), 마젤란1522(태평양을 돌아 세계일주 완성) 등이 이어졌습니다. 동양은 서양과 이렇게 이어졌습니다.

\* 넷플릭스의 〈마르코 폴로〉는 본래 시리즈 3까지 기획되었으나 시리즈 2를 마감하고 시리즈 3은 취소되었습니다. 시리즈 1과 2에 각각 9천만 불에 이르는 거액을 투자했으나 흥행이 그에 못 미쳐 내린 결정이라고 합니다. 개인적으론 매우 아쉽습니다. 같은 흐름으로 이어진 마르코 폴로의 귀향 여정과 《동방견문록》 책이 만들어지는 과정을 못 보아서 그렇습니다.

# 엔리케, 서양과 동양을 잇다

16세기 중엽부터 100년 간 일본을 들락거렸던 포르투갈은 어떻게 해서 서양의 국가들 중에 동양에 가장 먼저 올 수 있었을까요? 그것은 그 나라에 일찍부터 바다를 주목한 마린 보이가 있었기 때문에 가능했습니다. 그는 생전에 좁은 땅에서는 왕자였지만 그보다 훨씬 넓은 바다에서는 죽어서도 왕이 된 남자입니다. 엔리케 왕자의 이야기입니다.

# 포르투갈의 조선인

아프리카 서북단 마데이라 제도에 시댁이 있는 한국 여인이 있습니다. 20세기 말에 결혼한 그녀는 시댁 첫 방문 시 '그 섬을 방문하는 최초의 코리안이 되겠구나'라고 생각을 했다고 합니다. 그도 그럴 것이 우리에게 생경한 마데이라는 포르투갈의 영토이지만 이베리아 반도 본토에서 남쪽으로 1,000km나 떨어져 있고 그 섬의 바다 동쪽 아프리카의 모로코와도 520km나 떨어진 절해에 있으니 충분히 그럴만했습니다.

하지만 마데이라에 도착한 그녀는 깜짝 놀랐다고 합니다. 그곳에 이미 정착한 코리안이 있었다는 것을 확인했기 때문입니다. 그것도 무려 400년 전에 그들이 살았다는 것입니다. 물론 긴 세월을 내려오며 그 후손들의 이름이나 모습에서 대한민국 코리아를 찾기는 어려워졌지만 그곳에서 만난 주민들이 연주한 음악은 우리 농악과 너무나도 흡사해 깜짝 놀랐다는 것입니다. 풍습은 그렇게 이어져 내려오고 있던 것이었습니다. 아마도 그 섬에 최초로 발을 디딘 코리안은 17세기 초 임진왜란이 끝나고 노예로 끌려온 조선인으로 추정되고 있습니다.

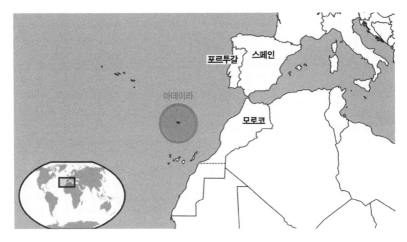

포르투갈의 본토에서 1,000km 떨어진 마데이라 제도, 수도는 푼샬

포르투갈의 마데이라는 우리 제주도가 2006년 제주특별자치도로
변경 시 모델로 삼은 섬이며 그 연으로 인해 현재 두 섬은 자매결연
을 맺고 있습니다. 역시나 우리의 제주도와 마찬가지로 지금은 유명
관광지가 되어 포르투갈은 물론 유럽 각지의 많은 셀럽과 일반 관광
객을 불러 모으고 있습니다. 이 마데이라를 더욱 유명한 핫 플레이
스로 만든 인물은 바로 포르투갈의 축구 영웅인 호날두입니다. 그의
고향이 그 섬이기 때문입니다. 그는 그 섬의 공항이 그의 이름인 크
리스티아누 호날두 공항일 정도로 마데이라에선 왕 부럽지 않은 칙
사 대접을 받고 있습니다. 세계적인 축구 스타로서 그의 이름값이 높
기도 하지만 그가 고향인 그곳에 강한 애착을 갖고 지속적으로 투자

와 사업을 하고 그곳 도민들에게 선행을 베풀고 있기 때문이라고 합니다. 위에 등장한 마데이라에 시댁이 있다고 하는 여인은 제가 최근 포르투갈 여행 시 만난 현지 가이드였습니다. 그녀는 제가 살면서 지금까지 경험했던 투어 가이드 중 가장 프로페셔널한 분이었습니다.

저를 비롯한 우리 일행이 탄 비행기는 이제 이스탄불을 거쳐 리스본으로 향하고 있었습니다. 아시아의 동쪽 끝에서 서쪽 끝에 도착한 비행기에서 내려 갈아탄 비행기가 이제는 유럽의 동쪽 끝에서 서쪽 끝을 향해 가고 있던 것입니다. 이스탄불엔 동양과 서양, 아시아와 유럽이 다 있으니 이것은 틀린 말이 아닙니다. 인천 공항에서 이스탄불까지 12시간 가까이 날아와 3시간 대기 후 올라탄 비행길이라 제 몸은 이미 파김치가 된 상태였습니다. 이윽고 도착한 리스본, 서울 집에서 출발한 시간부터 따져보니 24시간이 넘게 걸린 여행실이었습니다. 유라시아 대륙의 동쪽 끝 대한민국에서 반대편 서쪽 끝 포르투갈에 도착한 것입니다. 지도상에서 위도와 면적도 비슷한 두 국가는 그 지도를 절반으로 접으면 아마도 데칼코마니처럼 딱 대칭으로 겹칠 것입니다. 전처럼 리스본까지 직항이 있었다면 그 여행 시간은 절반으로 줄었겠지요.

# 이탈리아의 조선인

그 피곤한 여정 때문인지 포르투갈로 가는 비행기 안에서 한 인물을
떠올렸습니다. 저보다 백만 배는 더 피곤했을 인물입니다. 그는 우리
역사 속에 실존은 했지만 우리 이름은 남
아 있지 않고 그림 속에서만 보인 조선인
입니다. 그의 이름은 그가 정착한 이탈리
아에서 지은 이름으로 보이는 안토니오
꼬레아Antonio Corea이고, 그가 등장하는 그
림의 제목은 〈한복을 입은 남자Man in Korean
Costume〉이며, 그를 모델로 작품을 그린 화
가는 벨기에의 루벤스였습니다. 루벤스는
17세기 초에 활동한 화가로 이 그림의 제
작 연도는 1617년으로 알려져 있습니다.
그런데 대체 400년 전 그 코리언은 어떻
게 해서 유럽에 가고 루벤스 앞에까지 서
게 된 것이었을까요?

〈한복을 입은 남자〉| 파울로 루벤스 | 1617

유력한 추론은 그가 포르투갈인에 의해 유럽으로 팔려갔다는 것입
니다. 일본은 도쿠가와 막부 시절 기독교 말살 정책을 펼쳐 1637년

그 땅에 와 있던 포르투갈인들을 단 한 명도 남기지 않고 본국으로 다 추방했습니다. 당시 막부가 넌더리를 낸 포르투갈인은 기독교 포교로 민심을 뒤흔든 신부들뿐만이 아니라 일본인들을 상대로 노예무역을 일삼던 노예상들도 포함되어 있었습니다. 그들이 매매한 노예들 중에 조선인들이 있었다는 것입니다. 아니 실제로 많았습니다. 전쟁은 평소에는 생각지 못한 비극들도 양산하니까요.

일본에 1543년 조총을 전수해 준 포르투갈인이 일본을 오가던 그 시절 도요토미 히데요시는 1592년 임진왜란을 일으켰습니다. 그때 약 10만 명 정도의 조선인이 포로로 끌려갔는데 그들 중 전후 포로 송환 시 고국으로 돌아간 자들도 있었지만 나머지 조선인들은 일본에서 뿌리를 내린 도자기공 이외에는 행방이 묘연했습니다. 그들 중 많은 조선인들이 포르투갈 노예상들에 의해 그들의 본거지인 유럽이나 그들의 식민지로 팔려갔습니다. 인구가 적었던 포르투갈이었기에 당시 그들의 본국은 물론 인도나 브라질 등의 식민지에선 노동력이 절대적으로 부족했던 시기였습니다.

그렇게 끌려간 조선인들 중 하나가 그 희소성으로 인해 루벤스 앞에까지 선 것으로 알려진 이탈리아의 코리언이고, 식민지로 끌려간 조선인들 중 하나가 포르투갈의 마데이라에 정착한 코리언일 것입니다. 루벤스의 코리언은 1983년 크리스티 경매에서 당시 금액으로 드로잉 사상 최고가인 6억 6천만 원에 팔려 현재 그 그림은 미국 LA의 폴 게티 미술관에 소장되어 있습니다. 사실 안토니오 꼬레아란 조선인이 그 당시 이탈리아에 정착한 것은 맞지만 그가 루벤스 그림 속 인물과 정확히 일치하냐는 것엔 논란이 있습니다. 만약 그가 그라면 그는 그 옛날 살아선 노예로 헐값에 팔려 인도양을 건너 힘겹게 유럽에 왔겠지만 죽어서는 귀하신 몸이 되어 영국을 거쳐 대서양까지 돌아 북아메리카에 도착해 그 대륙을 횡단해 서쪽 끝 태평양이 보이는 곳까지 가 있는 것입니다. 죽은 자는 말이 없지만 진짜 드라마틱한 조선 코리언의 운명이고 역사입니다. 이렇게 조선은 17세기 초 동양의 바다를 휘젓고 다니던 포르투갈과 직접적인 인연은 없었지만 임진왜란으로 말미암아 일본을 통해 비역사적인 인연을 맺게 되었습니다.

## 마르코 폴로와 엔리케

포르투갈이 아시아의 동쪽 세계에 관심을 갖게 하고, 결국 그곳까지 가게 만든 인물은 마르코 폴로일 것입니다. 이 책 앞글에 등장한 그는 베네치아 공화국의 오늘날 크로아티아의 영토가 된 코르출라섬 출신으로 13세기 말 중국 원나라를 방문해 세조 쿠빌라이의 가신이 되었습니다. 그때의 경험을 토대로 귀국해서 《동방견문록》을 저술한 것입니다. 아니, 그의 저술은 아니고 그가 귀국 후 제노아의 감옥에서 만난 감방 동기인 소설가 루스티켈로가 대필을 해줘서 그 책이 세상에 나오게 되었습니다.

책에서 마르코 폴로는 동방으로 가는 실크로드 주변의 국가들과, 그가 세조 곁에 있을 당시 남송을 멸망시킨 원나라 중국과, 그 원나라의 일본 원정 시 신풍인 가미카제에 의해 정벌이 실패한 일본을 신비한 국가로 묘사하였습니다. 특히 그 당시 지팡구로 불렸던 일본에 대해선 가보지도 않고 집집마다 황금이 많은 국가로 묘사하였습니다. 이것을 비롯한 여러 이유로 《동방견문록》의 사실성에 대한 논란은 지금도 많지만 그래도 당시 중세를 마감하고 근세를 시작하는 유럽인들에게 이 책은 선풍적인 인기를 끌어 각 나라로 퍼져나갔습니다. 한마디로 대박을 친 것입니다. 그런 이 책이 어느 날 세계에 대한 호기심 가득한 한 포르투기스의 손에 쥐어지게 되는데 그가 바로 대항해 시대를 연 엔리케 왕자였습니다.

1428년 엔리케 왕자는 외국에서 돌아온 둘째 형 페드루 왕자로부터 한 권의 책을 선물 받았습니다. 형은 일찍이 항해에 미쳐있는 동생을 응원하고자 그 책을 친절하게 포르투갈어로 번역해서 주었습니다.

사실 엔리케가 받은 그 책의 원제는《동방 견문록》이 아닌《세계의 서술 The Description of the World》입니다. 당시의 세계란 아메리카 대륙이 발견되기 전이므로 그들이 살던 유럽과 문명이 부재했던 아프리카와 오리엔트의 아나톨리아 동쪽 인도와 중국 등이 전부였습니다. 그러므로 마르코 폴로의 입장에선 세계라고 표현한 것이 맞다 할 것입니다. 그런데 일본인들이 이 책의 제목을

포르투갈 대항해 시대를 연 엔리케 왕자
(1394~1460)

오늘날 기준으로 세계의 절반을 싹둑 잘라《동방견문록》이라 정한 것입니다. 그래서 우리도 여전히 이 책을 그렇게 부르고 있습니다.

## 리스본의 엔리케

드디어 만 하루 만에 포르투갈에 도착해 보니 과연 엔리케 왕자의 유명세를 실감할 수 있었습니다. 가는 도시 곳곳마다 그의 이름과 흔적이 있을 정도로 그의 자국 내 위상은 우리가 밖에서 보는 모습보다 훨씬 커 보였습니다. 태생적으로 그는 셋째 아들이라 왕이 될 수 없었습니다. 그래서 그는 죽으나 사나 오늘날까지도 영원한 왕자라 불리고 있습니다. 하지만 우리가 왕인 그의 아버지 주앙 1세와 그의 형

인 두아르트 1세는 몰라도, 그리고 포르투갈 역사에 그들 말고도 어떤 왕들이 있었는지는 몰라도, 엔리케 그만은 명확히 알고 있듯이 그는 왕보다 훨씬 유명한 왕자가 되었습니다. 아마 역사상 왕이 아닌 왕자 중에서 가장 출세한 인물을 뽑으라면 그의 1등은 따 놓은 당상일 것입니다. 하지만 한 나라에서 왕은 못 되었지만, 역사를 통 털어 어느 나라이든 그 나라보다도 훨씬 넓은 세계 바다의 왕을 뽑으라면 역시 그 분야도 그가 1등으로 선정될 확률이 높을 것입니다. 바다의 왕자 마린 보이가 아니라 바다의 왕 마린 보이로 엔리케가 선정될 확률이 높다는 것입니다.

바스쿠 다가마의 인도 원정을 기념하기 위해 세워진 벨렝탑 | 1515

리스본 도착 후 첫 방문지는 벨렝탑이었습니다. 그곳은 바스쿠 다가마의 인도 원정을 기념하기 위해 마누엘 1세가 1515년 세운 역사적인 유적지입니다. 하지만 제 눈엔 그 벨렝탑보다도 그 근처에 있는 조형물인 발견의 탑이 더 눈에 들어왔습니다. 엔리케 왕자 사후 500년을 기념하기 위해 1960년에 세운 기념탑인데 바다를 향해 출항을 하듯 그가 개발한 범선인 캐러벨을 본뜬 조형물에 포르투갈의 항해 역사를 쓴 인물들이 모두 한 줄로 승선하고 있었습니다. 포르투갈이 세계사에서 원탑으로 우뚝 섰던 대항해 시대의 역사엔 수많은 항해 영웅들의 피와 땀이 서려 있는데 그 영광을 바스쿠 다가마 한 명만이 벨렝탑에서 누리는 것처럼 보여 훗날 의미 있는 날을 택해 이 거대한 기념비가 세워진 것으로 보입니다. 벨렝탑과 발견의 탑은 도시 안으로 밀고 들어온 대서양과 바다에 다다른 타구스강이 만나는 지점에 나란히 서 있습니다. 수도 리스본에서 세계를 향해 뻗어 나가는 지점에 위치한 것입니다.

엔리케 왕자 사후 500년을 기념해 세워진 발견의 탑 | 1960

발견의 탑 선봉에 선 항해의 왕 엔리케 왕자

그 발견의 탑 맨 앞에 선 자가 바로 엔리케 왕자입니다. 그의 양편 뒤로 아프리카 최남단 희망봉을 발견한 바르톨로뮤 디아스1488, 그 희망봉을 돌아 인도에 최초로 도착한 바스쿠 다가마1498, 최초로 세계를 일주한 마젤란1522과 이름 모를 포르투갈의 항해 역사를 쓴 각종 영웅들이 엔리케 왕자의 지휘를 받는 모습으로 그 뒤에 있습니다. 제 눈엔 그런 엔리케 왕자의 모습이 어느 한순간 마치 영화 〈캐리비안의 해적〉에 나오는 잭 스패로우 선장처럼 보이기도 했습니다. 특이한 것은 그 열 맨 뒤에 프란체스코 하비에르 신부도 있다는 것입니다. 그는 포르투기스가 아닌 스패니시이기에 그렇습니다. 그는 이냐시오 로욜라와 함께 카톨릭 내 예수회를 창설하고 아시아 선교에 주력해 포르투갈인들이 개척한 동쪽 바닷길을 따라 1549년 가고시마에 도착해 일본에 기독교를 처음으로 전파한 사제입니다.

# 포르투의 엔리케

리스본 다음으로 큰 도시인 포르투는 포르투갈을 잉태했습니다. 그 국가명이 그 도시명에서 나왔으니까요. 배보다 큰 배꼽이라 할 것입니다. 그만큼 포르투는 가장 포르투갈스러운 도시입니다. 가장 먼저 대항해 시대를 연 국가의 역사성만큼이나 고색창연한 도시의 풍광이 그 도시를 관통하는 도루강변에 파노라마처럼 펼쳐지고 있습니다. 그 강 위에 뜬 유람선에 올라탄 저는 좌우가 똑같이 아름다운 포르투를 하나라도 놓칠세라 두 눈을 마냥 바쁘게 움직이고 있었습니다.

도루강은 도시의 경계를 흐르는 리스본의 타구스강과는 달리 포르투 중앙으로 흘러 도시를 정확히 절반으로 나누고 있습니다. 그리고 역시나 육안으로도 보이는 그 강 끝엔 대서양 바다가 출렁이고 있습

도루강변에 자리한 고색창연한 포르투 시내 정경, 멀리 포르투에서 가장 높은 클레리구스 성당의 탑이 보임

니다. 제가 탄 유람선은 그 바다 앞에서 뱃머리를 돌려 포르투 시내로 다시 돌아왔습니다. 도루강 하구의 항구를 뜻하는 포르투, 그 도시는 항구가 정확히 맞습니다. 대항해 시대의 선봉인 엔리케 왕자가 항구로 점철된 포르투갈의 포르투에서 태어난 것은 우연이 아닐지도 모릅니다.

도루강 주변으로 그의 생가가 보이고 바다와 가까워지는 마사렐로스 지역의 기독교 성회 성당 외벽에서도 푸른 타일로 장식된 엔리케 왕자의 모습을 볼 수 있었습니다. 도시 이곳저곳에 산재한 박물관들을 일일이 방문하지는 않았지만 포르투에선 어딜 가도 실내와 실외에서 그의 모습이 보일 것입니다.

포르투의 오래된 모든 성당을 비롯하여 수도원을 개조하여 만든 아름다운 상 벤투 역사의 내외벽을 화려하게 장식한, 그리고 그 도시뿐만이 아니라 포르투갈 어디를 가도 지겨울 정도로 보이는 그 푸른 타일의 화려한 벽화 예술을 아줄레주 양식이라 부릅니다. 과거 스페인 그라나다의 알함브라 궁전을 방문했던 마누엘 1세가 그곳의 장식 타일에 매료되어 포르투갈에 가져와 유행시킨 것입니다. 즉, 과거 이베리아반도를 지배했던 이슬람에 영향을 받은 양식으로 다른 유럽 국가에서는 볼 수 없는 이국적인 부조 양식입니다. 오늘날에도 이 타일 부조는 일반 건축에도 적용되어 화려한 아라베스크 문양을 한 아름다운 타일들이 가는 도시 곳곳마다 일반 건물과 주택 외벽을 장식하고 있었습니다. 한겨울에도 영하로 잘 내려가지 않는 포근한 나라라 타일이 깨지지 않기에 그것이 가능한 것입니다.

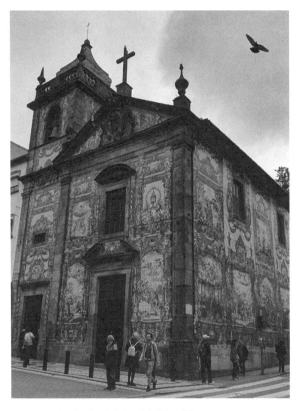

포르투 시내 아줄레주 양식의 타일로 덮인 알마스 성당

아줄레주 타일 양식을 들여온 마누엘 1세(1495~1521 재위)는 그의 재위 연도에서 보듯이 엔리케 왕자 사후 해상제국을 실현하고 그 힘으로 포르투갈의 르네상스를 일으킨 군주였습니다. 그래서 포르투갈 곳곳의 대성당과 궁전엔 마누엘 양식이라고 불리는, 역시 또 이슬람 양식에 포르투갈스러운 독특함이 더해진 아름답고 화려한 그 양식이 가는 곳마다 푸른 타일 이상으로 보였습니다. 포르투갈스럽다는 것은 마누엘 양식엔 대항해 시대를 연상하는 선박의 밧줄과 바다 식물인 아티초크의 장식이 들어가 있기 때문입니다. 그 마누엘 양식이 가장 잘 보이는 도시가 포르투갈 정중앙에 위치한 토마르라는 곳입니다.

## 토마르의 엔리케

그 도시를 언급하는 것은 그곳에도 엔리케 왕자의 자취가 남아 있기 때문입니다. 토마르의 그리스도 수도원에 그가 있었습니다. 그 수도원은 말이 수도원이지 과거 부유했던 템플 기사단의 소유물이라서인지 거대함과 화려함을 뽐내며 전성기의 모습을 그대로 드러내고 있었습니다. 그 수도원 안 성당의 실내와 실외에서 포르투갈에서 본 유적지 중 가장 빛나고 화려한 마누엘 양식을 감상할 수 있었습니다. 실외의 경우는 외벽 리뉴얼 공사를 진행 중이라 일부분만 본 것이 아쉬웠습니다.

엔리케 왕자는 1312년 프랑스의 필립 4세에 의해 사라진 템플 기사
단의 정신을 잇는 포르투갈의 그리스도 기사단의 단장으로 1420년
임명되어 이 수도원 안에 집무실을 갖추고 있었습니다. 본래 이곳은
템플 기사단의 포르투갈 지부였던 장소였습니다. 엔리케 왕자가 많
은 돈이 들어간 대항해 시대를 열 수 있었던 것은 이 수도원 내 템플
기사단의 재산이 기여를 했다고 합니다. 프랑스의 필립 4세는 십자
군 원정을 통해 큰 부를 축적한 템플 기사단의 재산을 탐을 내어 파
리에 본부를 둔 그들을 이단으로 몰아 단원들을 모두 화형에 처하고
그 기사단을 해체시켰는데 멀리 떨어진 이 수도원의 재산은 수거하
지 못했나 봅니다. 당시 그는 전쟁 자금과 빚 청산을 위해 그런 사악
한 짓을 벌였습니다. 교황에게 린치를 가하고 로마의 교황청까지 그
의 나라 아비뇽으로 옮겼던 왕이었으니 못할 것이 없던 군주였습니
다. 그렇게 신화가 되어버린 템플 기사단의 유적과 자취를 포르투갈
에 와서 보게 되니 감회가 새로웠습니다.

## 사그레스의 엔리케

이제 엔리케 왕자가 본격적으로 움직입니다. 아니 그전부터 그는 이

미 움직이고 있었습니다. 그가 대항해의 전진 기지로 선택한 도시는 알가레브라 불리는 남부 바닷가 지역인 사그레스였습니다. 제가 도착했던 때가 3월 말이었음에도 그곳 알가레브의 해안가들은 벌써 우리나라 초여름과도 같은 일기를 보이며 어디를 가도 따뜻한 햇살과 청명한 하늘, 그리고 파란 바다가 계속 이어졌습니다. 출발 전 서울은 꽃샘추위와 황사와 미세 먼지로 인해 최악의 기상 상황이었는데 그곳은 전혀 다른, 말 그대로 이국적인 세상이 펼쳐진 것입니다. 마치 여행 속에서 휴가를 간 듯한 느낌이었습니다.

그런 아름다운 사그레스에 엔리케 왕자는 1419년 대서양이 가장 멀리 보이는 절벽 위 요새 같이 생긴 곳에 항해 학교를 세우고 그곳에서 항해술과 지리학, 천문학 등을 연구하게 하였습니다. 출항지 역

사그레스의 바닷가 절벽 위에 세워진 엔리케 왕자의 항해 학교

할을 하게 된 인근 라고스엔 조선소도 세웠습니다. 4년 전인 1415년 21세의 나이에 아프리카로 건너가 모로코의 세우타를 정복해 포르투갈 역사상 처음으로 해외에 영토를 개척했던 그였습니다.

사그레스에서 그의 항해 군단은 아프리카 서부 해안을 따라 점점 남쪽을 향해 내려갔습니다. 암흑의 바다라 불리며 전엔 더 이상 넘어가지 않았던 바다 선을 무사히 통과하며 새로운 뱃길을 개척해 간 것입니다. 위에 등장한 조선인의 후손이 살고 있고, 축구 스타 호날두의 조상이 터전을 잡은 마데이라섬도 그 당시 그가 포르투갈 영토로 편입시킨 것입니다. 그들은 새로운 바다로 전진하며 그 아프리카 해안가 주변을 개척하고 침략을 하였습니다. 그리고 미지의 그곳의 자원을 수탈하고 사람들을 노예로 끌고 왔습니다. 그래서 사그레스 주변 조선소가 세워진 라고스엔 아프리카에서 끌려온 노예들로 북적이는 노예 시장이 형성되었습니다. 포르투갈인이 후에 동양까지 진출해 우리 조선인과 일본인을 상대로 보여준 노예무역은 이때부터 시작된 것입니다. 이렇게 보면 엔리케 왕자는 제국주의의 시조라 할 수도 있을 것입니다. 그를 따라 유럽의 국가들이 해외를 침략하고 수탈하며 그곳 사람들을 노예로 끌고 와 노동력으로 사용했으니까요.

라고스 앞바다를 향해 앉아 있는
엔리케 왕자의 좌상

엔리케 왕자가 생전에 개척한 바닷길은 아프리카의 적도 근방까지 였습니다. 그는 적도까지는 도달하지는 못하고 1460년 사망했습니다. 하지만 그가 이렇게 뿌려놓은 항해의 씨앗은 그의 사후까지도 계속 이어져, 우리가 익히 알고 있는 바르톨로뮤 디아스, 바스쿠 다가마, 마젤란 등 그의 유업을 받든 자랑스러운 마린 보이들이 포르투갈 대항해 시대의 역사를 완성해 갔습니다. 아, 위에 등장한 마누엘 1세도 올려야겠네요. 그는 이 글 위에서 리스본의 벨렝탑을 세운 군주로 이미 등장했습니다. 바스쿠 다가마의 인도 원정의 성공을 기념해 1515년 그 탑을 세웠다고 했습니다.

## 근세 유럽의 맹주 포르투갈

중세가 막을 내리고 근세가 시작되며 서양 세계는 모든 면에서 변화를 맞이하였습니다. 15세기 초 이탈리아의 피렌체에선 메디치 가문의 2대 적자인 코시모 메디치의 후원 아래 천재 예술가들의 시대인 르네상스가 시작되었고, 중부 유럽의 독일에선 1517년 마르틴 루터가 일으킨 종교개혁이 일어났습니다. 그 이전 프랑스에선 필립 4세가 시작한 7대에 걸친 아비뇽 교황청의 시대가 끝나고 교황은 1378년 본래 자리인 로마로 돌아왔습니다. 종교개혁과 때를 같이 하여 바다 건너 영국에선 헨리 8세가 로마 교황에 반기를 들며 1534년 영국 국교회를 출범시켰습니다. 유럽의 동쪽에선 십자군 전쟁 이후 오스만 제국이 발흥하여 메흐메트 2세가 1453년 난공불락이라 불렸던 콘스탄티노플을 무너뜨려 동로마 제국을 멸망시켰습니다. 이베리아 반도의 스페인은 국권회복운동인 레콩키스타를 끝내는 결정적 계기가 된 카스티야와 아라곤 연합의 결혼 동맹으로 그곳을 800년 간 지배하던 이슬람을 1492년 완전히 몰아내었습니다.

대륙의 서쪽 끝 작은 나라인 포르투갈은 1249년 일찍이 레콩키스타를 졸업해 오늘날과 같은 국경을 확정 짓고 유럽 다른 나라들이 내치에 정신이 없을 때 엔리케 왕자의 혜안으로 가장 먼저 대항해 시대를 시작하였습니다. 인접 국가인 스페인도 뒤이어 포르투갈을 따랐는데 통일의 해에 이탈리아에서 온 콜럼버스를 이사벨 여왕이 후원함으로써 대항해 시대의 경쟁에 불을 붙였습니다. 유럽을 중세라는 구세계에서 근세라는 신세계로 변화시킨 이 모든 사건들이 일어난 시기가 15세기 중엽부터 16세기 초까지라는 사실에서 이때가 서양사에서 가장 역동적인 시기라 할 수 있을 것입니다. 기나긴 중세가 끝나고 근세가 시작되었습니다.

대국이고 강국인 스페인이었지만 적어도 당시 꿈의 땅인 인도로 가는 싸움에서의 승자는 포르투갈이었습니다. 인도를 가기 위해 스페

토마르의 그리스도 수도원 내 엔리케 왕자의 집무실의 화려한 천정. 템플 기사단의 십자가와 포르투갈 국기 엠블럼이 보임

인이 후원한 콜럼버스는 대서양 뱃길을 선택했지만 포르투갈의 엔리케 왕자의 후예들은 아프리카 남단을 통한 인도양 뱃길을 선택했으니까요. 포르투갈은 성공했고 스페인은 실패했습니다. 인도로 가는 가장 빠른 길로 대서양을 선택했던 콜럼버스의 항해 계산법이 틀린 것입니다. 그래도 지구는 돈다라고 했던 갈릴레이처럼 그는 죽을 때까지 그가 도착한 곳을 인도라 믿었습니다. 물론 코끼리 뒷발 잡듯이 더 큰 성과인 아메리카 신대륙을 발견하긴 했습니다.

만약 콜럼버스가 나중에라도 그가 도착한 곳이 인도가 아니고 신대륙이라 인정했으면 그 대륙의 이름은 같은 이탈리아인인 아메리고 베스푸치에게 뺏기지 않았을 것입니다. 아마도 오늘날 아메리카 대륙은 콜럼비시아, 또는 콜롬보아라고 불렸을 것입니다. 포르투갈과 스페인이 당시 그렇게라도 돌아서 돌아서 인도로 가는 뱃길을 개척하려 했던 이유는 오스만 제국이 동로마 제국을 멸망시킴으로써 지중해를 통해 그쪽으로 가는 육로와 해로가 막혔기 때문이었습니다. 물론 지금은 그곳에 수에즈 운하가 뚫려 과거엔 번거로웠던 육로로 갈아탈 필요도 없이 곧바로 홍해로 빠져 인도양으로 이어지고 있습니다.

엔리케 왕자는 죽어서도 흐뭇했을 것입니다. 그가 살아서는 못 봤지만 그가 뿌린 대항해의 씨앗이 그의 후손들에 의해 꽃을 피우고 열매를 맺었으니까요. 그의 그런 노력으로 실크로드 이후 끊어졌던 유럽과 아시아, 서양과 동양은 다시 이어졌습니다. 결국 1522년 마젤란은 이번엔 그의 선배들과는 반대 방향으로 직진하여 대서양을 통해 남아메리카 남쪽 끝을 돌아 태평양을 발견하고 인도에 도착하였습니다. 콜럼버스가 하고자 했던 것을 그가 성공한 것입니다. 그렇게 마젤란으로 인해 30년 전 콜럼버스가 틀리지 않았다는 것이 입증은 되었습니다. 콜럼버스의 수학 실력이 약했을 뿐이었습니다. 그래도 우리는 아직도 그가 도착한 곳을 서인도라 부르고 그곳에 사는 사람들을 인디언이라 부르고 있습니다. 마젤란은 필리핀에서 원주민과 전투 중 사망했으므로 아쉽게도 인도를 보지는 못했습니다. 하지만 그가 이렇게 지구를 바다로 한 바퀴 돌며 세계는 완벽하게 이어졌습니다.

알가르브 지역의 라고스 앞바다 베네길 해안 동굴 근처 유토피아 같은 마을 | 2023. 3.

## 유토피아와 포르투갈

영국의 정치가 토마스 모어는 1516년 발표한 그의 소설《유토피아》에서 그곳을 다녀온 가상의 인물로 라파엘 히드로다에우스를 등장시켰습니다. 그는 포르투갈인입니다. 그런데 어디에도 없다는 뜻의 유토피아 섬에 대한 그 포르투기스의 진술은 마치 사실인 것처럼 상당히 구체적으로 묘사됩니다. 게다가 모어는 라파엘을 소개한 사람에게 편지까지 보내며 마치 그가 실존 인물인 양 그의 진술에 대한 사실성을 극대화시켰습니다. 그만큼 모어는 그런 이상적인 국가가 실재하기를 꿈꾸었고 그의 조국 영국이 그런 세상이 되기를 희망하는 마음으로 타인의 입을 빌어 그 책을 썼을 것입니다. 하지만 그의 바람과는 달리 그는 그의 주군인 헨리 8세의 이혼을 심정적으로 침묵하며 반대한 죄로 처형을 당하였습니다. 그가 재혼을 반대했던 훗날의 앤 불린처럼 도끼로 참수당하였습니다.

그런데 영국인 모어가 《유토피아》의 화자로 포르투갈인을 설정한 것이 흥미롭습니다. 그도 대항해 시대를 살다 간 사람이라 그 당시 미지의 신세계를 다녀온 인물이라면 그렇게 포르투기스를 떠올렸나 봅니다. 《유토피아》에서 포르투기스인 라파엘은 탐험가로 5년간 그 섬에서 살다가 온 것으로 등장합니다.

포르투갈은 1415년 엔리케 왕자가 모로코의 세우타를 정복한 이래로 남미의 브라질을 비롯하여 인도의 고아, 말레이시아의 믈라카, 인도네시아의 동티모르, 중국의 마카오 등의 식민지를 뱃길 따라 개척하였습니다. 일본에서만 그 뜻을 이루지 못하고 오히려 나가사키의 데지마란 좁은 인공 섬에서 갇혀 활동하다가 그나마 모두 쫓겨났습니다. 시대의 변화에 따라 포르투갈의 식민지들은 모두 순차적으로 독립을 하였는데 1999년 중국 정부에 반납한 마카오가 마지막 식민지였습니다. 그래서 포르투갈은 600여 년간 전 세계에서 가장 오랜 기간 동안 식민지를 운영한 국가라는 기록을 보유하고 있습니다. 그렇게 마카오를 마지막으로 반납하며 엔리케 왕자가 꿈꾸었던 포르투갈 대항해 시대의 역사는 완전히 끝이 났습니다. 현재는 그가 생존 시 개척한 식민지인 마데이라 제도와 그보다 대서양 더 멀리 떨어져 있는 아조레스 제도만이 포르투갈의 해외 영토로 남아서 건재하고 있습니다.

미국의 주인이 된 사람들

미국 태동기의 이야기입니다. 신대륙 미국의 주인이 된 사람은 그 땅에 가장 먼저 온 사람도, 가장 힘이 센 사람도, 가장 돈이 많은 사람도 아니었습니다. 최종 승자는 그들에게는 없는 어떤 것으로 그 땅을 소유할 수 있었습니다. 바로 종교적인 신념으로 핍박을 피해 신앙의 자유를 찾아 그 땅에 온 사람들이었습니다. 그들은 유럽에서 쫓겨간 사람들이었지만 그 신념으로 그 땅에 먼저 온 사람들을 몰아내고 미국의 주인이 되었습니다.

## 세계화(Globalization)

시간은 1996년 1월로 기억되는 일입니다. 장소는 과거 대한상공회의소 건물 12층에 있던 상의클럽으로 기억됩니다. 현재 남대문 옆 동명의 건물은 당시 건물을 헐고 현대적으로 확장 증축한 것입니다. 꼭대기 식당 상의클럽의 상의는 상공회의소의 약자입니다. 클럽은 요즘과 달리 그때엔 유명 식당의 이름을 보증하는 명칭으로 사용되고 인지되었습니다. 식당이라는 곳이 먹고 마시는 것뿐만 아니라 모임의 성격도 강한 곳이다 보니 클럽엔 그런 사교적 기능을 더 추가했습니다. 운영도 소수의 멤버십을 원칙으로 하였습니다.

생각나는 유명한 클럽으로는 지금은 사라진 위의 상공인들을 위한 상의클럽과 옛 한국일보 건물에 있었던 송현클럽, 그리고 아직도 유명세를 가지고 운영되는 남산의 서울클럽과 언론회관 내 프레스클럽 등이 있습니다. 아, 한남클럽이라는 곳도 있네요. 이런 클럽들은 더 옛날엔 구락부란 명칭으로 불렸습니다. 지금은 클럽 하면 젊은이들의 음악과 춤을 즐기는 곳으로 연상 우선순위가 바뀌었습니다.

일개 대리 신분의 제가 그날 어울리지 않게 상의클럽을 간 이유는 그해 영어 어학연수로 선발된 두산그룹 직원들이 미국행 비행기를 타기 전에 상견례를 갖기 위함이었습니다. 모임의 호스트는 그룹 내에서 YS로 불리는 당시 오비맥주 회장이셨습니다. 그룹 오너로 상공회의소 일도 보던 그분이 소속 기업의 젊은 직원들이 이역만리를 간다 해서 격려차 근사한 점심을 사주기 위해 소집한 것이었습니다.

1993년 역시 또 YS라 불린 대통령이 문민정부의 수장으로 취임하며 내건 일성 중의 하나는 '세계화'였습니다. 1988년 올림픽을 무사히 마친 우리나라는 비약적인 경제 발전으로 매해 두 자릿수의 경제성장률을 보이며 급속히 선진국의 문을 향하여 돌진하고 있던 때였습니다. 올림픽 슬로건이 '세계는 서울로, 서울은 세계로'였던 만큼 이미 세계화의 기운은 그전부터 모락모락 피어오르고 있었습니다. 올림픽을 마치자마자 이듬해 곧바로 세계여행 자유화를 허용한 터였습니다. 이제 기업이나 관공서들은 세계화 교육을 실시하고, 백문이 불여일견이라고 세계를 배우게 하기 위하여 임직원들을 세계로 내보내야만 했습니다.

제가 다니던 광고회사 오리콤이 속한 두산그룹에서도 연수원에 직원들을 모아놓고 순차적으로 세계화 교육을 실시하였습니다. 곤혹스러운 것은 이전에 없던 교육이니, 그리고 우물 안에서만 살아왔던 우리이기에 세계화에 대한 교육 매뉴얼을 만들기가 쉽지 않았다는 것입니다. 일단 세계화란 용어부터 세계화이니 만국 공통어인 영어로 써야 하는데 이것을 seigeihwa로 써야 할지 worldization, globalization, 또는 globality로 써야 할지 이런 기초적인 것부터가 정리되지 않은 상태에서 교육이 이루어졌습니다.

덕분에 조직에 속한 직원들은 신이 났습니다. 나라 전체가 호황인 상태에서 해외 연수나 출장이 빈번하게 이루어졌으니까요. 배낭여행, ELS, MBA, AMP, 지역 전문가 프로그램 등 각 기업체에서 기업 돈으로 많은 연수 프로그램들이 개발되고 진행되었습니다. 위의 상의 클럽 모임도 그 일환으로 영어 기초 교육 프로램인 ELS 연수 대상자들을 위한 모임이었고, 저 포함해서 각 계열사에서 온 수십 명의 직원들은 그 해 미국 전역에 있는 각 대학에서 2달여간 영어 교육을 받기로 되어 있었습니다.

당시만 하더라도 사람들은 우리나라가 매우 잘 사는 나라가 됐다고 생각했으며 해마다 이렇게 해외로 기업 연수든 여행을 가게 될 것이라고 생각했습니다. 샴페인이 터진 것입니다. 위의 연수는 1996년의 일이니 대한민국이 대폭발한 IMF까지는 이제 고작 1년밖에 남지 않은 시점이었습니다.

## 플로리다(Florida)

저의 연수 목적지는 플로리다주의 플로리다공대FIT, Florida Institute of Technology 부설 ELSEnglish Language School였습니다. 그 학교는 디즈니랜드로 유명한 올랜도에서 동남부로 차로 1시간 거리 해안 소도시인 멜버른에 있는데 플로리다 닮은꼴인 우리나라로 치면 강릉이나 속초 정도에 위치합니다. 사실 처음 연수 지역을 통보받았

을 땐 아쉬움이 있었습니다. 하필이면 시골로 배정받았기에 그랬었습니다. 뉴욕이나 보스턴, 로스앤젤레스, 샌프란시스코 등 익히 들어본 미국의 대도시 학교로 가는 동료들이 부러웠던 것입니다. 난생처음 미국을 가는 것이라 그런 들어본 큰 도시들을 가고 싶었던 것이었겠지요.

사실 여기서 영어라는 어학 교육은 부차적으로 밀립니다. 가서 2개월 배운다고 해서 평생 해도 안 느는 영어가 과연 얼마나 늘겠습니까? ELS가 핵심 교육 프로그램이지만 그보단 미국이라는 나라에서 현지 적응력을 키우는 것이 세계화 교육의 더 큰 목적이고 기대효과

였을 것입니다. 그리고 드러내지 않아도 아는 사람은 다 아는 리프레쉬를 겸한 출국.

그런데 플로리다에서 도착해 생활하며 저는 그곳으로 가게 된 것에 대해 매우 다행이고 감사하다는 생각을 했습니다. 제가 살면서 언제 미국인들도 이국적이고 팬시한 지역으로 여기는 플로리다를 가보겠습니까? 이런 기업 연수 기회가 아니면 그곳에 제가 갈 일은 없을 것이란 생각이 들었기 때문입니다. 실제로 이후 25년여를 더 직장 생활을 하였지만 예상대로 제가 플로리다에 갈 일은 없었습니다. 업무적으로도 그렇지만 개인적으로도 가기엔 너무 멀고, 그만큼 돈도 많이 들기에 엄두조차 내지 않았기 때문입니다.

반면에 이후 미국의 대도시들은 비즈니스 출장이든 개인적인 일이든 해서 갈 일들이 있었습니다. 결론적으로 1996년 플로리다로 배정받은 것은 저에겐 아주 잘된 일이었습니다. 당시 세계화 정책으로 국가와 기업은 IMF를 맞아 어려움에 처했지만 개인적으론 글로벌화되는 여러 혜택을 받았기에 이와 연관한 두 YS 분께 이 글을 빌어 감사를 드립니다.

2개월 ELS 커리큘럼은 지역과 학교가 어디든 다 동일할 것입니다.

마이애미와 최남단 섬 키웨스트를 잇는 교량 중 가장 긴 세븐 마일 브릿지. 옆은 사용 않는 과거의 기차 철교

하지만 방과 후와 휴일은 달랐습니다. 제사는 같아도 젯밥은 지역마다 달랐다는 것이지요. 저는 그곳에서 홈스테이를 하며 방과 후엔 근처 그림 같은 바다인 코코아 비치를 수시로 나갔습니다. 물론 그곳에서 골프도 입문하였습니다. 물론이라고 자신 있게 말할 수 있는 것은 저뿐만 아니라 당시 해외로 나간 거의 모든 기업의 연수생들이 그렇게 했기 때문입니다. 지금도 만만치 않지만 그 당시 골프는 국내에서는 시작하기가 비용과 부킹 등의 여건이 지금보다 훨씬 힘들 때였으니까요. 당시 그곳 시영 골프장의 그린피는 카트 포함 15불에 불과

했습니다. 과연 골프 천국 플로리다, 국내 가격의 1/10도 안 되는 가격이었습니다.

주말에는 지근거리인 올랜도나 케네디 우주센터, 그리고 플로리다의 가장 큰 도시인 마이애미와 미국 최남단 섬인 키웨스트도 다녀왔습니다. 중간 방학 때는 고교 친구가 유학 와있던 조지아주의 애틀랜타와 테네시주의 녹스빌까지 다녀왔습니다. 미국에 입국할 때와 출국할 때는 뉴욕과 로체스터에서 유학하는 대학 친구에게 들러 나이아가라 폭포를 건너 캐나다의 토론토, 몬트리올, 퀘벡까지 다녀왔습니다. 촌놈의 첫 번째 미국 방문치곤 화려한 여행이었습니다. 미국 동부의 남쪽과 북쪽을 다 훑었으니까요. 똑같이 주어진 비용으로 국가 시책인 세계화 교육 취지에 십분 호응하는 연수를 하고 온 것이었습니다.

## 세인트오거스틴(St. Augustine)

이때 가본 플로리다의 도시 중 제가 특히 주목한 도시가 하나 있습니다. 세인트오거스틴이라는 곳입니다. 제가 있던 멜버른에서 해안 도로를 따라 북쪽으로 220km, 2시간여 거리에 잭슨빌과 카 레이싱으로 유명한 데이토나 사이에 있는 오래된 도시입니다. 저는 그 도시가

1513년 플로리다에 최초로 상륙한 스페인 탐험가 폰세 데 레온이 찾고자 했던 세인트오거스틴의 젊음의 샘

그냥 오래된 도시가 아니라 플로리다주에서, 아니 미국에서 가장 오래된 도시라는 것을 막상 가서야 알았습니다. 미국스럽지 않은 고색창연한 스페인풍의 아름다운 그 도시는 스페인 초기 정착민들이 건설한 도시였습니다. 1513년 스페인 사람들이 플로리다에 처음 들어왔고 이후 이주민들이 늘면서 1565년 세인트오거스틴이라는 최초의 유럽형 백인 도시가 북아메리카에 건설된 것입니다.

당시 거기에서 저는 강한 의구심을 갖게 됩니다. 저의 그간 배움과 지식과 상식이 다 동원된 인식은 최초 미국에 상륙한 유럽인들은 영국의 청교도Puritan들이고, 종교의 박해를 피해 그들 102명은 1620년 메이플라워호를 타고 대서양을 횡단하여 북미 신대륙에 와서 갖은 고생 끝에 오늘날 미국을 있게 한 필그림 파더스Pilgrim Fathers가 되었다는 것인데 "그럼 이들은 누구지?"라는 것이었습니다. 그들보다 무려 100년도 넘게 일찍 미국에 왔고 이렇게 멋진 도시까지 세웠으니 말입니다. 미국사에 대해 지금보다 더 무식했던 당시에 들었던 저의 의구심이었습니다. 성공회로부터 박해받은 영국의 청교도들이 미국에 처음으로 온 유럽 문명인들로 그때까지는 그렇게 알고 있었으니까요.

## 신세계(New World)

1492년 이탈리아인 콜럼버스는 스페인 이사벨 여왕의 지원을 받아 공식적으로 아메리카 신대륙을 최초로 발견한 역사적인 인물이 되었습니다. 지구는 둥그므로 서쪽으로 배를 타고 가도 인도가 나올 것이라 생각하고 산타마리아호를 타고 가서 얻은 뜻밖의 수확이었습니다. 콜럼버스는 오늘날 카리브해의 아이티와 도미니카가 들어선 한 섬에 도착했는데 그는 그 섬을 물주인 스페인(에스파냐) 국가 이름을 따서 히스파니올라라 불렀습니다. 1497년 이탈리아계 영국인 존 캐벗은 오늘날 캐나다 땅인 신대륙 북부인 뉴펀들랜드를 발견했습니다. 그리고 1499년 피렌체의 아메리고 베스푸치는 신대륙에 도착해서 브라질까지 탐험하고 돌아와 그곳이 아시아가 아니고 신대

아메리카 신대륙에 최초로 상륙하는 콜럼버스 | 존 밴덜린 | 1852

류이라고 세상에 알렸습니다.

그때부터 신대륙의 이름은 그의 이름을 따서 오늘날의 아메리카가 되었습니다. 콜럼버스는 그 땅에 첫발을 디딘 위대한 업적을 이루었음에도 그곳을 끝까지 아시아라 주장하여 그가 발견한 신대륙의 이름을 애먼 사람에게 빼앗긴 것입니다. 잘못된 신념이 초래한 막심한 손해였습니다. 거리 계산을 잘못한 결과였습니다. 하필이면 그가 인도가 나타날 거리라고 생각한 지점에 아메리카가 나타나서 그는 끝까지 그렇게 믿은 것입니다. 그래서 그 지역은 오늘날 서인도제도가되었습니다. 만약 콜럼버스가 그곳을 미지의 신대륙이라 공표했다면 오늘날 아메리카 대륙은 콜롬보아, 또는 콜럼버시아라고 불릴지도 모릅니다.

1605년 프랑스인 샹플랭은 후에 플리머스라 불릴 북미의 항구를 탐사했습니다. 이전 16세기 100년간에도 위에서 기술한 플로리다를 비롯한 미국 동남부에 숱한 유럽인들이 들어왔을 것입니다. 1607년엔 영국 최초의 미국 이주민이 잉글랜드의 처녀 여왕 엘리자베스의 이름을 딴 버지니아주에 정착촌을 건설했습니다. 후사가 없던 그녀의 왕위를 물려받은 숙적 스코틀랜드 메리 여왕의 아들인 통합왕 제임스 1세의 이름을 딴 제임스타운이 바로 그곳입니다. 디즈니 애니메이션 포카혼타스의 배경이 되는 미국 내 최초의 영국인 정착촌입니다.

## 필그림 파더스 (Pilgrim Fathers)

그리고 1620년, 드디어 그들이 옵니다. 목적지는 위 프랑스인이 개척한 매사추세츠주 플리머스였습니다. 영국의 플리머스 항구를 떠난 메이플라워호는 66일 항해 후 항로 이탈로 근처 케이프 코드 곶(프로빈스 타운)에 11월에 도착해 거기서 겨울을 난 후 이듬해 1621년 3월 종착지인 플리머스에 도착합니다. 그리고 신대륙 그 땅에서

19세기 말 미국 역사책에 수록된 메이플라워호의 삽화

Plymouth Rock. 메이플라워호의 청교도들이 목적지인 플리머스 하선 시 최초로 밟았다고 하는 바위

그해 가을 첫 추수를 하고 하나님께 감사 예배를 드립니다. 미국의 뿌리 필그림 파더스와 함께 미국을 이야기할 때 빼놓을 수 없는 추수감사절의 시작입니다. 1630년엔 거주지를 옮겨 지금도 미국의 오랜 전통이 살아 숨쉬는 보스턴을 건설해 당시 그들이 뉴잉글랜드라 불렀던 그 지역의 수도로 삼습니다. 미국 본류 역사의 정통성이 세워지는 과정으로 남쪽 플로리다에 세인트오거스틴이 세워진 후 65년이나 지난 다음의 일입니다.

메이플라워호에 승선한 102명 중 실제 청교도 신자는 35명에 불과했습니다. 그중 선원도 약 30명이 있었고 나머지는 그냥 일반 이주를 희망하는 추종자들이었습니다. 이들 중 절반은 불행히도 도착 첫해 겨울에 한파와 기아로 사망합니다. 남은 50여 명이 미국의 첫 주인이 된 것입니다. 오늘날 3억 인구 미국 국민 족보의 최상단에 위치한 유대인의 아브라함과 같은 선조가 된 그들입니다. 이후 1776년 필그림 파더스의 후예인 조지 워싱턴을 비롯한 건국의 아버지Founding Fathers들은 믿음의 조상 아브라함의 후예 다윗이 사울왕의 박해를 피해 유대왕국으로 독립하였듯 영국으로부터의 독립을 선언하고 아메리카합중국이라는 새로운 국가를 그 땅 신대륙에 세우게 됩니다.

제 상식으론 다소 의아한 사실입니다. 1620년 그때엔 이미 위의 세인트오거스틴 사례에서 보듯 유럽 여러 국가의 많은 정착민들이 신대륙에 들어와 있었을 텐데 뒤늦게 들어와 불과 50여 명으로 시작한 이들이 미국이라는 대국의 뿌리가 되었으니 말입니다. 어디든 사람과 세력이 모이는 곳이면 그곳의 주도권을 잡으려는 쟁탈전이 벌어지기 마련입니다. 먼저 선점한 기득권자들은 당연히 그들의 권리를 강하게 주장하고 반발합니다.

# 식민지(Colony)

신대륙에서 유럽 열강의 싸움을 막기 위해 교황 알렉산데르 6세는 1492년 콜럼버스가 신대륙을 발견하자마자 2년 후인 1494년 그의 중재하에 지구의 기준선을 정해 동쪽은 포르투갈이, 서쪽은 스페인이 사이좋게 나눠 먹으라는 토르데시야스 조약을 체결하게 합니다. 그래서 광대한 브라질은 포르투갈 식민지가 되었지만 서쪽의 국가들은 피사로, 코르테스 등의 정복자들을 동원한 스페인의 식민지가 되었습니다. 그 룰에 따라 미국도 스패니시들이 가장 먼저 들어왔을 것입니다. 동남부의 플로리다 쪽엔 쿠바계 히스패닉이, 서남부 캘리

유럽 열강들의 각축장이었던 북아메리카 지형도. 미국 독립 전인 1750년경

포니아 쪽엔 멕시코계 히스패닉이 신대륙을 범하기 위해 남에서 북으로 전진하였습니다.

프랑스는 미국 북부 캐나다의 퀘벡 지역과 당시로는 광대한 서부인 루이지애나 지역을 식민지로 삼습니다. 영국은 당연히 그곳에 이주한 영국인들의 거주지인 동부 지역을 식민지로 삼았습니다. 그리고 스페인은 플로리다를 비롯한 남부와 오늘날 서부라 불리는 지역을 그들의 식민지로 삼습니다. 유럽의 최강국들이 주인 없는 땅인 북미 신대륙을 서로 차지하기 위하여 발톱을 세우고 이빨을 으르렁대는 형국이었습니다. 그런데 아시다시피 이들 중 최후 승자는 아무도 없었습니다. 영국이 최후 승자인 듯했지만 그들도 결국 그 땅에서 발을 빼고 교역 최우선 대상국으로 전락하게 됩니다. 통치했던 영국의 여왕과 왕들은 통치는커녕 군림도 못 하고 그들의 이름만을 지명으로 미국 땅에 남기게 되었습니다.

## 최후의 승자(Final Winner)

미국의 소유권을 차지하게 되는 주인은 가장 먼저 그 땅에 온 사람도, 가장 힘이 센 사람도, 가장 부유한 사람도 아니었습니다. 결국은 확고한 철학이 있는 사람들이 주인이 되었습니다. 필그림 파더스와 그 후예들은 영국인, 스페인인, 프랑스인 등과 그런 면에서 달랐습니다. 유럽 강국들은 광활한 미국 땅을 그들 국가 이익을 위한 착취와 수탈의 땅으로만 생각을 하고 무력과 정치력을 행사했습니다. 그런 경제적인 이익만을 위해 그들은 때론 땅을 안 뺏기기 위해 전쟁을 하고, 때론 돈을 위해 땅을 팔았습니다. 세인트오거스틴이 있는 플로리다주도 1821년에 스페인이 미국에 500만 달러를 받고 판 땅입니다. 그런 것에 철학이 끼어들 여지는 없어 보입니다. 남미의 경우 개종과 포교라는 종교적인 명분은 있었을 것입니다.

필그림 파더스의 미국 상륙은 절심함에서 시작됩니다. 프로테스탄트, 말 그대로 저항성을 가지고 기존 종교의 박해를 피해서 간 것이었으니까요. 이것엔 필그림 파더스라는 이름에서 보듯 순례자의 여정이라는 신화성이 부여됩니다. 노예 생활에서 벗어나고자 출애굽하여 가나안을 향해 갔던 유대인들처럼 그들은 신대륙을 향해 그렇게 갔을 것입니다. 도착 후 그런 종교적인 절실함은 생존에 대한 절실함으로 바뀝니다. 그들의 종교적인 절심함은 해소되었으니까요. 이제 새 땅에서 그들은 그들이 찬미하는 하나님을, 그들의 종교 예법대로 마음껏 믿을 수 있게 되었습니다.

그들의 철학은 이런 종교적인 사상에서 비롯됩니다. 그런 강력한 신앙 공동체적인 정신적인 연대와 결속이 상륙 전부터 있었기에 그들은 주인이 정해지지 않은 그 땅에서 믿음과 복음의 뿌리를 내리며 생존하고 다른 세력들보다 경쟁 우위를 가질 수 있게 되었습니다. 그리고 마침내 그 땅의 영원한 주인이 되었습니다. 그들보다 13년 먼저 도착해 제임스타운을 건설한 동족 영국인들도 있었지만 그들에겐 이들과 같은 철학적 구심점은 없었습니다. 그저 먹고 살기 위해 하루 하루를 바쁘게 움직였을 것입니다.

## 메이플라워 서약(Mayflower Compact)

1620년 11월 매사추세츠주 케이프 코드 곶에 정박한 메이플라워호 선상에서 41명의 성인 남자들은 함께 모여 서약을 합니다. 이른바 메이플라워 서약서, 또는 헌장으로도 불리는 이 문헌은 1776년 독립 국가로서의 미국이 선포되기 전이기는 하나 그들이 뿌리로 생각하는 필그림 파더스의 유물이니 미국 최초의 기록물이라는 의미를 부여해도 될 것입니다. 이 서약서엔 하나님을 믿고 섬기며 함께 살아가자는 신앙공동체로서의 내용이 담겨 있습니다. 미국이라는 국가의 정체성과 국민의 삶의 방식이 담긴 종교 철학이 개시되는 순간이었습니다.

우리가 4년마다 지켜보듯 역
대로 미국 대통령들은 취임 선
서 시 대법관 앞에서 성경에
손을 얹고 선서를 합니다. 이
것은 지켜야 할 행동 강령으로
1787년 건국의 아버지들이
필라델피아에서 제정한 헌법
과, 섬겨야 할 영적인 철학으
로 1620년 순례자의 아버지

메이플라워 서약서 사본, 아래는 서약한 41명의 서명

들이 메이플라워호에서 서약한 청교도 정신이 미국이란 국가의 두
초석임을 상징하는 장면일 것입니다. 필그림 파더스 이후 정교가 분
리되었어도 종교의 영향력이 그만큼 센 미국임을 반증하는 장면입
니다.

메이플라워 서약서엔 오늘날의 미국 민주주의와는 다른 영국 국왕
신하로서의 충성 서약도 들어 있습니다. 종교의 자유를 이룸이지
신분의 자유까지는 시대 여건상 도달하지 못했을 것입니다. 이렇게
신대륙 상륙 전 서약까지 마치고 나서야 그들은 하선을 하고 본격
적인 미국 생활을 시작하게 됩니다. "사람이 빵으로만 사는 것이 아
니요"라는 성경의 예수님 말씀처럼 이렇게 미국의 첫 주인은 빵을

만드는 사람들이 아닌 하나님의 말씀으로 사는 사람들에게 돌아간 것입니다.

## 인디언(Indian)

여기에 배제된 사람들이 있습니다. 가장 먼저 그곳에 오고, 가장 오래 그곳에 살던 토착 인디언들입니다. 당연히 그들은 엄청난 피해자입니다. 무력 비교를 떠나서 기득권자임에도 그들은 전체를 통합하는 공동체로서의 통일된 철학을 생성하고 공유하기 어려운 환경이라 일방적으로 당했을 것입니다. 더구나 국가라는 개념은 아예 그 자

〈The First Thanksgiving〉| 진 리언 제롬 페리스 | 1915

체도 없었겠지요.

사실 필그림 파더스가 도착 다음 해인 1621년 첫 추수감사절 예배를 드릴 수 있었던 것은 절대적으로 그들을 환대했던 인디언들의 도움이 있었기에 가능했습니다. 인디언 중 유럽을 다녀온 경험이 있는 스콴토와 정착촌 부근 마사소이드 추장 등 많은 인디언들이 정착과 생존에 도움을 주었기에 그런 경작과 추수를 할 수 있었으니까요. 그렇지 않았다면 1620년 첫해 겨울에 그들 중 절반이 죽은 것처럼 많은 희생자들이 또 나왔을 것입니다. 오늘날 미국민들이 인디언들에게 큰 빚을 지고 있는 많은 이유들 중 최초의 이유라 하겠습니다.

실제 첫 추수감사절 예배엔 90명에 달하는 그 인디언들도 초대를 받아 그 자리에 함께했습니다. 하나님을 모르는 그들이지만 올 때는 빈손으로 오지 않고 선물 겸 제물로 들짐승인 사슴을 잡아와 바쳤습니다. 날짐승 칠면조는 정착민들이 준비해서 지금까지 추수감사절 전통 음식으로 남아 있습니다. 분위기가 아주 좋았다는 것이지요. 그때까지만 해도 인디언들은 그들이 주인인 땅에서 바다 건너 멀리서 온 손님들에게 호의를 베푼다고 생각했을 것입니다. 하지만 미국을 상징하는 첫 추수감사절에 초대까지 받았던 인디언들은 이후 우리가 알고 있듯 고통의 흑역사로 멸족에 이르게 됩니다. 주인에서 완전

탈락된 것입니다.

1830년 필그림 파더스의 후예인 7대 대통령 앤드류 잭슨은 인디언 이주법을 통과시켜 그들을 당시는 미국 땅이 아니었던 몹쓸 땅 미시시피강 서부로 다 추방해버립니다. 어디든 가장 먼저 온 사람은 가장 좋은 자리를 차지하기 마련인데 그 좋은 땅이 탐이 나 법을 만들어 내쫓은 것입니다. 영국과의 독립전쟁 영웅으로 대통령이 된 그는 대통령이 되어서는 인디언과의 전쟁에서도 영웅이 되었습니다. 마치 주인인 아브라함이 본처 사라가 뒤늦게 아들 이삭을 낳자 여종 하갈과 그녀의 아들 이스마엘을 추방해버린 것처럼 인디언은 그렇게 그 땅의 주인에서 이방인으로 신분이 바뀌었습니다. 거꾸로 이방인은 그 땅의 주인이 되었습니다.

### 아메리카합중국(United States of America)

마침내 필그림 파더스의 후예들은 경쟁자들을 다 쓸어버리고 그 땅의 완전한 주인이 되었습니다. 이렇게 만들어진 그들만으로 이루어진 독립국 동부의 13개 주에서 이후 50개 주까지 가는 과정은 그들만의 내전인 남북전쟁 빼고는 큰 위기 없이, 속된 말로 땅을 줍고 줍는 줍줍의 과정으로 나아갔습니다. 눈덩이가 커질수록 잘 굴러가

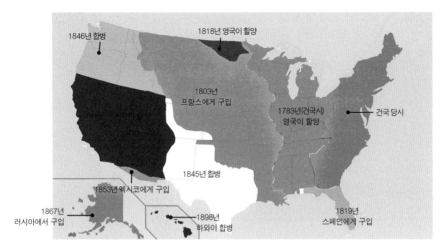

건국 당시 13개 주에서 50개 주로 완성된 미국

고 더 커지는 격입니다. 종교의 자유를 찾고자 메이플라워호를 탄 102명을 가지고 동부 대서양의 조그만 항구 플리머스에서 시작한 미국이 마침내 서부 태평양까지 연결된 광활한 대국으로 완성된 것입니다.

국가철학(State Philosophy)

우리는 종종 철학의 부재라는 말을 듣곤 합니다. 주로 개인보다는 조직과 단체의 방향성이나 지향성을 이야기할 때 나오는 지적성 발언입니다. 그곳에 철학이 없다면 생각하는 대로, 계획한 대로 일이 잘 돌아가지 않는다는 것이겠지요. 때론 목표한 대로 되어도 거기에 철학이 부재했다면 정통성과 지속성에 대해 우려를 표하곤 합니다. 물질적인 것과 정신적인 것이 함께 가야 그 자체로 이상이 없고, 지금도 이상이 없고, 앞으로도 이상이 없다는 것입니다.

당연히 이것은 개인이 속한 가장 큰 사회인 국가도 마찬가지입니다. 국가의 존립과 의의, 목적 등의 국가철학이 선결되고 전제된 후 운영과 실행이 되어야 한다는 것입니다. 그래서 소크라테스는 그의 철학으로 인해 공권력에 의해 사형선고를 받았음에도 국가의 선을 위해서는 철학이 필요하다고 하였습니다. 그의 제자 플라톤은 한술 더 떠 가장 이상적인 국가는 철인이 다스리는 국가라고까지 하였습니다. 굳이 철학자가 아니더라도 철학을 잘 알고 제대로 이해하는 사람이 지도자가 되어야 한다는 것이겠지요. 역으로 그에게 철학이 부재하다면, 또는 헛 철학을 좇는다면 국가는 이상적인 것과는 거리가 멀어지게 된다는 것을 의미할 것입니다. 그래서인가 최초의 민주적 사회계약론자로 불리는 홉스는 아리스토텔레스를 최악의 스승이라 칭하였습니다. 이상에 치우친 정의와 미덕이 완벽하지 못할 경우 사람들의 불만을 조장해 세상이 위험에 빠질 수도 있다는 것을 경계한 것입니다.

다시 본론으로 가서 메이플라워 서약서 앞에 선 필그림 파더스는 온전하고 확고했습니다. 신대륙의 주도권을 다투던 다른 경쟁자들과 비교했을 때 숫자나 힘이나 돈 등의 물성적인 것은 열세였을지 몰라도 그들의 정신을 통합하는 철학적인 면에서는 가장 우위를 가진 사람들이었다는 것입니다. 청교도인 그들의 프로테스탄트 종교성이 이렇게나 필요한 철학을 대신한 것입니다.

## 세계중심화(To the Hub of the Globe)

세계화 정책이 실시된 후 약 사반세기가 지난 지금 세계화란 이 용어는 이제 거의 들리지 않고 있습니다. 그만큼 우리가 세계화가 되었고 그것이 일상화되었기 때문일 것입니다. 이제는 외국에 나가는 것이 큰일이 아닌 시대가 되었습니다. 한때 유행했던 기업의 영어 어학연수 프로그램도 거의 사라졌습니다. 입사 전부터 이미 글로벌화된 인재들이 차고 넘치니까요. 또한 인터넷과 스마트폰의 시대가 도래하면서 그것의 강국인 우리는 지금 세계를 손으로 들고 다니는 시대에 살고 있습니다.

그로 인해 세계화 초창기 IMF의 위기가 있었지만 그것을 조기에 딛고 일어선 우리나라 대한민국은 오늘날 세계의 변방에서 주인으로 우뚝 서가고 있습니다. 우리를 곤경에 빠트렸던 IMF의 대주주가 주도하는 G7 정상회의에도 초청받는 국가가 되었으니까요. 일찍이 세계화에 기치를 올리며 세계 곳곳에서 이루어낸 기업 브랜드들의 성과에 힘입어 대한민국 국가 브랜드의 가치까지 올라간 것입니다. 그렇다고 25년 전 IMF가 터지기 직전 세계화와 OECD 가입 등으로 조기에 도달할 거라 착각했던 확실한 선진국이 지금은 되었는지 확신하긴 어렵습니다. 진정한 선진국은 빵의 풍요로만 되는 것은 아닐 테니까요.

과거 플로리다로 날아가 글을 쓰다 보니 코로나로 죽어있던 저의 여행 본능이 다시 살아나는 듯합니다. 코코아 비치의 파란 하늘, 파란 바다와 헤밍웨이가 살던 키웨스트의 생가를 제가 생각하는 비행기 여행 나이인 다시 또 25년 안에 가볼 수 있을지 모르겠네요. 이탈리아 플로렌스처럼 꽃이 만발한 아름다운 땅이라 하여 플로리다로 불리는 그곳입니다. 그리고 사시사철 따뜻한 햇살이 비쳐 선샤인 스테이트라는 애칭을 가진 그곳입니다. 혹시 또 가게 되면 직항인 미국 남동부 허브 공항인 애틀랜타에서 비행기를 갈아타고 그쪽으로 가게 되겠지요. 대합실 창밖으로 보였던 세계에서 가장 큰 공항인 애틀랜타 공항의 비행기들 모습이 눈에 선합니다. 델타와 사우스웨스트 항공의 허브답게 두 가지 유니폼을 입은 많은 비행기들이 일사불란

성조기가 펄럭이는 옛 스페인 식민지 플로리다의 아름다운 고도 세인트오거스틴

하게 일렬종대로 줄을 맞춰 마치 항공모함에서 전투기가 발진하듯 순차적으로 남쪽 플로리다를 향해 쌔액~ 하고 날아올랐던 그 모습 이….

올댓 아비뇽 유수

학창 시절 역사책에 등장했던 아비뇽 유수, 언뜻 들으면 무슨 노래 제목처럼 아름다운 단어의 배열로 들리지만 이 일은 엄청난 항명 사건이었습니다. 그리고 유럽에선 그 유수 전후좌우로 굵직한 많은 일들이 일어났습니다. 그 역사의 현장 아비뇽을 가본 인연으로 그 이야기들을 하나하나 해보렵니다. 그런데 유수, 이 단어 좀 이상하지 않나요? 들어도 들어도 의미가 붙지 않으니 말입니다.

아비뇽 다리 / 아비뇽 교황청 / 아비뇽 유수

살면서 가본 여행지 중 끊어진 다리를 복원하지 않은 채 방치하고 있는 2개의 인상적인 다리가 제 머릿속에 남아 있습니다. 복원을 하든 철거를 해야 할 다리를 끊어진 채 그냥 방치하고 있기에 남아 있나 봅니다. 하나는 1996년 회사의 미국 연수 기간 중 플로리다에서 본 다리입니다. 세븐 마일 브릿지라 명명된 그 다리는 20세기 초 마이애미에서 헤밍웨이의 집이 있어 유명한 미국 최남단 섬인 키웨스트까지 연결된 42개의 해상 철교 중 가장 긴 다리였습니다. 하늘에서 보면 철교로 이은 바다에 떠 있는 수많은 섬들 Keys은 징검다리를 연결한 열쇠 모양의 줄줄이 사탕처럼 보였을 것입니다.

아쉽게도 7마일에 달한 그 롱 다리는 허리케인으로 끊겼다는데 그것을 복원하지 않고 옆에 번듯한 새 다리를 건설했습니다. 이번엔 기차 다리가 아니라 자동차 다리로 말입니다. 근육질의 배우 아놀드 슈위제네거가 출연한 영화 〈트루 라이즈〉에서 등장했던 다리입니다. 세븐 마일 브릿지라는 이름은 새 다리가 가져갔기에 끊어진 그 다리는 올드 세븐 마일 브릿지가 되었습니다. 녹슨 흉물인 그 올드 브릿지는 지금은 관광 명소가 되어 많은 사람들이 찾고 있습니다.

아비뇽의 끊어진 성 베네제 다리

또 하나는 2018년 가을에 방문했던 남프랑스의 아비뇽에서 본 론강 위의 다리입니다. 성 베네제 다리라 불리는 이 성스러운 다리는 건설된 지도 끊어진 지도 아주 오래된 다리입니다. 12세기에 건설되어 보수를 거듭하다 17세기 대홍수 때 유실된 다음부터는 보수를 포기하고 300년 이상 오늘의 모습으로 끊어진 채 남아 있으니까요. 베네제라 불리는 그 지역의 목동이 신의 계시를 받아 고난 속에 건설했기에 그는 죽어서 성인이 되었습니다. 이 다리 역시 아비뇽의 론강 맞은편까지 건너지도 못하는 토막 난 폐물임에도 지금은 돈을 내야 한번 걸어볼 수 있는 관광 명소가 되었습니다.

우리나라에도 남겨진 그런 유명한 다리가 있긴 합니다만 한반도 북쪽에 있습니다. 6.25 동란 때 폭격으로 끊어진 압록강 철교입니다. 평안북도 신의주와 중국의 단둥을 연결하는데 사진으로 보니 과거 그 비극적인 모습을 그대로 간직하고 있습니다. 중국 측에선 역시 사람들이 몰려드는 관광 명소가 되었습니다. 북한 땅 신의주를 압록강 위에서 가장 가까이 볼 수 있으니까요. 위의 두 다리와 차이점이라면 압록강의 다리는 천재가 아니고 인재로 화를 입었다는 것입니다.

제가 본 딱 두 개의 끊어진 다리처럼 평생 딱 두 군데서만 본 희귀한 단어가 있습니다. 바로 유수입니다. 한 군데는 바빌론이고 또 한 군데는 역시 또 아비뇽입니다. 세월이 유수流水와 같다는 그 유수 아니고 우리에겐 볼 때마다 생경한 유수幽囚입니다. 영어로는 captivity로 감금, 억류, 잡아 가둠으로 해석되는 이 말이 전 참으로 요상하다고 생각합니다. 언어라는 것이 그래도 사용하다 보면 국어든 외국어든 뜻이 입에 좀 붙어줘야 하는데 이 단어를 글 제목으로 쓰고 있는 지금조차도 제겐 전혀 안 붙으니 말입니다. 기호학적으로 의미가 창출이 안 된다는 것입니다. 서양을 먼저 받아들인 일본의 역사책을 우리말로 번역하다 보니 그렇게 불리게 된 것이겠지요 근데 유수….

혹시 저만 그런 건가요?

위풍당당한 아비뇽 교황청

바빌론은 못 가봤어도 아비뇽은 가봤기에 아비뇽 유수는 제게 더 선명합니다. 일단 아비뇽은 제게는 프로방스의 다른 도시들보다 설렘을 더 주는 도시였습니다. 역사적으로 유명한 유수도 있지만 아비뇽이란 이름에서 오는 언어적인 흥분감이 있어서 그랬습니다. 저는 아비뇽이란 지명이 참으로 예쁘고 전원적이며 낭만적인 동시에 우아하고 담백하면서 고상하게, 때론 동화처럼 때론 그림처럼 아련하게 들리고 보입니다. 불어는 못 하지만 근처 아를, 엑상프로방스, 마르세유, 칸, 니스 등 프로방스의 어떤 다른 도시들 이름보다 가장 프로방스적인 이름처럼 느껴지기에 그렇습니다. 유수처럼 주관적일 수도 있겠지만 아비뇽은 제겐 유수와는 달리 기호에 의미가 마구 창출되나 봅니다. 그런 고도에 역사의 본류에서 벗어난 천하지존의 교황청까지…. 이런 반전까지 더해진 설렘이었을 것입니다.

이렇게 아비뇽 유수는 저의 기호학적 인식상 서로 대척점에 있는 두 단어가 만난 것이었습니다. 그런데 석양 무렵 도착한 그 도시, 아비뇽의 첫인상은 그렇지 못했습니다. 일단 도시를 둘러싼 성곽이 보였는데 그 모습이 아름다운 성곽 고도로 보이는 것이 아닌 답답한 울타리가 도시를 콱 막고 있는 것처럼 보였기에 그랬습니다. 긍정적인 아비뇽보다 부정적인 유수가 먼저 떠오른 것이었습니다. 그리고 바로 어둠이 찾아왔고 왠지 모를 그 답답함은 그다음 날에도 이어졌습니다.

아비뇽 유수의 역사적인 현장, 사진으로만 보아온 아비뇽 교황청 앞에 드디어 섰습니다. 그런데 지금 제가 교황의 청사 앞에 선 것이 맞나요? 14세기에 지어졌으니 건물은 고색창연했지만 마치 중세 전쟁 영화에서 봐온 적군의 견고한 성 앞에 선 듯한 느낌을 받았습니다. 제 머릿속에 로마 바티칸이 있어서인가요? 참 많이 비교가 되었습니다. 저는 바티칸처럼 화려한 기독교 문명이 아비뇽에도 어느 정도는 보조를 맞추어 있을 것이라 생각했나 봅니다. 그런데 교황청은 철옹성이나 감옥 같은 밖의 모습처럼 실내 또한 어둡고 답답했으며 어떤 곳은 음습하기조차 했습니다. 시대는 다음 세기에 개화할 르네상스를 얼마 안 남긴 중세의 끝자락인데 말입니다. 지극히 인간적인 제 눈엔 세상에 빛을 뿌리는 하나님과 그의 독생자 예수 그리스도의 사업을 위한 성스럽고 은혜로운 청사처럼 보이지 않았습니다. 실제 이곳 교황청은 프랑스 혁명기에는 감옥으로, 이후 20세기 초까지는 병영으로 사용되었다고 합니다.

그런데 이것은 지극히 당연한 것입니다. 제 눈과 생각이 이상했던 것이지요. 이곳에 교황이 거주한 기간은 서기 64년 최초로 임명된 초대 베드로 교황 이후 2천여 년 교황청 역사 중 1309년부터 1377년까지의 68년 기간 동안뿐입니다. 그 유수 1세기 전쯤 우리의 고려 무신정권 대몽항쟁 시기에 왕과 정부가 몽골을 피해 강화도로 옮겨갔

고색창연한 아비뇽 교황청 외벽

아비뇽 교황청 실내 스테인드글라스

다가 수도인 개경으로 돌아갔듯 교황청도 이곳에 그렇게 있다가 본청인 로마로 컴백한 것입니다. 그렇게 40여 년간 강화도에 고려 궁궐이 있었음에도 지금 그곳에 우리가 기억할 만한 인상적인 고려의 유적지나 유물은 별로 없습니다. 일제 36년간 조선을 지배했던 일본의 총독부 건물처럼 후세에 고의로 제거한 것이 아님에도 말입니다.

그러니 650여 년 전에 교황청으로서 수명이 다한 아비뇽 교황청이 안팎으로 오늘날의 모습을 유지하고 관리되는 것만으로도 대단한 일이라 할 것입니다. 오랫동안 사용자인 교황이 부재한데 과거의 모습대로 남아있기는 힘들다는 것이지요. 실내를 장식했던 화려한 성물들은 로마로 돌아갈 때 함께 돌아갔을 것입니다. 현재 진행형인 정통 로마 교황청과 역사의 격변기에 잠깐 과거완료형이었던 아비뇽 교황청을 비교한다는 것 자체가 어불성설입니다.

아비뇽 유수는 우습게도 왕의 빚으로부터 시작됩니다. 유수의 집행자인 프랑스 왕 필립 4세는 강력한 프랑스를 만들기 위해 통일 정책을 폈습니다. 통일은 전쟁을 통한 영토 확장을 통해 얻어지는데 방법은 당연히 전쟁이었습니다. 당시 통일의 방해 세력은 잉글랜드와 그와 연계된 오늘날 벨기에 북부 플랑드르였습니다. 전쟁은 그때나 지금이나 돈의 문제인데 그에겐 전비가 모자랐습니다. 그는 모자라는 돈을 충당하기 위해 성직자에게 과세를 명합니다. 최근 우리나라에서 벌어진 종교인 과세 논쟁이 14세기 초 프랑스에서 벌어진 것입니다. 강력한 왕은 삼부회를 소집하여 법안을 통과시켰고 교회의 수장인 로마의 교황은 칙령을 들이대며 맞섰습니다. 과거 신성로마 제국 황제를 교황이 차가운 눈밭에서 굴복시켰던 카노사의 굴욕 때와 비교하면 격세지감을 느끼게 하는 일이 벌어진 것입니다. 2백 년 넘게 별 소득 없이 벌인 십자군 전쟁으로 교권은 약해졌고 왕권은 강해졌습니다.

필립 4세는 저항하는 당시의 교황 보니파시우스 8세를 로마 남동부 교황의 별궁이 있는 아나니에서 체포하고 그를 실각시키기 위해 이단으로 몰아세웁니다. 권모술수가 능한 왕의 심복 노가레가 그 일을 담당했습니다. 교황은 하찮은 왕의 가신인 그에게 3일 동안 감금되고 따귀를 맞는 등 수모를 겪게 됩니다. 역대 교황을 4명이나 배출한 교황의 도시 아나니에서 교황은 프랑스인에게 최대의 수모를 겪은 것입니다. 결국 보니파시우스 8세는 화병으로 한 달 후 선종하게 되고 콘클라베를 통해 베네딕투스 11세가 후임 교황으로 선출되었으나 그 역시 단명으로 8개월 만에 선종하게 됩니다.

이에 필립 4세는 그의 수하인 보르도 대주교를 교황으로 임명하고 로마가 아닌 프랑스 땅 리옹에서 즉위식을 거행하게 합니다. 로마 바티칸을 확실하게 누를 찬스를 잡은 것입니다. 그리고 론강 남부, 당시는 그 강을 경계로 시칠리아 여왕의 땅이었지만 프랑스의 지배력이 강한 아비뇽에서 새로운 교황청 공사가 시작됩니다. 정상적인 교황청 공사가 아닌 유수로 비롯된 건축인지라 침략에 대비한 견고한 요새 양식으로 설계를 하고 지었을 것입니다. 그리고 195대 교황인

아비뇽 유수의 집행자인 프랑스의 필립4세(1268~1314)

클레멘스 5세를 시작으로 아비뇽 교황의 시대가 열렸습니다. 이후 그곳에서는 6명의 교황이 더 배출되었습니다. 그들의 국적은 모두 프랑스입니다. 이것이 역사적인 아비뇽의 교황 잡아 가둠, 아비뇽 유수의 전말입니다.

프랑스의 교황 시대인 아비뇽 유수가 끝나고 교황은 로마로 다시 돌아갑니다. 비정상의 정상화입니다. 하지만 그 후유증이 만만치 않았습니다. 그래서 아비뇽 유수에 이은 다수의 교황이 난립하는 대분열의 시대가 시작됩니다. 아비뇽 유수를 총연출한 프랑스 왕 필립4세는 그 사건에 버금갈만한 대형 사고를 하나 더 치게 되는데 그 결과로 그 피해자들은 역사 속에서 완전히 사라졌습니다. 이 역시 그의 탐욕이 부른 결과입니다.

## 서방교회 대분열 / 동서교회 대분열 / 성전 기사단 해체

아비뇽 유수 7대 교황의 시대가 끝나고 교황은 본래 자기의 의자가 있던 로마의 자리로 돌아가게 됩니다. 하지만 곧바로 모든 일이 원상복귀 되지는 않았습니다. 우리가 살면서 조그만 일을 겪어도 후유증이 수반되는데 하물며 이런 엄청난 역사적 사건의 후유증은 만만치 않았을 것입니다. 역시나 정상화가 되기까지는 또 많은 진통과 시간이 필요했습니다. 그런데 그 과정에서 예상보다 큰 역사적 사건이 또 발생합니다. 아비뇽의 유수가 끝나기가 무섭게 착 붙어서 그다음 해부터 일어난 사건입니다. 그리고 이 사건 말고도 유수 전후좌우로 다른 주목할만한 일들도 아비뇽에서 발생하게 됩니다.

아비뇽 유수를 바라보는 로마 바티칸과 휘하 교구들, 그리고 주변 국가들의 심경은 매우 복잡했을 것입니다. 시간이 흐를수록 이러한 심경은 더 큰 반발로 이어졌겠지요. 당연한 일입니다. 신성불가침한 사건이 그 신의 대리인과 거주소를 상대로 일어난 것이니까요. 이제 이 사건을 주도한 필립 4세도 죽었습니다. 결국 로마는 1378년 교황의 권력을 아비뇽으로부터 다시 찾아오고 다시 이탈리아인이 교황이 됩니다. 하지만 이번엔 뺏기는 입장이 돼버린 아비뇽의 저항도 만만치 않았습니다. 그래서 아비뇽에서도 교황을 세웁니다. 이렇게 교황이 2명이 있게 되니 그들의 인사권 남발로 추기경, 주교 등 모든 교회 조직이 2개가 되는 초유의 일이 벌어졌습니다. 그들을 섬기는 국가들도 각각 지지하는 교황이 달라 14세기 말 유럽은 같은 기독교하에 2개로 분열된 것입니다. 혼란의 시대입니다.

이를 수습하기 위해 이탈리아 피사에서 공의회(1409)가 소집됩니다. 다 무효화하고 공신력 있는 종교 회의를 통해 적통의 새로운 교황을 선출하기 위함인데 엉뚱하게 이제 교황은 3명으로까지 늘어 났습니다. 왜냐하면 기존 로마와 아비뇽의 교황이 이 결과를 인정하고 내려와야 하는데 나 몰라라 안 내려오니 그렇게 된 것입니다. 결국 이후 독일 콘스탄츠에서 열린 4년에 걸친 또 한 번의 긴 공의회 1414-1418에서 마르티누스 5세 교황이 선출됨으로써 이 혼란은 마감이 됩니다.

짧지만 교황이 4명까지도 있던 아찔한 순간이었습니다. 왜냐하면 기존 3명의 교황 중 우여곡절 끝에 로마의 교황만이 결과를 받아들여 자진 사퇴했고 피사의 교황은 감금, 아비뇽의 교황은 폐위되었기에 그렇습니다. 이렇게 적통에서 벗어나 난립했던 교황들을 대립교황이라 부릅니다. 그리고 이 시기를 역사에서는 서방교회 대분열 1378-1417이라 부릅니다. 서방교회를 굳이 앞에 붙인 것은 이전에도 이와 버금가는, 아니 더 큰 교회의 분열이 있었기에 그것과 구분하기 위함입니다.

동서 대분열 1054이라 불리는 사건입니다. 로마 제국이 동서 로마로 갈라선 이후 교회는 서로마와 비잔틴 제국으로 바뀐 동로마 간에 서로 힘겨루기를 하고 있었습니다. 5세기 말 게르만족의 남하로 서로마 제국은 멸망했지만 그래도 오리지널이라는 자존심을 가진 정통

다시 로마 교황의 시대로….
마르티누스 5세(재위 1417~1431)

로마 교회와 점점 더 독자적으로 세계의 중심에 서게 된 동로마 교회와의 마찰이 지속된 것입니다. 그런 와중에 동서의 교회들은 성상 숭배의 교리 차이로 시작된 대립으로 갈라서 끝내 서로를 파문하며 돌아올 수 없는 강을 건너게 됩니다. 로마 카톨릭과 동방정교회로의 분열입니다.

이렇게 교회는 동서 대분열, 서방교회 대분열까지 마치고 나서 한 번더 큰 분열을 맞게 되는데 그것은 16세기에 마르틴 루터가 주도한 종교개혁으로 출현한 개신교와의 분열입니다. 이로써 예수의 죽음과 부활 이후 하나로 출발한 기독교는 로마 카톨릭, 동방정교회, 개신교 등 3개로 분열되어 오늘에 이르고 있습니다.

하지만 21세기인 오늘에 와서도 그 분열에는 못 미치지만 유사한 사건은 일어나고 있습니다. 바로 중국의 주교 임명권에 따른 로마 바티칸과의 대립입니다. 주교는 전 세계의 교구를 관할하는 책임자로 주교 임명은 교황의 고유 인사권입니다. 하지만 중국만은 예외였습니다. 그간 중국 정부는 자국 내 7명의 주교를 직접 임명했습니다. 종교의 자유를 표면상으로는 인정하기에 공식적으로는 그렇게라도 주교를 임명한 것입니다. 그래서 국가로서 양자는 1951년 이후 외교가 단절된 상태입니다. 물론 중국에도 바티칸에서 임명하는 주교가 지역별로 있기는 합니다만 이들은 지하교회의 주교로 정상적인 활동이 어려운 상태였습니다.

이에 중국 정부와 바티칸은 2013년 프란체스코 교황이 즉위하면서 대화의 물꼬를 터 상호 협정을 통해 절충안을 마련했는데 그것은 중국 정부가 임명한 주교를 바티칸이 승인하는 형태로 교황 인사권을 보전하기로 한 것입니다. 물론 교황이 중국이 임명한 인사를 거부할 수도 있습니다. 이 협정을 두고 교황이 시황제라 불리는 시진핑 주석에게 굴복했다는 평가도 있습니다만 바티칸은 15억 인구 대국인 중국의 포교와 기존 신자들을 보호하기 위해 점진적인 개선을 선택한 것이라 하겠습니다. 아울러 그간 단교 상태의 양국 간의 관계도 수교가 임박했다는 전망입니다. 이 경우 바티칸은 수교 국가인 대만과 단교해야 합니다. 하나의 중국을 고수하는 중국이기에 중국과의 수교는 곧 대만과의 단교를 의미하니까요.

아비뇽 유수 시 생긴 피해자는 또 있습니다. 예상치 못한 큰 화를 입은 그들은 아예 역사에서 사라졌습니다. 바로 성전 기사단Templar Order입니다. 붉은 십자가가 크게 새겨진 하얀 망토를 두르고 멋지게 말 달리는 중세 영화 속 그 기사들입니다. 이 사건 역시 아비뇽 유수의 주역 필립 4세의 탐욕으로부터 시작되는데 이유는 그들이 돈이 많았기 때문입니다. 기사단은 십자군 전쟁을 통해 막대한 부를 쌓았습니다. 예루살렘 성지 순례자를 보호하는 일이 주요 미션인 그들이었기에 순례자의 기부금이 쌓였고, 또 동서를 오가다 보니 동방과의 중개무역을 통해, 그리고 결혼을 금지했기에 입회 기사들의 상속받은 재산이 고스란히 봉헌되었기에 그렇습니다.

이것을 놓칠 필립 4세가 아니었습니다. 사람은 역시 지위고하를 막론하고 빚이 많으면 사고를 치게 돼있나 봅니다. 성직자 과세로 촉발된 교황의 아비뇽 유수에 이어 그의 나라에서 창설된 신의 사도인 성전 기사단까지 해체하였으니 말입니다. 아비뇽 유수의 악역은 가신

성전 기사단의 심벌과 문장

노가레가 담당했다면 기사단 해체는 그가 임명한 아비뇽의 교황 클레멘스 5세가 담당하였습니다. 제거 방법은 역시 이단으로 모는 것이었습니다. 그로 인해 그들은 종교 재판을 받고 기사단장을 비롯해 모두 화형을 당했습니다.

이 사건을 소재로 한 최근에 나온 미드 〈나이트폴Knightfall〉에서는 필립 4세가 성전 기사단 해체를 강행한 보다 더 강력한 이유를 보여줍니다. 성전 기사단의 파리 지부 단장이 그 시리즈의 주인공인데 왕의 친구이기도 한 그는 필립 4세의 부인인 왕비와 불륜을 맺고 딸까지 낳게 됩니다. 그래서 왕비를 사랑했던 필립 4세는 눈엣가시 같던 교황 보니파시오 8세의 신하이기도 한 그 기사단과 아울러 교황을 함께 제거하게 되는 것입니다. 역사 기록상 훤칠한 키에 수려한 외모로

아비뇽에서 모셔온 성전 기사단 피규어

미남왕으로까지 불렸던 필립 4세였기에 그로 인한 모멸감과 질투심은 하늘을 찌르고도 남았을 것입니다. 통상 여자의 한을 오뉴월 서릿발에 비유하지만 속 좁은 남자의 질투심은 때론 그것을 능가한다는 것을 그는 몸소 보여주었습니다.

이것은 정사가 아니고 야사입니다. 그러나 저는 충분히 설득력이 있다고 생각합니다. 딱히 드러내지 않으면 안 드러나서 그렇지 남녀문제보다 인간의 행동을 좌우하는 더 강력한 동기부여는 없으니까요. 이렇게 필립 4세에 의해 성전기사단은 지구상에서 억울하게 사라졌습니다. 하지만 그들은 현세에 부활하여 〈인디아나 존스〉, 〈다빈치 코드〉 등의 영화나 요즘 아이들이 좋아하는 게임의 기사 캐릭터로 등장하여 지금도 그들에게 부여된 신의 사명을 다하고 있습니다. 그때 생존한 기사 단원이 지하로 숨어 들어가 프리메이슨의 원조가 되었다고도 하니까요.

아비뇽 유수의 중세 끝자락에 소리소문 없이 어떤 사나이가 등장합니다. 요즘 말로 "네가 왜 거기서 나와?" 할 만한 깜놀 등장입니다. 그의 등장으로 서양사에 새로운 시대가 시작됩니다. 아비뇽 유수엔 이런 종교적이고 정치적인 사건만 있었던 것은 아닙니다. 교황청이 지어진 그 땅을 야훼 하나님뿐만 아니라 디오니소스 신도 축복을 해서인가 새 술이 등장했습니다. 그리고 오늘날 아비뇽은 그 옛날 유수, 잡아 가둠의 도시에서 화합과 자유로움이 충만한 축제의 도시로 변했습니다.

## 메디치의 출현 / 아비뇽의 와인 / 아비뇽의 오늘

역사는 재미있습니다. 때론 신기할 정도로 말입니다. 시간이라는 줄 위에서 시간이 끊어지지 않고 이어지듯 줄과 함께 이어지며 그 연속 선상에서 어느 시점 생각지도 못한 새로운 사건과 인물을 출현시키니까요. 아비뇽 유수에 이어진 서방교회 대분열 시 그런 일이 발생했습니다.

다시 대립교황의 이야기로 돌아갑니다. 대립교황 중 피사의 교황인 요하네츠 23세는 적통의 교황을 새로 선출한 콘스탄츠 공의회 결과에 불복하여 감금되었다고 했습니다. 이때 그는 역사에 홀연히 등장한 피렌체의 거상 조반니란 인물에 의해 석방이 됩니다. 그가 영어의 몸이 되어 볼장 다 본 그 교황을 위해 자그마치 3만 8천 플로린을 지불해서 풀려난 것입니다. 그 돈은 지금으로 치면 150여억 원에 달하는 거액이라고 합니다. 사업이 흔들릴 만큼 큰돈인 그 돈을 조반니는 요즘으로 치면 상환이 막막한 무담보 무신용으로 대출해준 것입니다. 끈 떨어진 정도가 아니라 끈이 아예 없어진 전임 대립교황을 위해서 말입니다. 그는 대체 누구이길래, 그리고 왜 이런 모험적인 일을 벌인 것일까요?

그의 성, 라스트 네임은 메디치입니다. 아, 메디치…. 그러면 이야기는 조금 달라집니다. 조반니 메디치, 그가 누구입니까? 르네상스의 대문을 열어 피렌체를 역사의 중심지로 만든 메디치 가문의 350여년 역사 족보의 맨 꼭대기에 등장하는 메디치의 시조 아닙니까? 그가 이렇게 예상치 못한 곳에서 역사의 전면에 등장한 것입니다.

메디치 시대를 연 조반니 메디치 (1360~1429)

그의 아들은 국부라 불리는 코시모 메디치이고 증손자는 위대한 자라 불리는 로렌초 메디치입니다. 우리 역사 이씨 조선으로 치면 조반니는 태조 성계이고, 코시모는 태종 방원이며 로렌초는 세종 도입니다. 르네상스를 휘어잡은 메디치가의 역사는 이렇게 중세 아비뇽 유수의 끝자락에서 대립교황과 연결되어 시작된 것입니다. 이제 그 가문의 이야기가 자자손손 또 한 보따리 서양사에서 펼쳐지게 되겠지요. 그로 인해 서구 역사의 중심지가 프랑스에서 이탈리아로 이동하는 것입니다.

메디치 시대의 개막, 그것을 가능하게 한 것은 조반니의 이 과감한 선택, 통 큰 투자였습니다. 대립교황 석방 사건으로 그 신용과 의리에 감동받은 로마의 교황은 메디치가를 교황청의 주거래 은행으로 삼아 그 가문에 날개를 달아주었으니까요. 메디치가는 한 술 더 떠 교황의 명부에서도 삭제된 대립교황 요하네스 23세의 영묘까지도 큰돈을 들여 화려하게 만들어 주었습니다. 당시 교황 마르티누스 5세는 겉으론 그것을 반대했지만 속내는 달랐을 것입니다. 가재는 게편, 그것이 사람의 마음이니까요.

아비뇽 유수 시 이렇게 종교와 연계된 정치적인 사건들만 발생한 것은 아니었습니다. 어느 시대든 사람 사는 세상엔 그런 일들만 발생하지는 않습니다. 그런 일들만 기록되는 것이지요. 그렇듯 아비뇽 유수 시 후세의 우리까지도 즐겁게 해주는 어떤 것이 하나 탄생했는데 그것은 바로 와인입니다.

교황청이 들어섰으니 주변에 와인이 발전하는 것은 당연하다 할 것입니다. 와인은 하나님의 아들 예수의 피를 상징해 미사주로 쓰이지만 파티와 축제의 술로도 쓰입니다. 하나님의 축복뿐만 아니라 디오니소스 신의 축복도 그 땅, 아비뇽에 내려진 것입니다. 일단 아비뇽의 첫 교황인 클레멘스 5세부터 와인을 무척이나 사랑한 마니아였습니다. 그는 보르도 대주교 시절 오늘날까지도 유명세를 지키고 있는 샤토 파프 클레망Château Pape Clement이라 불리는 포도밭과 와인 브랜드를 소유했을 정도입니다. 그러나 그의 생전 아비뇽에서는 그가 원하는 와인을 발견할 수 없었습니다.

아비뇽 2대 교황인 요하네스 22세는 아비뇽 북부 론강 남부의 조그만 마을에서 드디어 교황청이 원하던 퀄리티 있는 와인을 찾게 됩니다. 주요 포도 품종이 그르나슈grenache인 와인으로 그것이 오늘날론 와인의 대명사이자 교황의 와인이라 불리는 샤토뇌프 뒤 파프 Châteauneuf du Pape의 시작입니다. 우리나라에서도 인기 있는 와인이지요.

말 그대로 교황을 위한 와인인데 이름에 들어간 뇌프에 대한 해석이 분분합니다. 불어 뇌프neuf의 뜻이 하필이면 새롭다new와 9nine 두 가

수확기 탐스러운 그르나슈 품종의 포도들

지가 있어서 그렇습니다. 그래서 교황을 위한 새로운 와인도 되지만 9명의 교황을 위한 와인이란 설도 있습니다. 하지만 위에서 보듯 아비뇽 유수 기간 동안 근무한 교황은 7명이었습니다. 왜 9명이라 칭했을까요? 그것은 아비뇽에 2명의 교황이 더 있었기 때문입니다. 그런데 그 교황은 공인되지 못한 교황, 즉 대립교황이었습니다. 아비뇽 유수가 끝나고 교황이 로마 바티칸의 제자리로 원복했음에도 그것에 불응하고 아비뇽 교황청에서 여전히 선출되고 임무를 본 프랑스인 교황들입니다. 당시 그 교황들은 그들이 정통하다고 주장했을 것입니다. 그래서 그들까지 더해 이 지역의 와인 이름엔 버젓이 9명의 교황을 위한 와인으로 지금까지 내려오고 있는 것입니다.

이제 아비뇽 유수는 도시를 관통하는 론강의 유수처럼 시간에 밀려 밀려 역사 속으로 사라졌습니다. 아득한 옛일이 된 것입니다. 지금 도시는 유수도, 분열도 없는 화합과 자유로움만이 충만합니다. 그리고 축제의 도시가 되었습니다. 1947년 연극으로 시작한 아비뇽 페스티벌은 세계적인 종합예술 축제로 자리 잡아 해마다 7월이면 전 세계의 예술가들과 관객들을 이 도시로 몰려들게 합니다. 저는 추석 연휴 기간을 끼고 휴가를 내어 프로방스를 여행했던 터라 이 축제를 보지는 못했습니다. 축제의 원조가 된 주요 무대는 아비뇽 교황청의 안뜰입니다. 제가 본 어둡고 답답하게 막힌 그 공간이 축제의 스포트라이트가 비치는 메인 무대가 된 것입니다. 프로방스의 태양이 내려쬐는 화려한 축제의 기간에 다시 또 갈 날을 기대해봅니다.

교황청 아래로는 시장 골목이 이어져 있었습니다. 민생의 현장이 붙어 있는 것이지요. 하지만 그 좁고 붐비는 길은 고달픈 민생이 아니라 온통 제 코를 유혹하는 향기로 가득 채워져 있었습니다. 라벤더 향이었습니다. 과연 프로방스의 중심 도시 아비뇽이었습니다. 그곳에서 저는 조그마한 라벤더 꽃자루를 몇 개 샀습니다. 그 라벤더는 어떻게 되었을까요? 네, 아직도 제게 있습니다. 제가 어디론가 달려갈 때 아직까지 살아있는 그 향은 늘 저와 함께 동행합니다. 몇 년이 지났음에도 제 차 안 4개의 문짝 아래 홈엔 그 라벤더 꽃자루가 사방

하나씩 자리 잡고 있으니까요. 아비뇽의 향입니다. 참으로 예쁘고 전원적이며 낭만적인 동시에 우아하고 담백하면서 고상하게, 때론 동화처럼, 때론 그림처럼 아련하게 들리고 보이는 그곳의 향..

아비뇽 다리 위에서 우리는 춤을 춘다 춤을 춰
아비뇽 다리 위에서 우리는 춤을 춘다 둥글게
멋진 남성들은 이렇게 인~사, 또 한 번 더 이렇게 인~사

(멋진 남성들 자리에 대신, 아름다운 여성들 / 군인들 / 농부들 / 세탁하는 사람들 / 와인 재배자들 / 제빵사들 / 정원사들….)

아비뇽의 유명세를 더하는 프랑스의 흥겨운 전래 동요입니다. 론강 위에 놓인 아비뇽 다리는 앞에서 설명한 끊어진 성 베네제 다리의 다른 이름입니다. 프랑스 국민들은 〈아비뇽 다리 위에서〉라는 이 노래를 거의 다 안다고 합니다. 얼마나 유명하면 이 노래는 전 세계로 퍼져 나가 요즘 우리나라 초등학교 2학년 음악책에도 나온다고 합니다. 요즘 아이들은 우리 때와는 달리 어려운 아비뇽 유수보다 쉬운 아비뇽 다리로 그 도시를 먼저 알게 될 것입니다.

위의 원곡의 가사는 아비뇽에 사는 시민들이 모두 다리 위로 나와 돌

프랑스 민요
〈아비뇽 다리 위에서(Sur le pont
d'Avignon)〉

아비뇽 다리 위에서 동명의 노래와 춤을 즐기는 아비뇽 시민들.
동요집《아기꽃다발》에 실린 월터 크레인의 삽화

아가며 인사하는 즐거운 모습을 보여주고 있습니다. 후렴만 다르게 이런 사람들, 저런 사람들이 인사를 나누며 같은 멜로디를 계속 반복해서 부르겠지요. 찾아서 들어보니 꽤나 중독성이 있습니다. 왠지 노래하며 "난 이런 사람이야"를 표현하는 인사 율동도 같이 하면서 부를 듯합니다. 이렇게 오늘날 아비뇽은 화합과 자유로움이 충만해 매일 매일이 축제인 도시가 되었습니다.

올댓 바빌론 유수

아비뇽 유수 2천여 년 전에 역사상 또 한 번의 유수가 있었습니다. 바빌론 유수입니다. 아비뇽 유수가 로마 바티칸에 있어야 할 교황이 프랑스 아비뇽에 갇힌 사건이라면 바빌론 유수는 유다 왕국에 있어야 할 유대인이 바빌론에 갇힌 사건입니다. 고난의 시기였지만 이로 인해 유대인은 오늘날 우리가 인지하는 공동체로서의 유대인이 됩니다. 그리고 그들을 규정하는 시오니즘과 디아스포라도 이때 시작됩니다.

오페라 〈나부코〉 중 절망에 빠진
히브리 노예들의 모습.
뉴욕 메트로폴리탄 오페라, 2001

바빌론과 아비뇽의 유수

1842년 밀라노의 라 스칼라 극장에서 그 공연이 끝난 후 20대 후반의 베르디는 일약 스타덤에 오릅니다. 그 오페라는 그와 관객의 기억에서 이전 그가 작곡한 두 번의 실패작을 깨끗이 사라지게 했으며, 그를 미래 오페라의 왕으로 예약하게 하는 명작이었습니다. 곡이 워낙 좋기도 했지만 당시 그의 조국 이탈리아가 처한 시대상과 딱 맞아떨어져서도 그랬습니다. 이렇듯 일반 성공을 뛰어넘는 커다란 성공은 종종 외부의 힘이 더 크게 작용하기도 합니다. 특히 3막 2장에서 울려 퍼지는 〈히브리 노예들의 합창〉은 그 오페라의 절정이었습니다. 그의 이 곡은 당시 오스트리아의 지배를 받던 북부 이탈리아 사람들을 똘똘 뭉치게 하였으니까요. 음악의 힘입니다. 오페라 역사상 최고의 합창곡으로 뽑히는 그 곡은 통일 이탈리아를 향해 가는 진군의 합창이 되었습니다. "가라! 내 마음이여, 금빛 날개를 타고…." 이렇게 시작하는 그 곡의 가사처럼 말입니다.

베르디의 출세작 오페라 〈나부코〉의 이야기입니다. 그 오페라는 구약 성서에도 등장하는 유대인의 흑역사 바빌론 유수를 배경으로 합니다. 이 글 앞글인 아비뇽 유수의 그 유수입니다. 그 글에선 전제적으로 유수幽囚란 단어의 생경함과 쓰임새부터 논하였습니다.

역시나 그 단어는 그 글을 쓴 이후에도 단 한 번도 보이거나 들리지 않았습니다. 유수는 역사책에서 문헌으로 딱 이 두 개의 사건에서만 쓰이고 우리 실생활에선 거의 고어와 다를 바 없기에 그렇습니다. 감금, 억류, 연금, 잡아가둠 등 그것을 대체할 수 있는 편한 말들이 즐비하기에도 그럴 것입니다. 아비뇽 유수를 소재로 한 제 글 제목이 〈올댓 아비뇽 유수〉이었듯, 바빌론 유수를 소재로 한 이 글 제목도 라임을 맞추어 〈올댓 바빌론 유수〉라 정하였습니다.

14세기에 발생한 아비뇽 유수에선 교황이 잡혀가고 억류되었다면 그 2천 년 전인 기원전 6세기에 발생한 바빌론 유수에선 유대인이 포로로 잡혀가서 억류되었습니다. 아비뇽은 로마 바티칸에 있어야 할 교황이 감금된 프랑스의 도시이고, 바빌론은 유다 왕국에 있어야 할 유대인들이 잡혀간 신바빌로니아의 수도입니다. 각각의 유수 기간은 바빌론은 59년, 아비뇽은 68년이었습니다.

# 유다 왕국의 역사

유대 민족의 지도자 사울은 BC 1000년경 국가로서의 이스라엘을 건국합니다. 그 이전 해방자인 모세가 이집트로부터 이스라엘 민족을 이끌고 가나안 땅에 정착했으나 그들이 그때부터 국가 형태를 갖춘 것은 아니었습니다. 오늘날 아랍에미레이트연합UAE, United Arab Emirates 이 그러하듯이 12개 지파의 부족 연합으로 느슨한 형태로 살다가 당시 필요에 의해 부족 연합체인 국가를 세운 것입니다. 이것은 먼저 그 땅에 살던 블레셋인들을 대적하기 위함이었습니다. 성경의 블레셋은 과거엔 필리스틴Philistine으로 불렸다가 오늘날 팔레스타인Palestine 이 된 지역으로 과거 유대인은 그 땅을 가나안Canaan이라 불렀습니다.

사울왕의 곁엔 세컨드 맨 다윗이 있었습니다. 아름다운 비파 연주로 그의 불치병인 우울증을 고쳐주고 왕국을 위협하는 블레셋의 장수 골리앗을 물리치는 등 그에겐 일등 신하이자 공신이었습니다. 하지만 사울은 대중에게 인기가 좋은 다윗을 호시탐탐 죽이려고 했습니다. 결국 다윗은 견디다 못해 독립해서 나가 유다 왕국을 세웠는데 후에 사울이 전장에서 죽자 두 국가를 통합하여 명실상부한 이스라엘 왕국의 왕이 됩니다.

솔로몬왕 이후 남북으로 분열된 유대민족, 기원전 931년경

치세 중 다윗왕은 부인이 많았음에도 부하 장수인 우리아의 아내 밧세바에게 반하여 그녀를 취하기 위하여 우리아를 사지로 보내 죽게 합니다. 그의 일생에서 지울 수 없는 치명적인 악행을 저지른 것입니다. 그리고 그녀에게서 후계자가 된 아들을 얻었는데 그가 지혜의 왕이라 칭송받는 솔로몬입니다. 솔로몬왕은 태평성대를 이루었지만 그의 아들 르호보암 때에 이르러 문제가 발생합니다. 부자가 3대를 못 간 격입니다.

솔로몬왕 이후 유대 12개 지파의 연합이었던 이스라엘 왕국은 이 중

10개 지파가 떨어져 나가 여로보함이라는 지도자를 옹립하여 북부 지역의 이스라엘 왕국으로 분리되고, 그의 아들 르호보암의 본래 이스라엘 왕국은 남은 2개 지파를 가지고 남부 지역의 유다 왕국이 됩니다. 이는 마치 7개 부족 연합체 국가인 아랍에미레이트연합UAE 건국 시 합류하지 않고 개별로 독립한 부족인 바레인과 카타르를 연상하게 합니다.

북부 이스라엘의 수도는 후에 사마리아로 바뀌었고, 남부 유다의 수도는 본래대로 예루살렘이었습니다. 이러한 역사적 연유로 인해 신약에서 등장하는 사마리아인이 정통 유대 기득권자들에게 차별과 멸시의 대상이 되었을 것입니다. 분리된 북부 이스라엘 지역에 사는 사람들을 통칭해서 사마리아인이라고 불렀다고 하니까요. 이후 이스라엘은 앗시리아에게 멸망되고BC 930-720, 유다는 그 앗시리아를 멸망시킨 신바빌로니아에게 멸망됩니다BC 931-586. 그리고 동시에 유다 왕국의 바빌론 유수가 시작됩니다.

## 바빌론 왕국의 역사

유다 왕국을 멸망시킨 침략자는 위의 베르디의 출세작 오페라 제목인 나부코Nabucco입니다. 네부카드네자르Nebuchadnezzar라 불린 왕의 어

려운 이름이 이태리어로 표기되면서
뒤가 잘리어 간단하고 쉬어졌습니다.
이 네부카드네자르는 성서에선 느부
갓네살이란 역시 또 어려운 이름으로
등장합니다.

바빌론 유수의 주역인 신바빌로니
아의 네부카드네자르(재위 기원전
604~562)

본래 바빌로니아는 고래로 그 지역의
맹주였습니다. 인류 4대 문명의 발상
지 중의 하나인 유프라테스강과 티그리스강을 끼고 있어 메소포타
미아 문명이 일어난 지역입니다. 창세기에 등장하는 에덴동산도 이
강변에 위치한 산으로 알려져 있습니다. 역사상 최초의 법전이라 하
는 함무라비 법전도 이 바빌로니아의 유산인 만큼 그만큼 그곳은 문
명화된 지역이라 하겠습니다.


이 바빌론은 철기 문명을 앞세운 히타이트에게 BC 1500년 대에 멸
망합니다. 그리고 한참 후인 BC 625년 칼데아 부족인 나보폴라사르
왕이 당시 그 지역을 다스리고 있던 앗시리아를 멸망시키고 다시 바
빌로니아란 이름으로 국가를 세우는데 이 국가를 고대 바빌로니아
와 구분하기 위하여 신바빌로니아라 부르는 것입니다. 바빌론은 신
구 바빌로니아의 수도 이름입니다.

네부드카드네자르왕 시절 바빌론

그리고 건국자인 아버지에 이어 2대 왕 네부카드네자르가 등장합니다. 유대인에겐 침략의 원흉이 나타난 것입니다. 그는 유다 왕국을 여러 차례에 걸쳐 공격하여 멸망시켰습니다. 그의 공격으로 예루살렘은 초토화되었고 아름다운 솔로몬 성전은 파괴되었습니다. 침략할 때마다 그는 유대인을 살던 고향에서 빼내어 포로로 수도인 바빌론으로 강제 이주시켰는데 이것이 바빌론 유수입니다. 과거 해방자 모세의 안내로 이집트로부터 탈출하여 기껏 돌아온 젖과 꿀이 흐른다는 가나안 땅에서 유대인은 다시 떠나야만 했습니다.

# 유대인의 바빌론 유수

바빌론 유수는 1, 2, 3차BC 597,586,582에 걸쳐 시행되며 4만 5천여 명 이상의 유대인이 끌려갔습니다. 그 와중에 항거하던 유다의 마지막 왕 시드기야는 유다가 멸망된 2차 바빌론 유수 시 체포되어 두 아들의 처형 장면을 눈앞에서 목도하고 바로 눈이 뽑힌 채 바빌론으로 끌려가 옥사하였습니다.

바빌론에서 유대인은 노예 생활을 하며 주로 지구라트라 불리는 신전 건축 공사에 동원되었습니다. 그곳의 위치는 오늘날 이라크의 수도 바그다드와 가까운 남부 지역입니다. 당시 노예 생활도 힘들고 고달팠겠지만 야훼 하나님을 유일신으로 섬기는 그들이기에 이방인의 신전 공사는 참기 힘든 모욕적인 일이었을 것입니다. 그렇게 그들은 60여 년간 언제 돌아갈지 모르는 기약 없는 노예 생활을 이어갔습니다.

참으로 고통스러운 시기였지만 긍정의 꽃도 피었습니다. 가장 큰 꽃은 유대인의 결집입니다. 이상하게도 인간은 등 따스하고 배부를 때엔 단결력과 결속력이 생기기 힘들지만 어려울 때는 똘똘 뭉치는 강한 힘이 나옵니다. 오늘날 전 세계 유대인이 갖고 있는 강한 힘, 유대인의 근간인 시오니즘Zionism의 뿌리가 바로 이때 생깁니다. 2천5백년 전 60여 년간 겪은 이러한 고통으로 인해 그들 몸속엔 시오니즘이라는 DNA가 생기고 대대로 상속된 것입니다. 12개 지파로 흩어져 있던 유대인이 단일한 정체성을 갖게 되었습니다. 유대인 공동체의 시작입니다. 물론 그들의 시련은 그 이후에도 역사 속 이곳저곳에 반복되어 그 힘은 점점 더 강화됩니다.

두 번째는 문명화이고 시스템화입니다. 바빌론이라는 문명국을 경험하며 그들도 어떻게 살아야 되는지를 깨닫고 배운 것입니다. 이곳에서 이들은 그간 휘뚜루마뚜루 살아왔던 과거 양치기 생활이나 종

바빌론의 공중정원 상상도. 뒤로 바벨탑이 보임

교 제례를 벗어나 유대교의 체계와 생활양식을 만들고, 경전도 집대성하는 등 선진적인 발전을 이룹니다. 그들이 포로 생활을 하던 바빌론은 구약의 선지자들 조차 황금의 도시, 가장 아름다운 도시라고 묘사할 정도로 부강한 문명과 과학을 갖춘 도시였습니다. 인간의 허망한 욕망의 산물이지만 바벨탑을 건축했고, 네부카드네자르왕이 고국의 산천초목을 그리워하는 왕비를 위해 세계 7대 불가사의에 포함된 사막의 공중정원을 조성할 정도로 발전된 도시였으니까요.

## 키루스와 유대인의 해방

드디어 그들이 해방됩니다. 놀랍게도 구원자는 출애굽 했던 모세 때와 같은 유대인이 아니라 이방인이었습니다. 역사 속에서 오리엔트의 새로운 맹주인 페르시아가 일어나 BC 539년 신바빌로니아를 멸망시킨 것입니다. 정복자는 키루스 대왕이라 불리는 자입니다. 성경에서는 페르시아는 바사, 키루스는 고레스로 명기되어 있습니다. 그런데 이때 기적과 같은 이상한 일이 발생되었습니다. 그가 정복하자마자 유대인들을 해방시켜 준 것입니다. 노예는 주인이 바뀌어도 노예인 것이 당연한데, 그래서 누가 와도 반가울 일이 없는데 바뀐 새주인이 난데없이 노비문서를 다 소각해줄 테니 이제 그만 집으로 가라고 한 것입니다.

저는 이 사건이 너무 신기합니다. 저보고 세계 역사에서 가장 이해 못 할 사건을 꼽으라면 전 이 일을 꼽습니다. 왜냐하면 아무리 선한 강대국이라도 약소국보다 더한 손해를 감수한 경우는 역사상 단 한 건도 없다고 저는 단정하니까요. 더구나 기계나 장비가 열악했던 고대 사회에선 사람이 최고의 노동력이고 전시엔 전투력으로도 동원되는데 페르시아의 키루스는 그것을 그냥 다 포기하고 쿨하게 유대인을 고국으로 돌아가라고 한 것입니다. 유대인 입장에선 "야훼 하나님 만세"를, 아니 "키루스 대왕 만세"를 외쳤을 것입니다. 그도 그런 것이 그 일로 인해 그는 이방인 중에 유일하게 유대인이 기름 부은 자, 메시아로 칭송한 자가 되었으니까요.

기독교나 유대교에 경도된 혹자는 키루스 대왕이 페르시아의 바빌

론 정복을 예언한 70여 년 전 유대 선지자의 식견에 놀라 풀어주었다는 설도 제기하는데 그것은 아니라고 생각합니다. 상식적으로 그 예언이 그 이방

유대인의 바빌론 유수를 끝낸 페르시아의 키루스(재위 기원전 550~529)

인 왕에게 그렇게 엄청나게 들릴 만한 일도 아니었지만 당시 키루스가 풀어준 민족은 유대 민족뿐만이 아니었으니까요. 그는 그 자체로 노예해방론자이고 훌륭한 사해동포주의자였습니다.

이렇게 키루스의 예상치 못한 은전으로 유대인은 60여 년간의 바빌론 유수를 졸업BC538하고 다시 시온 언덕이 있는 그리운 본향 가나안으로 돌아가게 되었습니다. 그리고 이제는 체계화된 율법으로 하나님 뜻에 어긋나는 나쁜 짓 안 하고 행복하게 잘 살았다는 해피엔딩으로 바빌론 유수는 막을 내립니다. 반면에 2천여 년 후 일어난 아비뇽 유수에선 프랑스의 아비뇽 교황청에서 7명의 교황이 70여 년간 복무하고 로마로 돌아간 후에도 계속해서 분란이 일어나 서방교회의 대분열이 일어났습니다.

바빌론 유수는 역사적으로도 그렇지만 성서적으론 더 비중 있게 다루는 사건으로 보입니다. 구약 성서의 여러 편에서 얘기되기도 하지만 후대에 쓰인 신약 성서의 첫 장부터 등장하기에도 그렇습니다. 첫 편인 마태복음을 펼치면 믿음의 조상 아브라함이 이삭을 낳고, 이삭은 누구를 낳고, 누구는…. 낳고, 계속 낳고…. 이렇게 예수 그리스도의 족보가 선대로부터 주욱 대대로 나열되는데 특징적인 것이 중간 중간 14대씩 끊어서 설명을 합니다. 아브라함에서 다윗까지 14

대, 다윗에서 바빌론 유수까지 14대, 그리고 마지막으로 바빌론 유수에서 예수 그리스도까지를 14대로 끊고 있습니다. 총 42대까지 한 호흡으로 하기에는 숨이 벅차 저자인 마태오가 이렇게 끊은 것인지는 모르겠으나 그만큼 바빌론 유수는 종교 역사적으로 의미 있게 다루는 것 같습니다.

그리고 신약 성서의 마지막 편인 요한계시록에도 바빌론은 언급이 됩니다. 네거티브의 상징적인 장소로 그곳은 마치 소돔과 고모라 이상으로 나쁘게 묘사되어 있습니다. 타락, 증오, 악덕, 음행의 도시라는 것입니다. 유대인에게 긴 세월 동안 고통을 준 도시이고 국가이니 그것은 당연하다 하겠습니다. 우리가 일본을 그렇게 대하듯 말입니

바빌론 유수 시 포로로 잡혀가는 유대인들 | 제임스 티소 | 1896년경

다. 그런 면에서 계시록의 저자 요한은 그 시점 바빌론 유수가 600여 년 전의 조상들이 겪었던 일이었음에도 그 역사적 분노를 그대로 가지고 쓴 듯합니다.

## 유대인의 디아스포라

바빌론 유수엔 유대인의 역사 중 중요한 한 가지가 더 포함되어 있습니다. 디아스포라Diaspora입니다. 바빌론에 잡혀간 히브리 노예들은 그곳에서 자나 깨나 시온의 언덕으로 돌아갈 날만을 학수고대하였습니다. 결국 하나님이 보우하사, 아니 키루스왕이 보우하사 그들은 고국으로 돌아갈 수 있었습니다. 그런데 그때 이런저런 이유로 돌아가지 못하거나 아니 간 유대인들이 있었습니다. 그리고 그 이전 바빌론 유수가 시행될 때 그 화를 피해 페니키아나 이집트 등으로 도피한 유대인들도 많았습니다. 이렇게 바빌론 유수 전후 유대인들이 고국을 떠나 돌아오지 못하고 뿔뿔이 흩어져 있는 것을 가리켜 디아스포라라고 합니다. 바빌론 유수는 그것의 시작으로 1차 디아스포라라 부릅니다.

이후에도 디아스포라를 촉발하는 몇 건의 비극적인 사건들이 유대 민족에게 또 일어납니다. 서기 60년대 유다 왕국은 로마의 식민지에

〈Rivers of Babylon〉

서 벗어나기 위해 가열찬 독립전쟁을 벌이는데 이때 예루살렘은 또 한 번 초토화됩니다. 결국 서기 70년 마사다 요새라 불리는 곳에 남겨진 최후 1천여 명의 유대인은 전세가 로마로 완전히 기울자 역사상 가장 드라마틱한 죽음으로 전멸을 당합니다.

유대교 율법상 자살을 할 수 없어 타살 형태로 죽기 위해 동족인 자국민을 찌르며 모두 전사한 것입니다. 전멸을 당한 것이 아닌 스스로 전멸식을 거행한 것입니다. 마지막 남겨진 한 사람은 어쩔 수 없이 자살을 했거나, 아니면 그 바로 전 2인이 남았을 때 서로 동시에 찔렀을 것입니다. 이 시대에도 화를 피해 도피한 많은 유대인들이 있었는데 이것을 가리켜 2차 디아스포라라 부릅니다. 가장 최근엔 2차 세계대전 때 독일 나치의 압박을 피해 전 세계 이곳저곳으로 도피한 많은 유대인들이 있었습니다.

바빌론 유수는 베르디 이후 현대에 들어와 또 한 명의 음악가에 의해 전 세계에 알려집니다. 아, 멤버가 그룹이니 한 명은 아니네요. 1978

TAKEOUT 5

년 독일의 그룹 보니엠이 발표한 〈Rivers of Babylon〉이 바로 그 곡입니다. 우리나라는 물론 세계적으로 크게 히트 친 이 곡은 흥겨운 레게 풍이지만 가사는 베르디의 오페라 나부코에 등장하는 히브리 노예들의 합창과 같은 슬픈 노랫말입니다. 제목에 등장하는 바빌론의 강은 유프라테스강을 가리킵니다. 그곳에 앉아 유대 히브리 노예들이 시온을 그리며 이 노래를 부르는 것인데 가사는 구약의 시편 137편을 그대로 옮겨와 노래에 담았습니다. 그러고 보니 우리 세대에선 바빌론 유수를 역사책보다, 그리고 베르디보다도 더 널리 알린 추억의 보니엠입니다.

## 알자스에서의 마지막 수업

7월 중순입니다. 이맘때면 학교에선 학기 마지막 수업이 한창일 것입니다. 우린 마지막 수업하면 교과서에 나왔던 알퐁스 도데의 단편을 떠올리곤 합니다. 이 글은 그《마지막 수업》과, 보불전쟁과, 알자스와 로렌과, 프랑스와 독일에 관한 역사 이야기입니다. 와인은 보너스로 등장합니다.

## 입으로 마시는 와인과 머리로 마시는 와인

썩 좋아하지 않음에도 받으면 기분 좋은 선물이 있습니다. 제겐 와인이 그렇습니다. 전반적으로 술에 대한 선호도가 약한 저임에도 와인은 다른 주종과는 달리 다른 용도로도 저를 끌어당겨서 그렇습니다. 모든 술은 입으로 마시지만 와인은 다른 부위로도 마시는 술이라고도 하는데 제겐 입보다 그 부위에서 느끼는 충족감이 더 커서 그런 것입니다. 바로 머리입니다. 이런 정의는 와인 애호가라면 누구라도 내릴 법하지만 저는 아이와 어른이 함께 본다는 스테디셀러 만화 《먼나라 이웃나라》의 저자인 이원복 작가가 역시 또 만화로 쉽게 그린 와인 입문서 《와인의 세계, 세계의 와인》을 처음 접했을 때 그가 책에서 내린 이 정의를 보고 "아, 내 얘기를 하고 있구나"라고 크게 공감한 적이 있습니다. 그는 놀랍게도 덕성여대 총장까지 지낸 시각디자인과 교수 출신으로 일반인들에겐 만화가로 더 알려진 르네상스인입니다.

그의 일침은 "제발 그러지 말라"는 것입니다. 우리나라 사람들 중엔 와인을 그렇게 머리로 마시는 사람들이 많다면서 말입니다. 좋은 와인이라는 것은 사람마다 그냥 입으로 정직하게 느껴서 본인이 좋으면 되는 것인데 와인의 출신과 배경을 비롯한 외부 요소를 머리로 이해하고 평가한다는 것입니다. 그 머리가 느끼는 맛엔 그 와인의 가격도 상당히 작용할 것입니다. 하지만 저는 꼭 그렇게 생각하지는 않습니다. 몸에 술이 덜 맞아 입으로 느끼는 데엔 한계가 있으니 대신 머리로라도 기쁨을 느낄 수 있다면 그것은 다행스러운 일이 아닌가라는 생각이 들어서입니다. 그런 면에서 머리로도 마시고 공부도 하게 하는 와인은 참으로 좋은 술인 것 같습니다.

얼마 전 가까운 친구들 모임에 나갔는데 뜻하지 않게 와인을 한 병 선물 받았습니다. 친구들 간에 흔한 일은 아닌데 그가 과거 해외 출장 시 그곳에서 마셔본 와인으로 맛이 꽤나 훌륭하다고 생각했는데

국내 어떤 와인숍에 갔더니 수입된 그 와인이 보여 반가움에 다량으로 구입했다는 것입니다. 물론 개인인 그 친구 기준에서의 양입니다. 일단 그런 구매 패턴을 보이는 것만으로도 그는 입으로 와인을 마시는 정통 애호가임에 틀림이 없습니다. 그리고 그런 선물 패턴을 보이는 것만으로도 훌륭한 친구임에도 틀림이 없습니다.

구스타브 로렌츠 게뷔르츠트라미너 리저브 2019, 리슬링 화이트, 알자스

그가 준 와인은 날씬하게 빠진 병에 노란 레이블을 가진 화이트 와인이었는데 와인을 머리로 마시는 부류에 가까운 저는 집에 돌아와서 그것을 이리저리 뜯어보았습니다. 뒤의 레이블에 독일어로 쓰여 있는 것을 봐서는 독일 와인인가 보다 하고 넘어갔는데 앞 레이블에 쓰인 브랜드를 자세히 보니 제가 아는 지명이 보였습니다. 알자스였습니다. 그 순간 저는 알자스면 로렌과 함께 붙어 다니는 프랑스의 지명인데 "왠 독일 말?"이란 생각이 퍼뜩 들었습니다. 그리고 학창 시절 국어 교과서에 실린 알퐁스 도데의 단편 소설인《마지막 수업》이 자연스레 떠올랐습니다. 그 수업은 알자스에 사는 주인공 소년이 프랑스어로 받는 마지막 수업이었습니다. 소설에서 선생님은 칠판에 "프랑스 만세"를 프랑스어로 쓰고 그 수업을 마쳤습니다.

## 마지막 수업과 보불전쟁

알퐁스 도데는《마지막 수업》을 1871년에 썼습니다. 1870년 프랑스와 독일 간에 벌인 보불전쟁이 독일의 승리로 끝나가는 때였습니다. 2년에 걸친 전쟁으로 보이지만 실제 전쟁은 7월인 여름에 시작해 겨울인 이듬해 1월에 끝났으므로 6개월 정도의 전쟁이었습니다. 그 전쟁에서 조국이 그렇게 패하는 것을 안타까워하는 프랑스의 작가가《마지막 수업》의 스토리를 그렇게 구성한 것입니다. 언어로 승부하는 작가이기에 그의 조국의 언어가 학교에서 더 이상 사용되지 못하는 것을 안타깝고 한스럽게 생각하며 마치 소설 속 선생님이 된 듯한 심경으로 썼을 것입니다. 그 단편이 저를 비롯한 우리나라 국민들에게 보다 더 인상적으로 다가오는 것은 우리도 과거 일제강점기 시절 언어를 잃는 똑같은 아픔을 겪었기에 그럴 것입니다. 당시 조선어 말살정책으로 학교에서 일본어로 교육을 실시하고 창씨개명을 통해 이름도 일본어로 바꾸어야 했으니까요. 시대적 동병상련이 발동해서 우리 머리에 더 강하게 남아있는 그의 소설입니다.

그런데 당시 그들 프랑스인들 전체가 우리처럼 한글인 조선어를 사용하지 못한 것은 아닙니다. 프랑스 영토 중 알자스와 로렌 지역의 주민만이 프랑스어를 더 이상 못 쓰게 된 것입니다. 보불전쟁의 결과

우리에게 《마지막 수업》, 《별》로 잘 알려진 프랑스의 작가 알퐁스 도데(1840~1897)

로 프랑스 전체가 조선(대한제국)처럼 식민지가 된 것은 아니었으니까요. 그 전쟁의 패배로 프랑스는 알자스와 로렌 이 두 지역을 독일에 넘겨야 했습니다. 전후처리를 위한 배상 협상에서 그렇게 결정이 되었습니다.

보불전쟁이 독일 역사에 있어서 의미 있는 것은 이렇게 영토도 늘렸지만 독일 통일의 꿈을 이루었다는 것입니다. 과거 독일의 뿌리인 신성 로마 제국 개국 이후 중부 유럽에서 부침을 거듭했던 독일이 드디어 제대로 된 통일 제국을 건설하게 된 것입니다. 그들은 신성 로마 제국의 부흥기를 제1제국이라 부르고, 이 시기의 통일 제국을 제2제국이라 불렀습니다. 그리고 한 번 더, 2차 세계대전 시 등장한 히틀러는 발흥하는 나치 독일을 가리켜 제3제국이라 불렀습니다.

전승국 독일의 군주인 빌헬름 1세는 적지인 프랑스의 베르사유 궁전에서 황제로 즉위하는 대관식을 열고 독일 제국을 선포하였습니다. 자국의 심장인 수도에서 적국의 왕이 황제 대관식을 열다니⋯. 아마도 프랑스인들은 커다란 굴욕감을 느꼈을 것입니다. 그전까지 그는 1701년 신성 로마 제국의 울타리에서 벗어나 단독 국가를 수립한 프로이센의 군주였습니다. 그의 곁에 철혈재상이라 불린 비스마르크라는 민족의 영웅이 있어서 게르만인들의 숙원인 독일의 통

베르사유 궁전에서 거행된 빌헬름 황제의 대관식 겸 독일 제국 선포식(1871. 1. 18.).
중앙 흰색 제복이 비스마르크 수상 | 안톤 폰 베르너 | 1885

일은 가능했습니다.

## 알자스와 로렌의 원주인 독일

그런데 독일은 왜 알자스와 로렌 이 두 지역을 콕 집어 자국의 영토
로 편입시켰을까요? 여기엔 다소 의외의 이유가 숨겨져 있습니다.
그 땅의 주인이 본래 프랑스가 아닌 독일이라는 사실이기 때문입니

다. 역사적으로 알자스와 로렌 지역은 프랑스의 뿌리인 프랑크 왕국이 동서로 분열되며 동프랑크 지역에 속하면서 독일 역사권에 편입되었습니다. 이렇게 결정된 870년의 메르센 조약을 통상 독일 역사의 시작으로 봅니다. 동프랑크는 이후 독일 왕국911-962을 거쳐 오토 1세가 신성 로마 제국962-1806의 황제로 즉위하며 영토를 중부 유럽 전체로 확장하게 됩니다. 이때 그 제국의 선제후였던 신성 로마 제국의 황제는 독일 왕국의 왕을 겸직하였습니다. 이 제국에서 1701년 위의 보불전쟁의 전승국이 된 프로이센이 독립해서 나간 것입니다.

프로이센Preußen / Preussen은 프러시아Prussia로 불리기도 하는데 이는 프로이센의 영어명입니다. 프로이센의 한자 음차어는 보로서普魯西, 또는 보로사普魯斯입니다. 독일의 프로축구 리그인 분데스리가엔 우리의 손흥민 선수가 양봉업자로 불리며 유독 강한 면모를 보이는 명문팀 도르트문트가 있습니다. 그 팀의 풀네임은 보루시아 도르트문트입니다. 그 리그엔 묀헨글라트바흐를 연고로 하는 보루시아 MG라는 팀도 있습니다. 이 보루시아Borussia는 프로이센의 라틴어명입니다. 프로이센을 한자어로 음차 시 이 라틴어를 따라서 불란서라 불린 프랑스와의 전쟁을 보불전쟁普佛戰爭이라 우리가 부르고 있는 것입니다.

결과적으로 굳이 그렇게 한자로 음차하지 않고 원어로 불렀으면 더 분명했을 수많은 서양사의 사건들은 그렇게 한자어로 바뀌어 오늘날 우리를 더 혼란스럽게 하고 있습니다. 범인은 서양사를 먼저 받아들인 일본 아니면 중국일 것입니다. 영어로 통일해 프랑스 – 프로이센 전쟁 Franco-Prussian War 하면 알기도 쉽고 간단한데 말입니다. 독일에선 독어로 나라 순서를 반대로 하겠지요. 우리가 부르는 보불전쟁처럼 말입니다. 그래서 독일이나 프랑스에 가서 보불전쟁이라고 하면 그 국민들은 전쟁의 당사자임에도 아무도 알아듣지 못할 것입니다. 보불전쟁의 '보'가 당최 궁금해서 찾아서 정리한 내용입니다.

## 승자의 땅으로 바뀌는 알자스와 로렌

다시 본론으로 돌아와서, 그런데 16세기 후반 프랑스는 신성로마제국의 로렌 지역을 프랑스의 주교령으로 편입시키더니, 1648년엔 30년 전쟁의 승리로 알자스 일부 지역까지 획득하였습니다. 그리고 1697년 프랑스의 루이 14세가 알자스 지역을 완전히 병합하더니, 주교령이었던 로렌 지역도 1766년 모두 프랑스 영토로 귀속시켰습니다. 즉, 독일 문화권이었던 두 지역이 프랑스로 완전히 편입된 것입니다. 이 지역을 탐을 냈던 프랑스가 그렇게 야금야금 동진을 해 국경선을 라인강까지 확장한 것입니다. 그런데 그들이 그렇게 탐을 내는 데엔 분명한 이유가 있었을 것입니다.

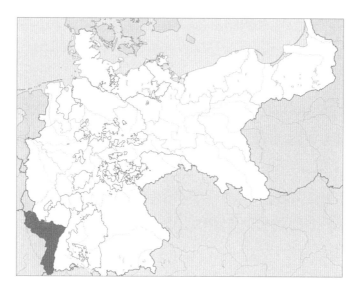

독일 2제국 시절의 알자스-로렌(독일어로는 엘자스-로트링겐) 지역. 프랑스와 독일의 접경으로 역사적으로 주인이 계속해서 바뀌었다.

알자스는 예로부터 와인과 농산물, 그리고 풍부한 산림으로 유명했습니다. 그리고 알자스와 그 곁에 붙어있는 로렌 통합 지역은 광물로는 프랑스 영토로 보면 프랑스 철광석의 90프로가 매장되어 있는 곳입니다. 그런데 이 지역을 독일 영토로 계산하면 독일 전체 철광석의 35프로가 매장된 주요 광물자원 지역이 됩니다. 라인강을 사이에 두고 독일의 루르와 자르 공업 단지와 소위 콤비나트라 불리는 종합 공업단지가 되는 곳이 바로 이 지역입니다.

과거엔 땅 위의 농산물과 임산물로 가치 있는 지역이라면, 산업혁명 이후엔 지하자원으로 인해 공업용 가치까지 올라가 국가 산업에 매우 중요한 지역이 된 것입니다. 그래서 프랑스는 알자스와 로렌을 탐을 내어 약 200년에 걸쳐 그들의 영토로 복속시킨 것입니다. 즉, 독일의 입장에서 보면 보불전쟁 당시 역사적으로 600년 넘게 자국 영토였던 알자스와 로렌을 프랑스가 침략해 뺏은 것입니다. 그래서 독일은 그 전쟁의 승리로 빼앗겼던 그 땅을 다시 탈환하여 통일의 대업을 이룬 것입니다. 알퐁스 도데의 《마지막 수업》이 다소 무색해지는 순간입니다.

하지만 20세기 초 발발한 1차 세계대전에서 패전국이 된 독일은 승전국인 프랑스에 꼼짝마라가 되어 다시 이 지역을 프랑스에 넘기게 됩니다. 프랑스의 입장에서도 그만큼 양보할 수 없는 지역이라 그곳에 사는 주민들의 의견은 무시된 채 알자스와 로렌은 다시 또 프랑스 땅이 되었습니다. 그리고 1940년 5월, 2차 세계대전을 일으킨 독일은 서부 전선을 넘어 프랑스를 침공합니다. 아무도 예상하지 못한 이 지역 위쪽인 아르덴 고원을 기습적으로 주파하여 단숨에 수도인 파리를 점령했습니다. 프랑스는 알자스와 로렌을 더 이상 잃지 않기 위해 그곳에 마지노선이라는 철벽 군사 라인까지 구축해 놓았는데 독일은 그곳을 유유히 피해가 프랑스를 항복시킨 것입니다. 보불전쟁은 항복까지 6개월이 걸렸지만 이번엔 불과 6주밖에 걸리지 않았습니다.

그리고 1943년 독일의 히틀러는 다시 또 다시 알자스와 로렌을 전쟁 중에 공식적으로 자국의 영토로 합병하였습니다. 남쪽 이탈리아의 무솔리니가 개전 시 승리로 오늘날 크로아티아 지역인 옛 로마 제국의 땅 달마티아를 자국의 영토로 편입시킨 것과 같은 실지를 회복한 것입니다. 하지만 독일의 패배로 대전이 끝난 후 알자스와 로렌은 다시 또 다시 또 프랑스의 영토로 들어가 오늘에 이르고 있습니다. 참으로 기구한 알자스와 로렌의 운명입니다.

역사적으로 이보다 더 자주 나라가 바뀐 지역이 있을까요? 우리 6.25 전쟁 때 주민들이 낮엔 마을에 들어온 국군의 편에 서고, 밤엔 산에서 내려온 인민군과 빨치산의 편에 서며 이러지도 저러지도 못했던 흑역사가 생각나게 하는 그곳입니다. 실제로 두 번의 대전 중에 알자스와 로렌의 주민들은 부역과 징집과 관련하여 그런 고초를 겪었습니다. 참으로 비극적인 일입니다. 프랑스 입장에선 자국의 동쪽 국경선이 라인강까지 가는 것이 여러모로 유용하고 유리하다는 판단이 서서 그곳을 결사적으로 사수하고 있을 것입니다. 라인강이 독일과의 자연스러운 국경의 역할도 하지만 풍부한 농업용수와 공업용수를 제공해 주니까요.

라인강을 끼고 있는 알자스 와인 가도

## 프랑스 안의 독일 알자스

다시 와인으로 옵니다. 그래서 제가 친구로부터 받은 와인에 독일어 지명이 쓰여 있는 것입니다. 프랑스임에도 그곳은 여전히 옛날부터 사용했던 독일어가 통용되기도 하니까요. 라인강의 지류인 모젤강 동쪽 독일엔 모젤 와인이 유명한 것처럼 라인강 서쪽인 이곳 프랑스 엔 알자스 와인이 유명한 것입니다. 라인강의 풍부한 수원이 포도가 익어가는 데에 최적의 환경을 제공해주고 있기에 가능할 것입니다. 그래서인가 알자스엔 와인뿐만이 아닌 맥주도 매우 유명합니다. 바 로 프랑스에서 40프로의 마켓 셰어로 넘버 1 맥주인 크로넨버그가 바로 이 지역에 위치한 스트라스부르의 맥주입니다. 와인에 좋은 물은 맥주에도 좋을 것입니다.

과거 우리나라의 축구 국가대표 서정원 선수가 활약했던 스트라스부르Strasbourg는 독일어로는 스트라스부르크Straßburg인데 이는 함부르크나 아우크스부르크와 같은 독일의 도시들과 같은 어원을 가지고 있습니다. 길이 있는 도시라는 뜻으로 프랑스 7대 도시일 정도로 큰 스트라스부르는 교통의 요지라는 의미를 도시명에 담고 있습니다. 마찬가지로 우리나라에도 수입되는 파란 병의 크로넨버그Kronenbourg 맥주도 이름에서 보듯이 스트라스부르처럼 맥주 강국인 독일을 담고 있습니다. 그 병 레이블에 박혀있는 1664 숫자는 그 맥주 양조장의 설립년도이니 꽤나 오래된 맥주입니다. 당시는 알자스가 프랑스에 완전히 병합되기 전의 독일 전신인 신성 로마 제국 시절이었습니다. 이런 사실들이 과거 알자스와 로렌이 독일 지역이었다는 것을 더욱 입증하고 있다 하겠습니다.

알자스의 스트라스부르에 본사가 위치한
프랑스 1위 맥주 크로넨버그

지금 스트라스부르의 초등학교에선 프랑스어와 독일어를 모두 가르치고 있다고 합니다. 더 이상 언어 문제로 소설《마지막 수업》같은 마지막 수업이 생기지 않게 하기 위한 조치일지 모릅니다. 그리고 두 나라는 물론 유럽 전체의 평화를 위해 분쟁의 상징이 된 알자스의 이 도시엔 유럽연합EU의 입법기관인 유럽의회의 본부가 1992년부터 들어서 있습니다. 프랑스 정부가 강력히 추진해서 스트라스부르로 유치한 것입니다. 알자스와 로렌이 더 이상 변동될 수 없는 자국의 항구적인 영토임을 표방한 것으로도 보입니다. 그래도 언젠가 독일과 프랑스가 또 전쟁을 하게 된다면…. 글쎄요. 아예 그런 상상조차 하지 말아야겠지요.

## Peace... 우크라이나!

제가 관여하는 인문학교실에서 우크라이나의 평화를 기원하는 작은 콘서트가 열렸습니다. 그리고 그 음악의 감동으로 이렇게 글까지 씁니다. 사실 우크라이나는 과거 우리에게 그렇게 잘 알려진 국가는 아니었습니다. 오히려 키이우로 정정된 키예프가 역사에선 그나마 더 많이 등장했습니다. 우크라이나의 항구적인 평화를 기원합니다.

# 유럽의 빵 우크라이나

세계 역사상 요즘처럼 우크라이나의 이름이 오르내리고 화제의 중심이 되었던 적은 없었을 것입니다. 침략국이 세계에서 가장 넓은 영토를 보유한 공산주의의 원조 러시아인데 국력이 그와 비교가 되지 않는 우크라이나가 예상과 달리 선전을 벌이며 전쟁을 장기전으로 끌고 가고 있기 때문일 것입니다. 사실 과거 우리는 우크라이나를 그렇게 잘 알지는 못했습니다. 우리 역사책에서 그렇게 비중 있게 다루지 않았던 국가였으니까요. 그들을 침공한 러시아는 차르로 대변되는 제정 로마노프 왕조와 레닌의 볼셰비키 공산혁명 등의 역사적 사실로, 그리고 톨스토이와 차이코프스키 등의 문학과 음악의 예술적 자산으로 많이 알려졌지만 우크라이나는 그렇지 못한 것입니다. 오히려 우크라이나란 국가보다는 요즘 키이우로 이름을 정정한 키예프란 도시가 더 귀에 들리곤 했습니다. 마치 접경 국가인 벨라루스의 민스크란 도시처럼 말입니다.

지금까지 살아오는 동안 저에게 우크라이나에 관한 몇 가지 단상들이 있습니다. 제 기억 속 최초의 우크라이나는 중학교 인문지리 교과서에 등장했던 비옥한 흑토지대였습니다. 미국의 프레리, 아르헨티나의 팜파스와 함께 시험에 잘 나왔던 세계 3대 곡창지대라는 필수

비옥한 우크라이나의 평원

암기 사항에 그곳이 들어갔기 때문입니다. 지금 러시아와의 전쟁으로 인해 세계 곡물시장을 불안정하게 만든 그 우크라이나의 평원입니다. 그래서 우크라이나는 요즘 그런 경제뉴스가 나올 때마다 '유럽의 빵'으로 지칭되곤 합니다.

당시 우크라이나는 1922년 러시아의 레닌이 주창해서 결성된 소비에트 연합이라 불리는 소련의 한 공화국이었습니다. 2차 세계대전을 비롯하여 미국과의 우주전쟁 등 냉전을 오랫동안 펼쳤던 그 소련은 고르바초프가 대통령이 된 후 펼친 개혁과 개방 정책으로 1991년 해체되어 오늘에 이르고 있습니다. 슬라브계 국가인 러시아, 우크라이나, 벨라루스를 비롯한 발트해 3국, 그리고 코카서스 3국과 중앙

아시아의 탄 브라더스 등 15개 공화국이 소비에트 연합체에서 탈퇴해 독립국가가 된 것입니다. 러시아는 어차피 소련의 종주국이었으니 구체제인 소련과 달라진 것이 거의 없습니다. 엄밀히 얘기하면 소련의 해체는 러시아를 제외한 14개 국가들이 러시아로부터의 독립이라 표현해도 무방할 것입니다. 소련의 위성국이었던 동독은 이보다 1년 전인 1990년 서독에 흡수 통일되었습니다.

이렇게 소련이 해체되고 올림픽 등의 국제 스포츠 대회에서 우크라이나란 국가명이 들리기 시작했습니다. 특히 장대높이뛰기 세계 챔피언인 부부카의 앞뒤에는 그의 국가 우크라이나가 항상 따라다녔습니다. 우크라이나의 스포츠 영웅이었던 그는 당시 적수가 없어 인간새라 불리었습니다. 그런데 연합체인 소련 시절에도 당시 인기를 끌었던 미스 유니버스를 비롯한 세계 미인대회에선 우크라이나란 이름으로 그 나라의 여인들이 참가했던 것으로 저는 기억합니다. "미스 우크라이나!" 이런 호칭으로 말입니다. "미스 소비에트연합!"이라 들린 기억이 없다는 것입니다. 물론 다른 소련인 러시아, 벨라루스, 조지아, 아르메니아, 아제르바이잔 등의 미녀도 그렇게 개별 국가명을 띠에 두르고 TV에 나왔던 것으로 기억됩니다.

미인이 많은 나라로 알려져서인가 한때 우리나라에선 우크라이나를 기억되게 하는 우스개 소리도 유행했었습니다. 우크라이나에 가면 김태희가 밭을 갈고, 한예슬이 물을 긷는다고 말입니다. 제 기억 속 우크라이나의 단상엔 그런 미인과 결혼하러 우크라이나로 입국하던 어떤 남자도 떠오릅니다. 비행기에서 제 곁에 앉았던 대한의 남자입니다. 1995년 문민정부 시 세계화 교육의 일환으로 각 기업에서 직원들을 선발하여 배낭여행을 보내주었는데 그때 전 중부 유럽의 관문인 독일 프랑크푸르트로 입국하는 여행 일정을 짰었습니다. 당시 항공료를 아끼기 위해 국적기가 아닌 루프트한자 비행기를 탔었는데 옆자리에 저와 같은 배낭객과는 달리 말쑥하게 양복을 차려입은 저보다 젊은 남자가 앉은 것이었습니다. 아, 물론 저도 그땐 젊었습니다. 그의 이야기인즉슨 그는 우크라이나의 신부와 국제결혼을 위해 프랑크푸르트에서 키이우행 비행기를 갈아탄다는 것이었습니다. 당시 그는 비행기를 처음 타보는 데다가 저보다 영어가 더 서툴러 제가 불안한 마음에 이런저런 조언을 해주었던 생각이 납니다. 우크라이나로 간 그 총각은 지금 어떻게 되었는지 모르겠네요.

## 고난의 우크라이나 역사

우크라이나 역사엔 그 나라의 역사를 바꾼 몇 번의 역사적 순간이 있었습니다. 첫 번째는 8, 9세기에 걸쳐 북부 스칸디나비아에서 루스

키이우 공국의 전성시대를 이끈 블라디미르 대공의 세례식 | 빅토르 바스네초프 | 1890

인이라 불리는 자들이 내려와 동슬라브족이 살고 있던 오늘날 키이우에 정착해 루스 카간국이라는 국가를 세운 것입니다. 이들은 흔히 바이킹이라 불리는 자들이고 역사는 이 루스라는 어원에서 러시아가 나왔다고 봅니다. 이들이 오늘날 러시아, 우크라이나, 그리고 벨라루스의 조상이 되는 사람들입니다. 하지만 이 3국은 어느 누구도 이것을 정설로 받아들이지 않습니다. 침략자인 바이킹의 후손임이 싫은 것입니다. 이들은 슬라브족을 그들의 기원으로 꼽고 있습니다. 이후 루스 중 블라디미르 대공(1세)이라 불리는 걸출한 영웅이 그 지역을 통일하여 980년 정상 국가로서의 키이우 공국을 출범시킵니다. 그는 기독교인 정교회와 비잔틴 문화를 받아들여 키이우 공국을 유럽의 문명사회로 편입시켰습니다. 그리고 그의 후예들이 슬라브족의 넓은 땅에서 키이우 공국의 전성시대를 열어 갔습니다.

두 번째 역사적 순간은 13세기 몽골의 침입이라 할 것입니다. 3차례 몽골의 침략으로 1237년 키이우 공국은 멸망했습니다. 그들은 뿔뿔이 흩어져 러시아와 벨라루스 등의 국가가 되었습니다. 마찬가지로 우크라이나도 시간이 흐르며 독자적인 민족의 정체성이 확립되었습니다. 그들 중 17세기경 코사크라 불리는 용맹스러운 농경 군사공동체는 우크라이나의 주류 집단이 됩니다. 코사크는 자유로운 사람이란 뜻입니다.

몽골의 침입은 그때까지만 해도 별 볼 일 없었던 모스크바가 커지는 계기가 됩니다. 오늘날 러시아의 중심이 키이우에서 북쪽 모스크바로 이동하게 된 것입니다. 러시아가 우크라이나를 침공하면서 키이우를 비롯한 그곳이 본래 러시아 땅이니 정당한 공격이라 주장하는 이유입니다. 러시아 편에 붙은 벨라루스도 마찬가지 입장이겠지요. 슬라브 3국이 모두 같은 키이우 공국에서 시작되었으니까요. 아무튼 이렇게 몽골로 인해 키이우는 역사에서 주도권을 상실하게 되었습니다.

우크라이나의 주류 집단인 코사크를 표현한 〈자포로자 코사크의 답신〉 | 일리야 레핀 | 1880–1891

우크라이나는 이후 러시아, 폴란드, 리투아니아 등에 치이며 고난의 역사를 이어가게 됩니다. 결정적으로 소련의 스탈린 시대에 우크라이나의 고통은 극에 달합니다. 또 한 번 우크라이나의 역사를 바꾼 순간이었습니다. 비옥한 흑토지대인 그곳을 스탈린이 그냥 놔둘 리가 없었습니다. 저항성이 강한 코사크의 후예 우크라이나의 민족의식을 억누르기 위해 그는 인위적인 기아 정책을 실시합니다. 우크라이나인들이 먹어야 할 식량을 공출이란 미명하에 빼앗아 그들을 굶어 죽게 만든 것입니다. 그로 인해 1933년 그 곡창지대를 가진 우크라이나에서 800만의 인구가 아사하는 사태가 발생합니다. 우크라이나인들의 식량은 군사대국으로 가는 소련의 군대를 먹여 살렸을 것입니다.

## 전쟁 현재진행형 우크라이나

2023년 현재 1991년 말 소비에트연합에서 독립한 우크라이나는 다시 소련의 직계 후손인 러시아에게 복속을 강요받고 있습니다. 흑해의 따뜻한 휴양지 크림반도는 2014년 주민투표로 이미 러시아에 넘어간 상태입니다. 하지만 우크라이나는 지금 세계가 주지하다시피 필사적인 항쟁으로 러시아를 당혹스럽게 하고 있습니다. 그들의 지도자인 젤렌스키 대통령은 기싸움에서 러시아의 지도자 푸틴에게 조금도 지지 않으며 서방 자유국가에 그들의 투쟁을 알리고 도움을 요청하고 있습니다. 그런 그가 행하는 방법 중 하나가 각 나라의 의회로 화상연설을 송출해 우크라이나의 지지를 호소하는 것이었습니다. 우리나라 국회에도 얼마 전 그는 화상으로 다녀갔습니다. 충분히 그들에게 도움을 줄만한 국가로 판단했기에 그렇게 했을 것입니다.

그런데 이때 문제가 발생했습니다. 그것도 아주 크게 말입니다. 아직 종전이 되지 않은 분단국가인 우리나라가 전쟁 중인 젤렌스키 대통령을 박대한 것입니다. 그것도 아주 심하게 전 세계에서 꼴찌로 박대했습니다. 300명의 국회의원 중 20퍼센트도 안 되는 고작 50여 명의 의원만이 그 자리에 참석하였는데 그 듣는 태도 또한 불량하기 이를 데 없었습니다. 그의 화상 연설에 국가 정상까지 참석한 나라들도 있었는데 말입니다. 세계적인 망신입니다. 지난 대통령 선거 시 유력 후보자의 박대에 이어 이번엔 국회의원들이 그를 박대한 것입니다.

러시아에 침공을 받고 있는 우크라이나의 지도. 짙은 색이 러시아 세력권

아마 젤렌스키 대통령은 우리나라를 참으로 이상한 나라로 생각하고 있을지도 모릅니다. 아쉬워서 도움은 요청하지만 정나미가 확 떨어졌을 것 같습니다. 국가 지도자급에 있는 사람들이 두 번이나 그를 무시했으니 말입니다. 영토로 보면 우리보다 6배나 큰 나라인데 말입니다. 그리고 전 세계와 자국인 우크라이나에서 활약하고 있는 우리나라 대기업의 경제 수준과 정치인을 비교하며 고개를 갸우뚱했을지도 모릅니다. 얼마 전 타계한 우리나라 1위 기업의 총수가 1995년 기업은 2류, 관료는 3류, 정치는 4류라고 하였는데, 지금 기업은 1류를 넘어 세계 시장에서 초1류가 되었는데 정치는 여전히 그 자리에 머물러 있는 것이 아닌가 하는 안타까움이 든 사건이었습니다.

## 우크라이나 평화 음악회

며칠 전 제가 관여하는 인문학교실에서 작은 의미있는 행사가 있었습니다. 저명한 역사학자이자 교육자인 한 인사로부터 〈역사에서 길을 찾다〉란 강의를 듣는 자리였는데 그 강의 전 우크라이나의 사상자를 추모하고 평화를 기원하는 미니 콘서트를 연 것입니다. 우크라이나 작곡가인 스코릭의 〈Melody〉, 쇼팽의 〈야상곡〉과 〈마주르카〉, 그리고 〈우크라이나 국가〉 등의 피아노 연주가 고요하되 힘 있게, 그리고 다소 무겁고 비장하게 그날 그 공간을 채웠습니다.

아름다운 강연장이지만 어두운 투명 통창 아래 놓인 피아노에 적막하게 앉아 연주하는 피아니스트의 모습에서 영화 〈피아니스트〉의 명배우 애드리언 브로디가 연상되었습니다. 폴란드의 나약한 유태인 피아니스트였던 그가 침략한 독일군 장교의 강요로 어두운 밤 비슷한 배경의 피아노에 앉아 쇼팽의 발라드 1번을 연주했던 그 모습이 말입니다. 그에겐 죽음을 내놓고 한 연주였지만 피아노가 연주되는 그 순간만큼은 침략자도 방어자도, 가해자도 피해자도 하나가 되는 순간이었습니다. 음악의 힘이겠지요.

그리고 또 하나의 감정이 제게 왔습니다. 젤렌스키 대통령의 우리 국

인문학교실 강연에 앞서 진행된 우크라이나를 위한 미니 콘서트 | 2022. 4. 21.

회 연설에서 느낀, 미안함과 부끄러움은 우리 몫이었던 그 심경이 다소나마 씻긴 것입니다.

우크라이나는 2월 24일 푸틴의 공격 명령으로 침공이 시작되어 2달여 전쟁이 이어지고 있습니다(이 글을 쓴 시점 기준). 예상보다 긴 전쟁으로 그들의 고통이 장기화되고 있는 것입니다. 그래서인가 최근 세계적인 석학인 놈 촘스키는 우크라이나가 러시아 세력권인 남부 돈바스 지역에 고도의 자치권을 주고 이 전쟁을 끝낼 것을 제안하였습니다. 이렇게 미궁에 빠진 상황에서 핵을 포함한 더 크고 긴 비극을 막으려는 현실적인 안을 제시한 것입니다. 모쪼록 이 전쟁이 당사자인 양국과 그들을 지원하는 전 세계국이 합심하여 현명하고 슬기로운 결정안을 도출해 조속히 종결되기를 기원합니다. 우크라이나의 역사를 바꿀 또 한 번의 역사적인 순간입니다.

다음 페이지의 노랫말은 지난 음악회에서 연주된 우크라이나 국가의 가사입니다. 1863년 만들어진 곡인데 그 가사가 그들이 처한 현재의 상황뿐 아니라 국민의 행동까지 일치해 참으로 놀랍기만 합니다. 이 시를 쓴 추빈스키는 우크라이나의 민속학자로 당시 불어 닥친 슬라브 민족주의에서 영감을 받아 썼다고 합니다. 그들의 평화를 기원합니다. Peace.. 우크라이나!

우크라이나의 영광과 자유는 사라지지 않으리

형제들이여, 운명은 또다시 우리에게 미소짓도다

적들은 아침 태양 아래 이슬처럼 사라지리라

형제들이여, 우린 지배하리라,

자유로운 우리 조국의 땅을


우리의 몸과 마음을 내려놓으리라,

우리의 자유를 위해

* 2022년 4월에 작성한 글입니다.


그리고 보여주리라,

우리 형제들이 코사크의 혈통임을


* 우크라이나를 위해 흔쾌히 피아노 연주에 응해주신 피아니스트 구자은 님께 감사드

립니다.

# 중세의 명예 회복

누군가 당신에게 중세 취향이라 하면 기분 나빠할 사람이 있을까요? 그 말에서 암흑을 연상하고 반 인본주의를 떠올리는 사람은 없을 것입니다. 그러면서도 한편 우린 중세의 천 년을 그러한 시대로 알고 있습니다. 이중적인 잣대를 가진 것입니다. 오늘날 이런 중세의 모습은 언제, 누구에 의해 만들어진 것일까요? 중세의 세계로 들어갑니다.

# 중세의 시간 여행, 로만티크 가도

뷔르츠부르크에서 아침, 점심을 보내고 오후에 승차한 기차의 하차역은 로텐부르크였습니다. 둘 다 독일 남부에 위치한 도시로 이 길은 독일의 7대 가도 중 로만티크 가도Romantische Strasse라고 불리는 길의 초입부입니다. 뷔르츠부르크에서 로텐부르크 남쪽 오스트리아 국경에 접한 퓌센까지의 300여km가 풀코스 로만티크 가도입니다. 로맨틱을 달고 있는 길의 이름이지만 과거 로마인이 다닌 길이라 하여 그렇게 명명되었습니다. 로마인들은 로마에서 밀라노를 거쳐 알프스를 넘어 이 길을 거쳐 그들의 속주였던 게르마니아 북부까지 통행하였을 것입니다. 그리고 이후엔 상인들이 북유럽 한자동맹의 도시인 함부르크, 뤼벡, 브레멘 등을 이 길을 통해서 교역을 하였을 것입니다. 하지만 이 길은 로마인과 상관없이 로맨틱한 길을 뜻하는 낭만 가도

Romantic Road라고 불러도 문제가 없을 것입니다. 실제로 그 길에 위치한 도시들은 모두 낭만적인 정경을 선사하니까요.

1998년 배낭여행 때의 일입니다. 뷔르츠부르크를 출발한 기차는 로텐부르크 거의 다 가서 한 번 갈아타야 했습니다.

출처: pixabay

독일 로만티크 가도의 완벽한 중세 도시 로텐부르크

아우크스부르크를 거쳐 퓌센으로 이어진 로만티크 가도 주선이 아닌 간선의 작은 기차로 갈아 탄 것입니다. 유레일 패스를 이용한 배낭여행에서 버스로 치면 마을버스 같은 허름한 동네 기차를 갈아탄 것은 처음이었습니다. 그리고 마지막이기도 했습니다. 이윽고 어둠이 내릴 때 도착한 로텐부르크, 역부터 걸어서 어둠 속 영화의 성문 같은 입구를 지나 다행스레 곧바로 나타난 예약한 숙소로 들어갔습니다. 그리고 그날은 바로 뻗어서 잠자리에 들었습니다. 다음날 아침 뭔가의 신비한 기운과 소리에 잠을 깨 일어나서 본능적으로 창 쪽으로 발을 옮겨 좌우 날개형 목조 창문을 밀어젖히는 순간, 제 입에서 저도 모르는 탄성이 쏟아졌습니다. "와우!"

중세의 아침이 제 눈앞에 펼쳐져 있는 것이었습니다. 당시 유럽 배낭 여행객의 필수품이었던 노란 표지의 가이드북을 통해 도시에 대한 정보를 어느 정도 알고는 갔으나 이런 정경이 보일 줄은 몰랐습니다. 그 이전 가본 유럽의 도시들 중에도 중세의 모습을 간직하고 있는 곳은 많았으나 로텐부르크는 그곳들과 달랐습니다. 순도 100프로 중세의 모습만이 보였기에 그랬습니다. 제 눈앞엔 시원스레 펼쳐진 고색창연한 지붕의 행렬 끝에 성벽과 망루가 보이고 그 너머로 산과 하늘이 이어졌습니다. 제 눈 바로 아래 골목길엔 노새인지 당나귀인지 구별 안 가는 가축이 끄는 달구지가 정차해 있고, 그것을 몰고 온 마부가 식품점이 있는 1층에 신선한 야채를 납품하며 주인과 뭔 말인지 모를 독일어로 즐겁게 대화를 나누고 있었습니다.

이렇게 평화로우나 시끌벅적한 중세가 살아있는 풍경 속에 저를 깨운 것은 그들의 대화보다 먼저 들린, 그 가축의 덩치에 비해 유난히 커 보이는 워낭 소리였습니다. 아마도 달구지는 성 밖에서 농사를 짓

는 농부가 끌고 온 것이겠지요. 그의 경작지가 있는 드넓은 장원의
모습은 그 후 2시간도 채 안 되어서 성문 입구 반대편의 성벽 망루에
올라 확인할 수 있었습니다. 영화에서 보면 적군 침입 시 망루 위 병
사가 부는 나팔 소리를 듣고 그곳에서 밭일을 하던 농부들이 황급히
성안으로 뛰어 들어오곤 하지요.

당시 제가 묵은 숙소는 성문 입구에서 광장으로 진입하는 메인 통로
에 위치한 민박집으로 1층은 식품점이고, 2층은 식당과 주인 숙소, 3
층은 객실 숙소가 있는 올드 하우스였습니다. 묵은 방도 트러스트형
목조 지붕 아래 나무 침대가 놓여있어 마치 다락방과 같은 구조로 정
겹기 그지없었습니다. 이렇게 어젠 늦은 밤에 입성을 하였기에 안 보
이고 몰랐던 것들이 보이기 시작한 아침이었습니다. 현재에서 타임
머신을 타고 깊은 잠에 빠진 저는 밤새 과거로의 시간 여행을 해서
중세의 아침에 깨어난 것이었습니다. 실제로 낮에 돌아본 로텐부르
크는 현대식 호텔이나 건물은 하나도 없는 완벽한 중세의 성벽 도시

로만티크 가도 끝자락에 위치한 노이슈반슈타인성 (촬영: Valerio Bruscianelli)

였습니다. 위에서 제가 로만티크 가도를 로마인의 길이 아닌 낭만적인 길로 해석해도 문제가 없을 것이라고 한 것이 입증되는 이런 순간의 기분, 그 낭만의 근거이자 핵심은 바로 그때 제가 느낀 중세Medieval Period라는 시대 요소일 것입니다.

## 중세 암흑기에 피어난 판타지

서구 역사에서 중세의 기나긴 시간을 한마디로 정의하긴 힘들 것입니다. 역사는 대개 그 시간을 천 년 암흑의 시대라고 칭하곤 합니다. 인류의 역사에 있어서 다른 시대에 비해서 상대적으로 발전과 진보가 없던 시대라는 것이겠지요. 그리고 그것의 원인으로는 서구 사회를 지배했던 기독교의 영향을 1순위로 꼽습니다. 인본보다는 신성을 우선시하니 그럴 수밖에 없었다는 것입니다. 중세가 그러하니 그 이전과 이후는 인본의 시대이고 광명의 시대일 것입니다. 중세 이전 고대 그리스와 로마 시대가 그러했고, 중세 이후 그것을 부활시키자는 르네상스 시대가 오면서 인류는 신 아래에서 억눌렸던 잃어버린 인간 본성을 되찾게 되었습니다.

그런데 위의 저의 로텐부르크 하룻밤 여행담에서 보듯 그런 중세임에도 우리는 중세에 대한 판타지를 가지고 있습니다. 때론 더 나아

〈무운을 빌어요〉 | 에드먼드 레이턴 | 1900

신화적이고 전설적인 흥미 요소도 갖추었다는 것입니다. 또한 기독교 내에 신학적 해석에 따라 분파한 다수의 수도원과 수도사의 생활도 중세를 규정짓는 주요 문화로 등장합니다. 수도사들은 그곳에서 청빈과 금욕 등으로 고통스러운 영성 생활을 이어갔을 텐데 그것을 바라보는 우리 시각에선 그 또한 중세를 경건하고 신비롭게 만드는 요소로 작용하게 합니다.

그리고 중세에 살았던 왕과 왕비, 왕자와 공주 등의 왕족과 공작, 후작, 백작, 자작, 남작 등의 귀족과 그들의 배우자인 귀부인들이 만들어 낸 실제 역사도 그런 중세적인 환상을 부추기는 데에 한몫을 합니다. 물론 중세 이후 르네상스 시대와 근대에도, 그리고 더 뒤로 와서 현대에도 그런 왕족과 귀족은 있지만 중세만큼의 드라마적인 요소는 약해 그들을 바라보는 흥미로움은 상대적으로 덜합니다. 흔히 이야기하는 백마 탄 왕자의 이미지는 중세의 왕자에 가깝다는 것입니다. 왠지 고대의 왕자는 거칠어 보이고 근대의 왕자는 계산적으로 보입니다. 물론 민주화된 입헌군주국인 현대의 영국이나 모나코 등에도 왕자는 있지만 그런 동화적인 이미지는 역시 또 안 맞아 보입니다. 우주선이 뜨는 시대에 말을 타기도 그렇고, 그렇다고 롤스로이스, 또는 요트를 탄 왕자라 해도 백마 탄 왕자를 이기기는 힘들어 보입니다. 백마 탄 왕자는 백설공주, 신데렐라, 잠자는 숲속의 공주 등 중세의 여인들에게 안성맞춤인 왕자였습니다.

이렇게 중세를 대하고 바라보는 관점과 태도는 반드시는 아니더라도, 그리고 모순까지는 더 아니더라도 앞뒤가 좀 안 맞아 보입니다. 그렇게 인간을 억누르고 발전도 없던 암흑의 시대에 대해 이렇게 이중적으로 환상도 가지고 있으니까요. 그것도 천 년씩이나 하나님의 이름으로 인간을 억누른 시대였는데 말입니다. 인간의 기억력이란 유한해서 시간이 흐를수록 나쁜 기억들은 뜰채 아래로 떨어져 잊혀지고 뜰채 위에 얹어진 좋은 기억들만 남아서 그런 것일까요? 페스트 창궐, 마녀 화형, 고문 기구, 영주의 초야권, 드라큘라 백작 등 갑자기 중세의 네거티브한 요소들도 떠오릅니다.

## 중세의 양식, 고딕 양식

중세를 대표하는 건축 양식이라면 그것은 단연코 고딕 양식을 꼽습니다. 통상 "중세풍이다", "중세 스타일이다"라고 할 때 1번으로 호출되는 양식입니다. 기독교적인 신앙이 강하게 반영되어 바벨탑까지는 아니더라도 하늘을 향해 찌를 듯 반듯하게 솟은 뾰족한 첨탑과 실내에 빛을 최대한 들이기 위해 창을 크게 하고 스테인드글라스를 적극적으로 활용했던 대성당의 건축 양식입니다. 독일 쾰른의 시커

먼 대성당과 비엔나의 슈테판 대성당 앞에서 경이롭게 그 건축물을 올려보았던 기억이 떠오릅니다.

고딕 양식은 수도원 건축이 주를 이루었던 로마네스크 양식과 화려한 르네상스 시기 사이인 12세기에서 15세기까지 유행하였습니다. 하지만 이 양식엔 중세를 경멸하는 의미가 포함되어 있습니다. 고딕 Gothic 양식은 말 그대로 고트Goths족이 세운 건축물의 양식이라는 것인데 이 고트족은 야만인을 상징하기에 그렇습니다. 고트족이 5세기

출처: Pexels

뾰족한 첨탑을 자랑하는 중세 고딕 양식의 쾰른 대성당

말 로마 제국과 함께 아름다운 고전 문화를 멸망시켰기에 그런 불명예를 안았습니다. 중세 시작과 함께 이루어진 민족의 대이동 시 다른 종족인 반달Vandals족은 그보다 더해 아예 문화파괴주의를 반달리즘 Vandalism이라 할 정도로 초기 중세인들은 야만의 대명사로 불리었습니다. 아마 반달족의 확실한 후손이 살아있다면 종족의 명예회복을 위해 이 명칭을 바꾸는 소송을 걸지도 모르겠습니다. 마치 세상의 모든 문명과 문화유산은 그들이 파괴한 것처럼 되어 버렸으니 말입니다.

문헌상에서 고딕은 1514년 교황 레오 10세의 지시로 바티칸 궁전을 보수하던 르네상스의 대가 라파엘로의 작업 리포트에 처음 등장합니다. 르네상스의 뾰족한 첨탑 대신 둥근 돔을 선호했던 16세기 르네상스기의 예술가들이 이렇게 중세의 건축물을 비하하느라 야만족인 고트족을 소환한 것이었습니다. 그들은 고딕 양식으로 지어진 중세의 건축물들을 상스럽고 천박한 기형물로까지 간주하였습니다. 이것은 그들이 추구했던 이상적인 것이 고대 그리스와 로마의 조화롭고 이성적인 문화였기에 그것을 파괴한 중세인들을 의도적으로 더 미워해서 그런 것일 수도 있습니다. 실제로 고딕 양식의 어원이 된 동고트족은 12세기 고딕 양식이 출현하기 훨씬 전인, 서로마 멸망 후 100년도 안 된 6세기에 이미 멸망을 했습니다. 그러니 우리가 고딕 양식이라 부르는 대성당들은 그들 고트족이 지은 건축물이 아니라는 것입니다.

## 중세로의 귀환

시간은 흘러 근대로 접어들며 르네상스 시기 내내 찬밥 신세였던 중세 문화에 대한 재평가가 이루어집니다. 이탈리아에선 르네상스의 큰손이었던 메디치 가문의 대가 끊어지며 후원이 멈추고, 프랑스에선 인간의 혁명이 일어나 사회가 달라지고, 그리고 바다 건너 영국에선 산업의 혁명이 일어나 문명이 달라지기 시작한 시기였습니다. 바야흐로 18세기 이런 격동의 시기를 거쳐 19세기 근대 시대가 시작된 것이었습니다. 문학과 예술 사조로는 낭만주의가 발흥하던 시대였습니다. 낭만주의자들이 중세에 대해 향수를 가지고 긍정적인 평가에 앞장선 것을 보면 오늘날 우리가 중세에 대해 낭만적으로 느끼듯 당시 그들도 중세는 꽤나 낭만적으로 느껴졌나 봅니다.

일단 근대의 중세 추종자들은 르네상스가 어느 날 갑자기 아무것도 없는 텅 빈 것에서 튀어나온 것이 아니라고 주장하였습니다. 르네상스의 주도자들이 당시 그렇게 중세를 폄하했지만 르네상스는 엄연히 오랜 시간 동안 고고하게 흘러오며 정중동의 발전을 해온 중세라

고딕 양식에서 빼놓을 수 없는 창문 인테리어인 스테인드글라스 | 1235년경 | 샤르트르 대성당

간은 신의 품 안에서 편히 살았으나 르네상스의 인간은 교만으로 타락 속에 살았다고까지 그들은 생각하였습니다. 중세의 종말이 에덴의 추방으로 간주된 것입니다. 그래서 르네상스기 피렌체의 지도자 로렌초 메디치 사후 집권한 지롤라모 사보나롤라 수도사는 허영의 소각을 통해 중세로의 귀환을 추진하기도 하였습니다. 반혁명론자들이 이런 중세에 대한 향수를 느낀 것은 당연하다 하겠습니다. 그리고 혁명가들이 공화제를 지지한 것도 반혁명론자들이 왕정만 존재했던 중세를 그리워한 이유가 되었습니다.

18세기 영국에서 일어난 산업혁명은 양을 치고 농사를 짓던 농부들을 도시의 노동자로 변신하게 하였습니다. 말이 변신이지 그들의 생활은 비참하기 이를 데 없었습니다. 생활이 나아지지 않은 그들에게 로봇처럼 획일적이고 기계적인 작업 방법과 살인적인 노동 시간은 그들로 하여금 중세를 그리워하게 했을 것입니다. 중세는 수공업의 시대이고 길드가 성행했던 시대였으므로 숙련도에 따라 자유로운 노동이 가능했던 시대였습니다. 그리고 새벽부터 밤까지, 아이들까지 온 가족이 쉴 틈이 없이 공장 노동에 시달리던 그들은 중세 장원의 목가적인 모습도 그리워했을 것입니다. 반대로 그들로부터 착취한 노동이나 식민지를 통해 부를 쌓은 신흥 자본가들은 왕족과 귀족들의 생활을 따라 하며 중세 놀이를 즐기고 있었습니다.

음악과 미술의 많은 예술가들에 의해 작품화된 중세의 로맨스 〈트리스탄과 이졸데〉 | 존 덩컨 | 1912

19세기를 알차게 살며 낭만주의를 완성한 바그너의 작품들은 중세의 이야기를 기반으로 합니다. 대작 〈니벨룽겐의 반지〉는 중세 북구의 신화를, 〈트리스탄과 이졸데〉는 중세 켈트인의 전설을, 〈로엔그린〉은 독일 중세의 영웅을, 〈탄호이저〉는 중세 음유 시인을, 그리고 그의 마지막 작품인 〈파르지팔〉은 중세 성배의 이야기를 작품화시켰습니다. 이렇게 보면 바그너는 가히 중세 바라기, 또는 중세 빠라해도 무방하다 할 것입니다. 이 정도로 그의 주요한 모든 작품들의 시대적 배경이 중세이니 말입니다. 그의 다른 작품 중에 고대 그리스나 로마 시대, 아니면 르네상스 시대를 배경으로 한 작품이 있는지는 모르겠습니다. 바그너 외에도 근대의 많은 예술가와 문학가들은 중세를 지향하는 작품들을 쏟아 내었습니다.

오늘날 누군가 당신에게 "당신은 중세 취향이야"라고 할 경우 그 말을 나쁘게 받아들일 사람은 없을 것입니다. 그 순간 당신은 우아한, 고상한, 귀족적, 낭만적 등과 같은 단어가 어울리는 사람이 된 것이니까요. 이렇듯 중세의 명예는 현대에 와서 완벽히 회복되었습니다. 꼭 중후장대한 건축에만 국한되는 것이 아니라 다른 예술과 문화와 상업적인 방면의 경박단소한 영역까지도 중세를 지향하는 복고주의는 어딜 가도 쉽게 발견할 수 있게 되었으니까요. 이 글의 초고인, 당장 지금 제가 두드리고 있는 반듯한 이 글의 서체도 고딕체입니다. 여행에 있어서도 제가 방문했던 로텐부르크와 같은 중세 도시나 고성 투어는 관광객들에게 그곳이 어디이든 1순위 방문 지역으로 손꼽힙니다. 중세를 카피한 것이 아닌 라이브로 그 매력적인 현장을 볼 수도 있거니와 중세의 아련했던 낭만적인 숨결까지 느낄 수도 있는 곳이기에 그럴 것입니다.

12세기에 지어진 고딕 양식의 최고 걸작인 파리 노트르담 대성당에

3년 전인 2019년 불이 났습니다. 귀중한 중세의 고딕 유산이 파괴된 가슴 아픈 사건입니다. 그 성당은 지금 열심히 복구 중에 있습니다. 최대한 중세의 원형을 살려 복원되겠지요. 그렇다 해도, 아무리 현대 건축 기술이 발달했다 해도 그 안에 공기와 온도, 그리고 눈. 비. 바람이 만드는 지나간 중세의 시간까지 넣을 수는 없을 것입니다. 그 성당이 전처럼 중세의 고풍스러운 맛까지 느끼려면 많은 시간이 필요하겠지요. 그래

노트르담 대성당 난간의 키메라 석상

도 그 성당이 제 모습을 찾으면 파리에 가는 것을 제 버킷 리스트에 추가하였습니다. 이유는 간단합니다. 과거 파리 여행 시 짧은 체류 시간으로 인해 그 걸작을 보지 못하고 왔으니까요. 제가 만약 이렇게 중세 고딕 양식에 대한 글을 과거 파리 여행 전에 썼더라면 그곳 체류 시 어떡하든 노트르담 대성당을 먼저 방문했을 것입니다. 아, 문학에서 바그너처럼 19세기를 알뜰히 살다 간 빅토르 위고의《노트르담의 꼽추》도 배경은 중세 시대였네요.


* 본문 마지막 파트인 '중세로의 귀환'에서 영국과 프랑스에서 일어난 중세에 대한 향수와 복고, 그리고 고딕 양식의 부활 부분은《예일대 지성사 강의》(프랭크 터너 지음, 서상복 옮김, 책세상 펴냄) 제5강 내용을 참고하고 인용도 하였습니다.

마이센 & 드레스덴

도자기는 영어로 차이나china 입니다. 그만큼 도자기에 관한한 절대적
인 국가가 중국이라서 유래가 되었을 것입니다. 만약 마르코 폴로가
우리나라까지 왔다면 도자기가 혹시 차이나가 아니라 코리아corea로
불렸을까요? 우리나라도 고려 시대부터 도자기에 관한한 한가락 하
는 나라였으니까요. 차이나로 시작해서인가 그로부터 전통있는 도
자기는 지역명이 곧 브랜드가 되었습니다. 유럽의 도자기 이야기입
니다.

## 유럽 도자기의 시작

흔히 유럽 4대 도자기 하면 영국의 웨지
우드, 덴마크의 로열코펜하겐, 독일의 마
이센, 헝가리의 헤렌드를 이야기합니다.
이외에도 프랑스의 세브르, 오스트리아
의 비엔나 등 각 국가마다 그들만의 명품
도자기를 가지고 있습니다. 공통점은 각
도자기의 생산 지역이 곧 그 명품의 브
랜드 네임으로 불리고 있다는 사실입니
다. 그것은 유럽 도자기의 기원이 바로 중국, 차이나에서 유래하기에
그런 것으로 보여집니다. 처음부터 도자기를 그것이 온 곳인 차이나
china로 불렀고, 그래서 영어 보통 명사로까지 정착된 차이나이기에,
이후 그 관습성으로 유럽의 도자기 생산지는 곧 브랜드가 된 것으로
생각됩니다.

이러한 유럽 도자기들 중 최고를 뽑으라면 단연 독일의 마이센입니
다. 서양에서 순수 서양인의 기술로 독자적으로 완성한 가장 오래된
도자기이기에 충분히 그럴 자격이 있습니다. 바꿔 말하면 마이센은
최초의 유럽 도자기입니다. 드레스덴과 불과 20여 킬로미터 떨어진

조그만 마을 마이센에서 유럽 도자기의 역사가 시작된 것입니다. 당시 작센주의 군주로 드레스덴을 통치하던 아우구스트 2세는 중국에서 철저하게 제조법을 숨겨온 도자기를 직접 만들기 위해 그 제조법이 유사해 보이는 연금술사들을 통해 도자기를 개발하게 하였습니다. 절치부심 실패를 거듭한 끝에 이윽고 1708년 마이센의 한 가마에서 뵈트거라는 장인이 도자기를 굽는 데 성공을 하였습니다. 드레스덴 근교 마이센의 토양이 중국의 그것과 비슷했기에 가능했을 것입니다. 이후 이러한 도자기 제조법은 유럽의 각 도시로 퍼져나가 위에 열거한 많은 팔로잉 브랜드들이 출현하게 되었습니다.

마이센 하면 위와 같은 지리적 이유에서 드레스덴도 항상 같이 언급되지만 드레스덴 역시 유명 도자기 브랜드로서의 영예를 누리고 있습니다. 마이센 시골에서 만들고 드레스덴 도시에서 판매하는 구조의 영향도 있지만 드레스덴이 워낙 문화 예술적으로 영향력 있는 도시이고, 도자기 수요 급증에 따라 마이센에서 나온 도공들이 드레스덴에도 많은 자기 공방을 개업함에 따라 본연의 오리지널리티가 모호해져서 그런 일이 생기게 된 것으로 보여집니다. 이렇듯 마이센과 드레스덴은 태생부터 공생의 불가분한 관계로 실제 전문가들도 구분하기 힘들고 때론 같은 이름으로 부르기도 합니다.

# 차이나 vs 본차이나

위에 언급한 영국의 웨지우드는 유럽 도자기 중 태생이 근본적으로 다릅니다. 일단 브랜드 네임부터가 지역명이 아니라 설립자의 이름을 따랐습니다. 보시듯 통상적인 상품의 네이밍 방법을 따른 것이지요. 마이센과는 달리 중국 차이나의 제조법을 따르지 않고 새로운 방법으로 만들어서 그렇습니다. 바로 본bone차이나입니다. 차이나는 차이나인데 소뼈 가루를 넣어 본차이나가 되었습니다. 이렇게 했더니 기존 도자기보다 가볍고 견고해 본차이나는 독자적인 카테고리로 정착되었습니다. 과연 불굴의 영국인입니다.

하지만 역사는 제로섬 게임이라 승자가 있으면 그 승자에게 재물을 바치는 패자가 있을 수밖에 없습니다. 엉뚱하게도 본차이나 개발로 인해 이후 대서양 건너 북미 대륙의 들소 버펄로들이 애먼 죽임을 당했습니다. 왕족과 귀족의 취향을 맞추기 위해 많은 소뼈 가루가 필요했기에 그렇게 되었습니다. 아울러 그 버펄로를 주식으로 해서 사는 북미의 인디언들은 식량난을 겪게 됩니다. 중국에서 시작한 도자기 효과가 유럽을 거쳐 아메리카에까지 이르게 된 것입니다.

본차이나 계열로는 웨지우드와 함께 역시 영국의 로열덜튼이 있습니다. 아, 덴마크의 로열코펜하겐에도 본차이나가 있지요. 이렇게 보니 전통의 명품 도자기 중 지역명을 택하지 않는 브랜드는 영국뿐입니다. 과연 이번에도 특이한 영국인입니다. 역사적으로 오늘날까지도 유럽 대륙과는 다르게 그들만의 독자적인 노선을 취해오고 있는 차고 넘치는 영국인의 사례들에 도자기를 추가해도 되겠습니다.

## 은과 바꾼 동양의 도자기

중국 차이나에 이어 유럽에서 유명세를 탄 일본 도자기는 임진왜란이 끝나고 끌려간 조선의 도공들이 규슈 지역에 터를 잡고 구운 가마에서 나온 상품들이었습니다. 유럽이 그러했듯이 일본도 16세기가 될 때까지는 도자기를 만들어내지 못하였습니다. 포로로 끌려간 조선의 도공들이 그것을 해낸 것입니다. 이삼평, 심당길, 백파선 등 그때 활동했던 조선 도공의 후예들은 지금도 선조 때부터 내려오는 도자기 가업을 그곳에서 이어가고 있습니다. 역시 생산지인 지역명을 따라 오늘날 가고시마현의 사쓰마야키와 사가현의 아리타야키가 당시 유럽에서 유명세를 떨친 일본의 도자기입니다. 대중적으로 많이 알려진 일본의 노리다케는 계보가 다른 본차이나가 주종으로 20세기 들어서 론칭한 브랜드입니다.

13세기 말 마르코 폴로가 동방을 다녀간 이후 비단길이 열리면서 중국의 여러 상품들이 유럽으로 흘러 들어갔는데 그중 유럽의 왕족과 귀족들이 가장 감탄하고 선호한 것은 바로 차와 도자기였습니다. 사실은 차가 먼저라 할 수 있겠습니다. 오죽하면 영국엔 티타임이라는 말과 풍속이 생길 정도였으니까요. 오늘날 우린 홍차는 입에도 안 대면서 티타임 하자고 이야기하고 있습니다. 풍속이 만들어낸 대단한 언어 지배력입니다. 도자기는 이 차를 따라 마시는 집기로서 유럽에 함께 들어간 것이었습니다. 그런데 이 포트와 찻잔에도 유럽인들이 반하기 시작한 것입니다. 그중 특히 백자, 백자 중에서도 코발트 기운이 감도는 청화백자는 거의 대저택 값과 맞먹을 정도로 비쌌고 금보다도 귀해 하얀 금이라고도 불렸습니다.

이렇게 유럽에서 중국의 도자기와 차 인기가 절정에 달한 18세기 당시 중국은 청 왕조였는데 이때 세계 무역의 거래 화폐는 은이었습니다. 그러다 보니 남미 대륙 식민지에서 착취한 유럽의 은이 청나라로 대거 흘러 들어가 심각한 무역 역조 현상이 생겼습니다. 남미에서 유럽을 거쳐 아시아로, 위의 버펄로 사례처럼 도자기 하나가 또 이렇게 5대양 6대륙을 흔들었던 것입니다. 청나라 전성시대인 강희제, 옹정제, 건륭제 시기엔 영토만 넓어진 것만이 아니라 차와 도자기 수출로 은 보유고가 최고조에 다다라 국가의 부도 커진 시기였습니다. 유럽인으로선 참으로 배 아픈 일이였겠지요.

## 마이센 & 드레스덴

이러한 분위기 속에 유럽은 독일의 마이센에서 도자기 자체 개발에
성공한 것입니다. 격차가 있던 동서 문명의 차이를 평등화한 대단한
사건이라 하겠습니다. 아울러 차는 로버트 포춘이라는 영국의 한 식
물학자가 청나라로부터 몰래 종자를 훔쳐 당시 영국의 식민지였던
인도 북부와 실론섬(스리랑카)에서 재배에 성공하게 됩니다. 훨씬 이
전 우리의 고려말 사신 문익점이 원나라에서 목화씨를 붓두껍에 넣
고 훔쳐온 것과 똑같은 초식입니다. 아무튼 이제 비로소 유럽인들은
더 이상 중국에 비싼 은을 주고 차와 도자기를 수입하지 않아도 되는

유럽 도자기의 지존 '마이센'의 독특한 로고와 문양

시대를 맞이하게 되었습니다. 물론 중국 이외에 일본이라는 신흥 도자기 거래처도 그 수요를 충족하는 데에 한몫을 하였습니다.

다시 드레스덴으로 돌아옵니다. 도시 드레스덴은 독일의 피렌체라 불릴 정도로 아름다운 곳으로 히틀러도 가장 사랑한 도시였습니다. 그런 미운털로 2차 세계대전에서 가장 많은 연합군의 폭격을 받은 도시이기도 합니다. 일찍이 문화 예술이 융성하였는데 도자기 공예도 그러한 측면의 일환으로 이곳에서 발전했을 것입니다. 물론 위에서 설명드린 강성왕이라 불리는 아우구스트 2세의 강한 성격이 만들어낸 결과이기도 합니다.

마이센으로 대표되는 유럽 도자기의 특징은 차이나와는 달리 매우 화려하다는 것입니다. 차이나가 단아하고 선 굵은 바로크라고 하면 마이센과 드레스덴은 섬세하고 화려한 로코코 양식으로 만들어졌습니다. 당시 상류사회의 취향이 그대로 공예에 반영이 된 것이겠지요. 후발주자임에

도 일본의 도자기가 유럽에 먹혔던 것은 차이나와는

화려한 '드레스덴' 꽃마차

다른 화려한 색감이 어필되었기 때문이었습니다. 이제 유럽의 도자기는 집기를 벗어나 인형공예와 각종 생활용품까지 왕족과 귀족의 사치스러운 생활을 보여주는 모든 용품으로 광범위하게 확상되었습니다. 요즘 같은 형태의 화장실 변기가 그때도 사용됐더라면 그것도 마이센이나 드레스덴 목록에 포함되었을지도 모릅니다.

엉뚱하게 이런 생각을 해봅니다. 마르코 폴로의 동방 여행 종착지가 중국 원나라가 아니고 우리나라였다면, 그리고 그가 당시 고려자기를 보고 반해서 이것을 서양에 소개했다면 오늘날 도자기는 차이나가 아니고 코리아corea로 불렸을 수도 있지 않을까 하는 생각입니다. 도자기 하면 한가락 했던 최고 수준의 우리 조상이었으니 꼭 불가능한 일도 아닐 것입니다. 일본은 그 가치를 알아보고, 또 미래를 예견해 임진왜란 막판에 조선의 도공들을 싹쓸이해서 잡아갔을 것입니다. 조선 침략 전 벌써 서구 문물을 접한 그들이었으니까요.

당연히 마이센과 드레스덴의 가격은 비쌀 수밖에 없습니다. 타일이나 사기가 아닌 완성된 도자기이니 말입니다. 현지 박물관에 전시된 고풍스런 자기들은 수천만 원을 호가하고 억대를 넘어가기도 하니 그들 후손이 만든 벤츠에 버금가는 고가입니다. 다음 사진의 벽화는 드레스덴 도시의 상징물인 〈군주들의 행렬〉 부조입니다. 드레

도자기 도시 드레스덴의 도시 벽화 〈군주들의 행렬〉

스텐 자기 공법과 똑같이 만들어진 것으로 그 길이가 101미터나 된다고 하니 놀랍기만 합니다. 101미터짜리 도자기…. 도자기라서 2차 세계대전의 그 엄혹한 폭격에도 이 작품은 살아남았을 것입니다. 1,300도가 넘는 그 뜨거운 불가마 속에서 고열의 불을 오래오래 견뎌내고 탄생했으니 말입니다.

크리스털 팰리스 vs 에펠 타워

현재 우리나라는 2030년 부산 엑스포 유치를 위해 한창 열을 올리고 있습니다. 흔히 엑스포를 올림픽, 월드컵과 함께 세계 3대 이벤트라고 합니다. 국가적인 거대한 행사이니 그곳엔 처음부터 구경거리가 많았습니다. 엑스포의 역사를 알아봅니다. 가히 전시와는 별개로 스펙터클 대전이었던 초기의 엑스포였습니다.

# 축구가 된 크리스털 팰리스

뛰어난 공격형 미드필더인 이청용 선수는 지금은 국내 K리그의 울산에서 뛰고 있지만 그전에 그는 카타르 월드컵에서 맹활약한 국가대표 손흥민과 황희찬 선수가 뛰고 있는 영국의 프리미어리그EPL에서 주전으로 활약하였습니다. 당시 그가 그 리그에서 마지막으로 뛴 구단은 손흥민 선수의 토트넘 홋스퍼와 마찬가지로 런던을 연고로 하였는데 그 팀의 이름은 크리스털 팰리스Crystal Palace였습니다. 다소 예외적이고 독특한 팀명을 가진 그 팀은 당시 우리나라에서 이청용 선수의 팬들에겐 우리말로 해석된 수정궁으로 불렸습니다.

손흥민 선수로 인해 우리에게 익숙해진 토트넘 홋스퍼는 북런던을 연고로 합니다. 그 팀이 위치한 지역 이름이 토트넘Tottenham이라 그대로 팀명이 된 것이지요. 우리로 치면 강북구나 도봉구 정도가 되려나요? 토트넘에 따라붙는 홋스퍼Hotspur는 셰익스피어의 희곡 〈헨리 4세〉에 등장하는 기사인 헨리 퍼시 경의 별명에서 유래합니다. 그는 역사 속 실존 인물인데 얼마나 용맹스럽게 달리고 싸웠으면 식을 일 없는 그의 말에 부착된 수탉 모양의 뜨거운 박차가 그의 별명이 된 것입니다. 그 박차는 그대로 식지 않은 채 토트넘 지구 구단의 이름이 되고 그 박차 모양의 수탉은 고개를 쳐든 채 구단의 앰블럼이 되었습니다. 헨리 퍼시 경이 토트넘 지역과 연고가 있는 인물이라 그렇게 지었습니다. 그래서 토트넘의 팬들은 그처럼 매우 뜨겁습니다. 손흥민 선수가 2019~2020 시즌 번리와의 경기에서 80미터나 되는 긴 거리를 그 기사처럼 용맹스럽게 폭풍 드리블로 달려가 골을 넣었을 때 그들이 얼마나 열광했겠습니까! 자랑스러운 우리의 선수입니다.

이렇듯 대개 축구 구단은 이름에 연고지가 들어가 있습니다. 한때 우리 기업 삼성이 후원했던 런던의 또 다른 전통의 명문 구단인 첼시는 최고 부촌인 첼시 지구를 주요 연고로 하고 있습니다. 하지만 이청용 선수가 있었던 크리스털 팰리스는 보듯이 구단명에 연고 지구가 드러나 있지 않습니다. 그 구단은 런던 남부 지구를 연고로 하고 있는데 그 주소지인 사우스 노우드 대신 그들은 크리스털 팰리스를 구단명으로 선택했습니다. 왜 그랬을까요? 이유는 그곳에 그곳의 랜드마크라 할 아름다운 크리스털 팰리스가 있기 때문입니다. 아, 아니 있었습니다.

## 런던 엑스포와 크리스털 팰리스

크리스털 팰리스는 버킹검 궁전과 같은 왕궁의 이름이 아닙니다.

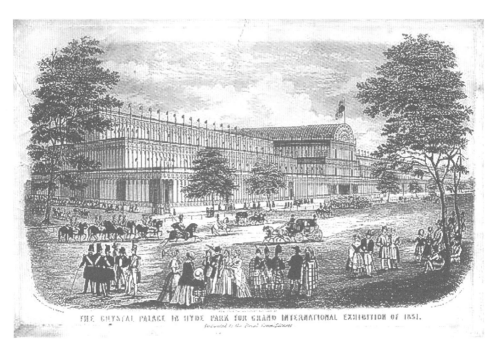

거대한 크리스털 팰리스 전경이 보이는 제1회 런던 만국박람회 홍보물 | 1851

1851년 영국 런던의 하이드 파크에서 개최된 제1회 만국박람회의
전시장 이름입니다. 이름에서처럼 수정으로 지어진 것이 아니고 유
리로 지어졌습니다. 당시로는 획기적인 첨단 공법인 철골과 유리로
무려 장장 564미터나 되는 거대하고 투명한 전시장을 건축한 것입
니다. 그러함에도 그 큰 건축물 완성에 들어간 시간은 설계 확정 후
불과 5개월밖에 안 걸렸습니다. 당시 조셉 팩스턴이라는 건축가의
획기적인 설계 아이디어도 그렇지만 과연 산업혁명을 이룬 국가답

게 판유리를 대량으로 찍어내는 기술이 있어 그것이 가능했습니다. 그래서 그 만국박람회엔 무려 600만 명이나 되는 사람들이 신분을 막론하고 런던과 영국 전역, 그리고 해외에서 몰려들었습니다. 전시장에 전시된 전시물보다 전시장이 더 화제가 되어서 그랬습니다. 언뜻 사람들 눈에 그 전시장은 초대형 온실로 보였을 것입니다. 길이가 564미터인 것은 전시가 열린 해인 1851년을 기념하기 위해 영국의 단위인 1,851피트로 맞춰 지었기 때문입니다.

1851년 제1회 만국박람회는 18세에 즉위한 빅토리아 여왕 재임 14년 차의 대형 이벤트였습니다. 세계로 뻗어나가는 대영제국의 위용을 그 박람회를 통해 유감없이 보여준 것입니다. 산업혁명으로 이룬 기술 문명과 부의 결과물들이, 그리고 바다 건너 외국의 진귀한 상품들이 그 투명하고 넓은 전시장 안에 가득했을 것입니다. 그런 세계적인 박람회로 인해 사람들은 이제 먼 지방과 외국을 나가지 않고서도 지방 특산물과 해외 상품들을 한 곳에서 모두 볼 수 있는 시대를 맞이하게 되었습니다. 물론 그 많은 사람들을 실어서 옮겨줄 교통수단의 발달도 그것에 크게 기여했습니다.

우리가 흔히 줄여서 부르는 엑스포Expo,exposition 시대가 열린 것입니다. 그전에도 로컬에서 크고 작은 박람회는 있었지만 엑스포 연대기에

만국박람회 개회식 | 제임스 디그먼 윙필드 | 1851

서 1851년의 이 런던 만국박람회는 제1회 엑스포로 그 리스트의 맨 윗자리를 차지하고 있습니다. 빅토리아 시대라 불리는 영국의 전성기에 그것을 지휘한 빅토리아 여왕은 이후 50년을 더 대영제국의 군주로 세계를 호령하였습니다. 재임 기간 64년을 기록해 절대로 깨지지 않을 것 같았던 그녀의 기록은 최근 2022년에 서거한 엘리자베스 2세의 70년 재임으로 1위 자리를 넘겨주었습니다.

크리스털 팰리스는 하이드 파크에서 6개월의 전시를 마치고 해체되어 1854년 런던 남부의 시드넘 공원으로 옮겨지고 개축되었습니다. 일회성 이벤트인 박람회의 전시장을 런던 도심의 공원에 둘 수 없으니 그렇게라도 해서 남긴 것입니다. 그렇게 크리스털 팰리스는 런던의 남부로 옮겨졌지만 도시의 랜드마크가 되어 계속해서 이름을 날렸는데 1936년 화재로 전소되어 그 역사적인 건축물은 지상에서 사라졌습니다. 그리고 이후로는 전처럼 다시 개축되지 않았습니다. 크리스털 팰리스가 옮겨진 그 지역의 프로 축구팀이 바로 위에서 등장한 크리스털 팰리스입니다. 그 구단은 1905년에 창단되었으니 그때는 그 지역에 수정궁이 반짝반짝 빛나고 있었을 것입니다. 지금 역사적인 그 크리스털 팰리스는 사라졌지만 그 이름은 여전히 축구로 남아 런던은 물론 영국 전역을 누비고 있습니다. 그리고 이렇게 세계인에게도 기억되고 있습니다.

## 파리 엑스포와 에펠탑

1851년 런던 엑스포를 보러 온 외국인들 중 그것을 가장 경이로우면서도 긴장하며 참관한 사람들이 있었는데 그것은 바로 프랑스인들이었습니다. 바다 건너 좁은 도버 해협을 사이에 두고 역사적으로 서로 으르렁거리며 유럽의 패권을 차지하기 위해 오늘날까지도 모든 분야에서 앙숙 관계인 두 나라니 그것은 숙명적으로 당연한 일이었습니다. 프랑스인들은 돌아가는 즉시 그들의 엑스포를 준비합니다. 준비하되 그들의 엑스포는 영국의 그것보다 더 멋지고 화려해야 했습니다. 그리고 더 많은 사람들이 오게 하려면 크리스털 팰리스 이상 가는 볼거리를 제공해야만 했습니다. 스펙터클한 그 무엇, 그것을 힘으로 생각하는 것은 역사상 과거나 오늘날이나 달라진 것이 없습니다. 그 이전 이집트의 피라미드나 로마의 콜로세움이 그랬었고, 오늘날엔 두바이의 부르즈 칼리파나 우리 서울의 롯데월드타워 등에

크리스털 팰리스 내 신생 국가 미국의 전시 부스, 조셉 내쉬(1809~1878), 1851

파리 엑스포를 밝히는 에펠탑의 화려한 야간 조명 쇼. 조르주 가랭, 1889

서 보듯이 세계는 스펙터클한 마천루 경쟁을 계속해서 이어가고 있습니다.

예상대로 4년 후인 1855년 파리에서 두 번째 엑스포가 열렸습니다. 하지만 그곳엔 런던의 크리스털 팰리스와 같은 화제성 볼거리는 없었습니다. 프랑스는 이후에도 두 번 더 파리 엑스포를 거행했습니다. 당시 다분히 허세성이 있어 보이는 프랑스의 나폴레옹 3세는 엑스포를 국가적인 사업으로 간주한 듯합니다. 그리고 네 번째인 1889년, 드디어 그들은 런던의 크리스털 팰리스를 압도할만한 기념비적인 건축물을 파리에 준비해 놓고 전 세계의 손님을 맞습니다. 도저히 19세기의 건축물 같지 않은 거대한 철탑이 파리 시내에 등장한 것입니다.

에펠탑의 출현입니다. 324미터의 당시로선 세계에서 가장 높은 탑, 그 이전 런던 엑스포의 크리스털 팰리스가 564미터에 달하는 많은 유리의 길이로 승부했다면 파리 엑스포의 에펠탑은 얇고 가는 철골의 높이로 승부한 것입니다. 엑스포가 열린 그해 1889년은 프랑스의 역사를 바꾼 프랑스 대혁명 100주년이 되는 해였으니 이벤트 효과도 만점인 엑스포였습니다. 그해에 맞추어 거대한 에펠탑을 언베일링한 것입니다.

# 불굴의 건축가 에펠

사실 에펠탑으로 인해 그 엑스포의 결과는 달콤했지만 그 탑이 만들어지는 과정은 너무나도 험난했습니다. 한 남자가 그의 경력과 재산 등 그의 모든 것을 걸고 이루어낸 결과이기에 그렇습니다. 대신 일개 건축가였던 그 남자는 엑스포가 끝났음에도 이후 130년이 넘게 파리의 랜드마크로 우뚝 선 그 탑에 그의 이름을 붙이는 불멸의 영예를 안게 되었습니다. 앞으로 미래로 얼마나 더 갈지 모를 그 이름입니다. 그 이름은 바로 귀스타브 에펠입니다. 당시 파리 엑스포 조직위원회는 공모를 통해 에펠탑을 선정했으나 그 반대가 만만치 않았습니다. 특히 세계 예술의 수도 파리답게 알렉상드르 뒤마, 에밀 졸라, 기 드 모파상, 샤를 구노 등 파리에 둥지를 틀고 있는 문화예술인들의 반대가 매우 심했습니다. 그들 눈엔 아름다운 파리 하늘에 올라가는 그 탑이 추악하고 흉물스러운 쇳덩이 고철로 보였을 것입니다.

조직위 내부에서의 반대도 심해 건축가 에펠은 공모에 선정되었음에도 건축비의 20프로만 받고 작업을 수행해야 했습니다. 나머지 80프로의 비용은 자비로 충당해야 했던 것입니다. 완공 후 20년간의 관광수입으로 그 나머지를 알아서 보전받고, 이후 철거하는 불평등한 조건으로 그는 사인을 했습니다. 즉 에펠은 설계를 한 건축가로서, 시공을 맡는 시공사의 대표로, 그리고 그 돈을 대는 투자자로서 그 위험한 프로젝트에 참여한 것이었습니다. 사고의 위험도 다 떠안아야 했습니다. 이것은 이익을 떠나 신념이 없이는 도저히 할 수 없는 일이었습니다. 이런 악조건 속에서 에펠탑은 에펠의 지휘에 따라 파리의 하늘을 뚫고 올라가 결국 오늘날과 똑같은 모습으로 완공되었습니다.

파리의 하늘을 향해 올라가는 에펠탑 | 1888. 5.

1889년 파리 엑스포에 모여든 관중은 200만 명으로 집계되고 있습니다. 하지만 이후 130년 넘게 그 탑을 보거나 올라가기 위해 전 세계에서 몰려든 관광객은 얼마나 될까요? 상상이 되지 않습니다. 그 오랜 기간 동안 한 번도 사고가 없던 에펠탑이었습니다. 과연 위대한 건축가 에펠입니다. 그는 탑에 엘리베이터를 설치해 그 탑에 오르는 관광 수익으로 3년 만에 투자한 건축비를 건졌으며 이후 17년간의 수입으로 막대한 돈을 벌었습니다. 그리고 우여곡절 끝에 철거가 안 된 그 탑을 오늘날 프랑스 국민과 파리 시민은 얼마나 다행스럽게 생각하고 있을까요? 에펠도 결사 반대했지만 송신탑으로도 쓸 수 있으니 그냥 놔두자는 일부의 의견이 받아들여져 철거의 위기를 면한 것이었습니다.

에펠탑과 피라미드와 크기를 비교한 신문 삽화. 에펠탑의 역사와 함께 한 귀스타브 에펠(1832~1923)이 중심에 있다. |《르 땅》| 1887. 2. 14.

이렇게 보면 엑스포의 스펙터클한 랜드마크의 싸움에선 파리의 에펠탑이 런던의 크리스털 팰리스를 이겼습니다. 당시 엑스포를 보러 온 군중 수에선 600만 대 200만으로 런던이 이겼으나 오늘날까지 보면 파리의 승리입니다. 능력과 집념이 남다른 한 개인이 개인의 성공은 물론 도시와 국가 간의 경쟁에서도 승리하게 한 것입니다.

## 2030년 부산 엑스포

엑스포가 시작된 지 142년 만인 1993년 우리나라에서도 처음으로 엑스포가 열렸습니다. 1988년 서울 올림픽에 이어 대전에서 열린 엑스포였습니다. 5년 전과 같이 또 온 나라가 시끄러워졌습니다. 외국인들을 보기 힘든 나라였는데 올림픽 때부터 우리나라에 세계인들이 몰려들기 시작한 것입니다. 당시 제가 다닌 광고회사 오리콤에선 이 엑스포를 위해 기존 프로모션 부서의 인원으론 인력이 부족해 추가 직원을 채용하고, 타 부서 인원까지 차출해 가며 그 국가적인 행사의 대행사로 참여했습니다. 그 결과 오리콤은 선경sk관, 포스코관, IBM관, 후지쓰관, 동아오츠카관 등 5개 사의 전시장인 파빌리온 건축을 수주하고 엑스포 기간 동안 운영 대행을 맡았습니다. 담당자는 아니었지만 저도 이런저런 업무 협조로 대전 엑스포 현장으로 출장을 가곤 했습니다. 당시만 해도 우리나라엔 행사 진행자인 도우미라는 개념이 없었는데 엑스포로 인해 그때부터 그 비즈니스가 활성화된 것으로 압니다. 그 당시 회사에서 각 전시관의 도우미 면접이나 교육이라도 있는 날이 되면 온통 시끌벅적하곤 했던 기억이 납니다.

이후 우리나라는 2012년에 여수 엑스포를 개최함으로써 엑스포를 두 번 유치한 국가가 되었습니다. 흔히 올림픽, 엑스포, 월드컵을 가리켜 세계 3대 이벤트라고 하는데 우리나라가 이 세계적인 3대 이벤트를 모두 거행한 나라에 이름을 올리고 있는 것입니다. 하지만 아쉽고 모자라는 것은 우리가 실시한 두 번의 엑스포는 인정박람회 Recognized Exhibition, International Expo 라고 해서 엑스포 등급상 두 번째에 해당되는 엑스포였습니다. 첫 번째 등급인 등록박람회 Registered Exhibition, World's Fair 는 아직 유치한 적이 없습니다. 올림픽에 국제올림픽위원회 IOC 가 있고, 월드컵에 국제축구연맹 FIFA 이 있듯이 엑스포도 그것을 주관하는 국제박람회기구 BIE 가 있는데 그곳에서 이런 기준과 룰을 관리하고 있습니다.

최고 권위의 등록박람회는 5년마다 한 번씩 열리고 있는데 요즘 우리나라가 한창 열을 올리고 있는 2030년 부산 엑스포가 바로 그 등급의 엑스포입니다. 그래서 부산 엑스포 홈페이지엔 "대한민국 최초의 세계박람회"라는 슬로건이 걸려 있습니다. 이것이 진짜 엑스포라는 것이지요. 2030년에 열리는 것은 등급박람회는 0과 5로 끝나는 해에만 열리기에 그렇습니다. 마치 세계에서 가장 오래된 메이저 골프 대회인 브리티시 오픈이 0과 5로 끝나는 해에만 골프의 성지라고 불리는 스코틀랜드의 세인트앤드류스 올드코스에서 열리듯이 이 엑스포도 그와 같은 해에만 열리는 것입니다.

그간 두 번의 엑스포를 치른 경험이 있는 우리나라는 현재 부산 엑스포의 유치를 위해 유치 신청을 낸 타국의 경쟁 도시와 진검 승부를 벌이고 있습니다. 국가 차원에서 대통령은 물론 유관 정부 기관과 부산 지자체, 그리고 세계에 진출해 있는 우리 대기업의 총수들이 앞장서서 발 벗고 유치 활동을 벌이고 있는 것입니다. 부디 모두가 애써 노력하고 있는 만큼, 그리고 우리 대한민국이 안팎으로 또 한 번 큰 걸음을 껑충 뛰기 위해서라도 꼭 좋은 결과가 있기를 기원합니다.

# 기독교가 퇴출시킨 고대 올림픽

내년은 올림픽의 해입니다. 코로나로 인해 도쿄 올림픽이 1년 미뤄지다 보니 벌써 또 올림픽입니다. 2024년 파리 올림픽은 제33회입니다. 그런데 고대에 펼쳐진 올림픽은 무려 293회까지 지속되었습니다. 똑같은 4년 주기였으니 천 년을 훌쩍 넘긴 것입니다. 그런데 그 올림픽은 왜 중단되었을까요? 제목에 보이는 단답에 대한 설명을 본문에서 드립니다.

# 스포츠 영웅의 시대

1970년대에 유년기를 살짝이라도 걸친 사람이라면 당시 나라를 떠들썩하게 만든 두 명의 스포츠 스타를 기억할 것입니다. 첫 번째는 1974년 아프리카 대륙 최남단인 남아프리카공화국의 더반에서 날아온 낭보의 주인공입니다. 권투의 홍수환 선수가 그 먼 나라에서 밴텀급 세계 챔피언이 된 것입니다. 지지직 대던 라디오에서 어린 제 귀를 때린 "엄마 나 챔피언 먹었어"란 그의 인터뷰 음성은 지금도 제 귓전에 남아있습니다. 홍수환 선수가 챔피언이 된 도시, 당시엔 생소할 수밖에 없던 기억 속의 도시 더반은 이후 2010년 남아공 월드컵에서 국내 축구 역사상 최초로 원정 16강을 이루었고, 또 그 이듬해인 2011년엔 삼수 끝에 유치에 성공한 평창 동계올림픽이 결정된 도시가 되었습니다. 우리와는 스포츠 궁합이 잘 맞는 도시 더반입니다. 아, 이 글을 쓰고 있는 지금5/28 더반에서 열린 세계탁구선수권 대회에서 우리나라 선수들이 개인전에서 3개의 메달을 딴 뉴스가 들리네요. 또 낭보입니다. 우리가 개인전에서 3개의 메달을 딴 건 2003년 파리 대회 이후 20년 만의 일이라고 합니다.

홍수환 선수가 챔피언이 되고 2년 후인 1976년 우리나라를 중심으로 남아공과는 대각선으로 반대편인 북미 캐나다의 몬트리올에서 또 한 번의 낭보가 울려 퍼졌습니다. 지구촌 최대의 스포츠 제전인 올림픽에서 레슬링의 양정모 선수가 대한민국 역사상 최초로 금메달을 딴 것입니다. 역시 어린 나이였지만 당시 TV 속에서 우렁차게 흘러나온 "동해물과 백두산이 ⋯." 애국가와 시상대에 게양된 태극기는 지금도 제 눈과 귀에 남아 있습니다. 그리고 TV에서 그 경기 장면을 하도 많이 보여줘서인가 우리와는 별 상관도 없는 은메달리스트인 몽골의 오이도프란 이름도 역시 남아 있습니다.

가난했던 그 시절 '체력은 국력'이란 슬로건하에 뛰어난 운동선수가 영웅 대접을 받던 시대였습니다. 지금이야 우리나라가 세계에서 1등을 하는 브랜드를 여기저기 많이 가지고 있지만 국민소득 1000불도 안 되던 그땐 세계에서 대한민국이라는 나라의 존재감이 거의 없던 시절이었습니다. 그러니 그런 환경 속에서도 확실하게 세계 1등이 될 수 있는 스포츠 분야에서 우승자나 챔피언이 나오면 무조건 국가 영웅이 되던 시절이었습니다. 위의 두 선수는 국내 귀국 시 모두 카 퍼레이드를 벌이며 전 국민의 환영을 받았습니다.

사실 권투에서 챔피언은 미들급의 김기수 선수가 1966년 가장 먼저 세계 챔피언이 되었습니다. 홍수환 선수는 두 번째 챔피언이었지만 대중적 인기도에선 이후 페더급 챔피언까지 오르며 "엄마 나 챔피언 먹었어"에 이은 "4전 5기의 신화"란 슬로건까지 따라다녀 단명한 최초의 세계 챔피언인 김기수 선수에 비해 지금까지 유명세를 누리고 있습니다. 그리고 올림픽에선 양정모 선수 훨씬 이전인 1936년 베를린 올림픽에서 손기정 선수가 우리나라 사람으로는 최초로 마라톤에서 금메달을 땄지만 일제 강점기 시절 일본 선수로 출전해서 딴 메달이었기에 그 금메달은 일본의 영예가 되었습니다.

## 근대 스포츠의 시작

스포츠는 돈과 직업이라는 관점에서 프로(페셔널)와 아마(추어)로 구분됩니다. 그래서 위의 권투와 같은 프로 선수는 직업인으로서 돈을 벌기 위해 경기를 하지만, 올림픽에 출전하는 아마 선수는 기록 경신이라는 성취와 메달로 구분되는 명예를 위해 경기를 합니다. 하지만 최근엔 그런 구분이 애매해지고 있습니다. 아마추어리즘의 최고봉인 올림픽에 프로 선수들의 참가 엔트리가 종목마다 지속적으로 확대되고 있으니까요. 시대의 흐름에 따라 점차 시들

근대 올림픽의 아버지 쿠베르탱 남작(1863~1937)

어가는 올림픽의 흥행 부진을 막기 위해서라도 부득이 벽을 허문 것입니다. 물론 그렇다고 해서 메달 대신 상금을 주는 것은 아닙니다. 아마도 올림픽을 시작한 쿠베르탱 남작이 지하에서 이런 사실을 알면 깜짝 놀랄만한 변화일 것입니다.

서양의 두 축인 유럽과 북미의 양대 프로 스포츠를 대표하는 영국의 프로축구리그는 1885년에, 미국의 프로야구리그는 1876년에 출범했습니다. 그리고 그보다 조금 늦은 1896년에 제1회 올림픽이 열렸습니다. 이렇게 지구촌에 세계 수준의 프로와 아마의 스포츠 대회가 시기적으로 비슷한 1800년대 말에 시작되었다는 사실은 새삼 흥미롭습니다. 과연 역사상 100년마다 오는 세기말 중 최고의 세기말인 변화의 시대 19세기 말이었습니다.

## 고대 올림픽의 부활, 근대 올림픽

우리가 올림픽이라 부르는 이 대회는 근대 올림픽 Modern Olympic Games 이란 이름으로 시작되었습니다. 그것과 구분되는 고대 올림픽 Ancient Olympic Games 이 엄연히 존재했기 때문입니다. 주지하듯이 고대 그리스 시대에도 올림픽이 열렸습니다. 근대 올림픽은 그 이름을 그대로 계승한 것입니다. 그런데 근대 올림픽은 단순히 이름만 차용한 것이 아니라 고대 올림픽의 적잖은 시스템과 콘텐츠까지 계승하였습니다. 일단 4년마다 열리는 올림픽의 주기부터가 고대 올림픽의 4년 주기를 그대로 따른 것입니다. 이것은 누군가 왜 올림픽 대회의 이름이 올림픽이고, 그 대회가 4년마다 열려야 하냐고 이의를 제기한다면 그 논란을 완벽하게 차단해주는 훌륭한 준거가 되어왔을 것입니다. 과학이나 논리보다 때론 전통과 유산을 더 중시하는 서양인이기에 곧바로 승복할 수밖에 없었을 테니까요. 사실 올림픽이라는 대회명도 작은 지역명에서 유래되었으므로 세계 대회와는 맞지 않습니다. 이것은 뒤에 설명이 됩니다.

이렇게 1896년 시작된 근대 올림픽이 4년마다 열리게 되니 그것이 또 기준이 되어 이후 시작된 국제 스포츠 대회는 모두 4년 주기로 열리게 되었을 것입니다. 월드컵이나 아시안 게임 등이 말입니다. 올림픽과 개최 연도를 피하기 위해서라도 그들 대회는 그렇게 정해졌을 것입니다. 고대 올림픽을 시작한 그리스인들은 이러한 4년 주기를 올림피아드Olympiad라 불렀습니다. 4년 기년법紀年法으로 사용한 것입니다. 당시 도시 국가인 폴리스마다 캘린더가 달랐지만 올림픽만큼은 정확히 4년의 시차를 두고 개최하였기에 이 올림피아드는 당시 통일된 기준시로 작용하였습니다.

고대 올림픽이 열렸던 올림픽 경기장 입구

로마의 후예 이탈리아의 피렌체에서 시작된 르네상스는 그 이전
중세의 신 중심에서 뛰어나와 인간 중심으로 가자는 인본주의 예
술운동이었습니다. 그때 그 르네상스의 선구자들이 그것에 부합되
는 가장 이상적으로 생각한 역사상의 시기는 고대 그리스였습니다.
그때 그 사회가 직접 민주정하에서 이성적으로는 인간을 통찰하고
연구하는 학문인 철학이 융성하고, 감성적으로는 인간의 감정에 호
소하는 시와 연극 등의 문학과 예술이 극대화되었다고 보았기 때
문이었습니다. 그래서 부활을 의미하는 르네상스에서 부활의 주체
는 고대 그리스였습니다. 한마디로 고대 그리스로 돌아가자는 것이

었습니다.

그때 그들이 빠트린 것이 하나 있었는데 저는 그것이 올림픽이라고 생각합니다. 지덕체 합일이라는 완벽한 인간상에서 예술과 사상 등은 15세기부터 시작된 르네상스와 이후 17~18세기의 계몽주의를 통해 부활했으나 인간의 신체 능력을 보여주고 수련하는 체육 활동은 빠져있었다는 것입니다. 레오나르도 다빈치의 작품 중 인간 신체의 완벽한 비율을 표현한 〈비트루비우스적 인간〉과 미켈란젤로의 아름다운 〈다비드〉상에서 보여주듯이 하느님이 그의 모습을 따라 진흙으로 빚은 인간의 신체를 가장 완벽하고 아름답게 만드는 것은 체육 활동인데 말입니다.

결국 그리스의 체육 활동인 그 고대 올림픽도 뒤늦게 막차를 타고 서구 사회에 소환을 당했는데 그것이 근대 올림픽이라는 것입니다. 저는 이것이 서구 역사에서 매우 중요한 올림픽의 의미라고 생각합니다. 20세기가 다 돼서 시작되어서 그렇지 그리스의 부활이라는 측면에선 먼저 시작된 예술 분야의 르네상스와 크게 다르지 않다는 것입니다. 우리가 아련하게 알고 있는 고대 올림픽의 실체를 알면 그 사실은 더욱 분명해질 것입니다. 그 올림픽은 단순한 고대의 이벤트가 아니었습니다.

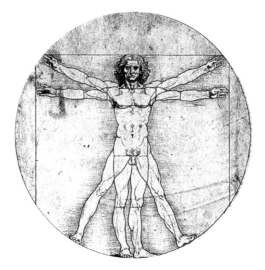

이상적인 인체 비례도 〈비트루비우스적 인간〉 | 레오나르도 다빈치 | 1490년대

사실 근대 올림픽의 아버지라 불리는 쿠베르탱 남작이 처음부터 이러한 고대 그리스의 숭고한 이상을 받들어 근대 올림픽을 시작한 것은 아닙니다. 프랑스의 교육학자였던 그는 당시 유럽의 최강국이었던 그의 조국 프랑스가 나폴레옹 전쟁 이후 영원한 라이벌인 영국에 비해 존재감이 확 떨어지더니 급기야는 신생 독일과의 전쟁인 보불전쟁1870-1871에서조차 패하는 것을 보고 그 안타까움에 조국의 부흥을 위하는 애국심으로 체육대회를 구상하였습니다. 나약한 프랑스 청소년들의 체력을 증진시키기 위함이었습니다. 하지만 그것을 실

행해 가는 과정에 그의 생각이 확장되고 판이 커지면서 그 체육대회는 올림픽이 되었습니다. 즉, 우리나라의 소년체전 같은 국내 대회로 시작하려던 것이 커다란 국제 스포츠 대회가 된 것입니다.

그때 그의 머릿속엔 고대 올림픽이 퍼뜩 떠올랐을 것입니다. 서구 사회에서 그때까지 아무도 소환하지 않은 고대 그리스의 것이었습니다. 애국심이 넘쳐난 그였으니 1851년 제1회 만국박람회(엑스포)를 영국의 런던에 빼앗겨 자존심을 구긴 그의 조국 프랑스가 1889년이 돼서야 그에 견줄만한 에펠탑을 파리에 세워 체면치레를 하더니, 이제 올림픽이라는 세계 최대의 스포츠 행사까지 주도한다고 생각하여 꽤나 흥분했을 것입니다. 게다가 그것이 서구인이 문명의 고향이라 생각하는 고대 그리스의 올림픽을 다시 열자는 것이니 그 국제 스포츠 이벤트에 반대 의사는 별로 없어 보였습니다. 1894년 파리의회에서 국제올림픽위원회IOC를 창설한지 불과 2년 후인 1896년 제1회 올림픽이 열렸으니까요. 그 대회는 올림픽의 원조 국가인 그리스의 아테네에서 열렸고 유럽을 중심으로 전 세계에서 14개 국가가 참가하였습니다. 아시아와 아프리카의 출전 국가는 없었습니다. 2019년 현재 IOC엔 5대양 6대주의 206개국이 회원국으로 가입되어 있습니다.

# 천 년의 역사, 고대 올림픽

우리는 고대 올림픽이라 하면 마치 그 대회가 고대 그리스에서 신화 속의 긴가민가한 체육대회 정도로 알고 있기도 합니다. 그리스의 실제 역사조차 그러하듯이 신화와 얽힌 그 나라의 고대사는 그것이 정사인지 야사인지 구분이 모호하여 그 사실성이 희미해지거나 반감되는 측면이 있어서 그렇습니다. 예를 들면 고고학자에 의해 유적까지 발견됐다고 하는 트로이 전쟁 같은 사건이 대표적입니다. 그렇듯이 올림픽도 일단 이름에서부터 신들을 우선적으로 연상하게 합니

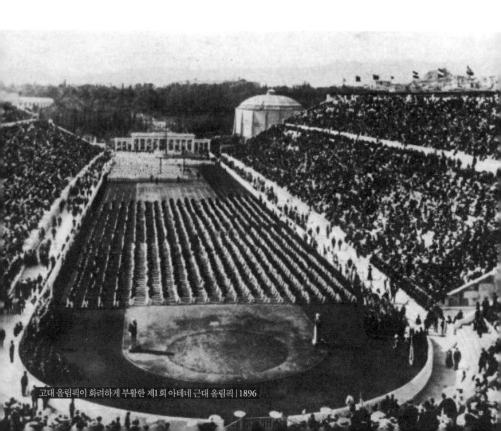

고대 올림픽이 화려하게 부활한 제1회 아테네 근대 올림픽 | 1896

다. 그리스 신화의 지존인 제우스 신을 비롯하여 그의 핵심 가신인 12신이 살았던 주 거주지가 올림포스산이었으니까요. 아, 지금도 여전히 숨죽이며 살고 있을지도 모르겠네요.

그런데 고대 올림픽은 기원전 776년부터 기원후 393년까지 무려 1,169년 동안 293회가 열렸습니다. 숫자가 입증하는 역사적 사실입니다. 놀랍지 않습니까? 이렇게 BC에서 AD까지 천 년이 넘는 장구한 세월 동안 한 스포츠 대회가 열린 것입니다. 반면에 1896년 시작한 근대 올림픽은 코로나로 인해 1년 미루어진 2021년 32회 도쿄 대회까지 125년간 열려오고 있습니다. 한마디로 커리어상으론 근대 올림픽은 고대 올림픽에 아직은 비교가 되지 않습니다. 그것만으로도 근대 올림픽은 고대 올림픽을 할아버지로 모셔야 할 것입니다. 실제로 1894년 파리의회에서 올림픽을 논의하며 쿠베르탱 남작과 초기 15개국 회원국들이 근대 올림픽 개최의 명분으로 내세운 것은 고대 올림픽의 전통과 이념을 선양하고 세계에 그 아마추어 정신을 떨치자는 것이었습니다.

## 올림픽의 성지, 올림피아

근대와 고대, 이 두 올림픽은 시대만큼이나 많은 차이가 있지만 가장 큰 차이는 개최 장소일 것입니다. 근대 올림픽은 주지하듯이 사전에 개최지로 선정된 세계의 여러 도시들을 돌아가며 열리지만 고대 올림픽은 오로지 그리스의 한 도시에서만 열렸습니다. 그런데 그 도시는 고대 올림픽의 프리미엄으로 1회 근대 올림픽이 열린 아테네가 아니었습니다. 아테네가 고대 그리스의 폴리스들 중 강국이긴 했지만 그곳과 멀리 떨어진 펠로폰네소스 반도 서편에 위치한 올림피아라는 조그만 도시에서 열렸습니다. 그래서 그 도시명을 따라 대회명이 올림픽이 된 것입니다. 위에 먼저 출현한 올림포스산은 아테네 북쪽에 있어 올림픽의 도시 올림피아와는 꽤나 거리가 떨어져 있습니다.

그런데 고대 올림픽은 왜 올림피아라는 도시 한 곳에서만 열렸을까요? 그리스를 하나의 세계인 헬라스라 칭한 그들이었으니 그 세계에 있는 많은 도시 국가들이 돌아가면서 했을 수도 있었는데 말입니다. 정답은 제우스 신 때문이었습니다. 올림피아에 그리스 신화의 주신인 제우스의 신전이 있었기 때문에 그곳에서만 대회가 열린 것입니다. 그렇습니다. 고대 올림픽은 제우스를 위한 제전祭典이었습니다. 제우스를 기리는 제사를 겸한 스포츠 대회였다는 것입니다. 현대에 와서도 올림픽을 가리켜 스포츠 제전이라 불리는 이유이고 유래입니다.

고대 올림픽 개최 시 주신인 제우스를 모신 신전의 잔해, 총 34개의 기둥 중 단 1개만이 남아있음

잔해를 토대로 재구성한 제우스 신전 추정도 | 빌헬름 뤼브케 | 1908

이렇게 천 년 넘게 올림피아에서만 올림픽이 열리다 보니 그 도시는 예나 지금이나 올림픽 성지의 지위를 누려오고 있습니다. 근대 올림픽에선 그 도시에서 더 이상 올림픽이 열리지 않는 대신 대회의 시작을 전 세계에 알리는 성화 채화 장소로 스포트 라이트를 받고 있습니다. 그곳에 있는 헤라 신전에서 여사제들이 자연의 불을 채화하는 의식을 통해 성화봉에 그 불을 옮겨줍니다. 제우스의 제전이지만 생성과 출산은 여신의 몫이기에 제우스의 부인인 헤라가 그것을 담당하는 것 같습니다. 그렇게 태어난 신령한 불은 마치 인간을 사랑하는 프로메테우스가 인간계에 불을 전해주듯이 조심스레 성화 제1 주자에게 전달됩니다. 그리고 지구를 돌아 해당 연도 올림픽 개최 도시까지 이동하며 전 세계인의 환영을 받습니다. 바야흐로 올림픽의 분위기가 한껏 고조되는 것입니다.

## 고대 그리스의 열전, 고대 올림픽

역시나 고대 올림픽엔 그리스 신화의 영웅이 등장합니다. 기원전 776년 열린 제1회 대회를 천하장사인 헤라클레스가 개최했다는 것입니다. 그의 아버지인 제우스 신이 인간 여자인 알크메네와 바람을 펴서 탄생한 그였기에 평생 제우스의 아내인 헤라의 미움으로 고난의 길을 겪던 그였습니다. 드디어 헤라가 사주한 불가능한 12가지

과제를 모두 완수하고 그 기념으로 아버지인 제우스에게 제사를 드린 것이 고대 올림픽의 효시라는 것입니다. 즉, 근대 올림픽이 쿠베르탱 남작의 작품이라면 고대 올림픽은 헤라클레스의 작품이라는 것입니다. 하지만 이것은 근거가 없습니다. 인간의 피가 섞인 신화 속 인물들 중 가장 체력과 힘이 뛰어난 헤라클레스였기에 이런 신화가 만들어진 듯합니다.

고대 올림픽은 오늘날 하계 올림픽과 같이 여름에 열렸는데 5일간 최대 19종목이 열렸습니다. 첫날과 마지막날은 개회식, 선서, 시상식과 함께 신들에게 제사를 드렸습니다. 경기는 2일차와 4일차인 3일 동안 집중되었습니다. 선수들은 당시 그리스의 전역의 모든 폴리스에서 온 시민권을 가진 성인 남자였으며 여자는 참가도, 관람도 허용되지 않았습니다. 참가한 모든 선수들은 발가벗고 경기를 했는데 그래서 여성의 참석이 불가한 것은 아니었습니다. 투표권을 비롯하여 당시의 시대상 때문이었겠지요. 이 고대 올림픽의 전통을 이어받아 제1회 아테네 근대 올림픽은 남자 선수만 참가가 허용되었습니다. 이런 발가벗은 운동선수들의 경기 모습은 그리스 유적지의 벽화나 테라코타 항아리 유물의 그림에서 많이 보이곤 합니다. 아마추어의 개념이 없던 시절이었기에 우승자는 월계관과 상금, 그리고 그 올리브유를 잔뜩 채운 그 항아리를 부상으로 받았습니다. 그리고 평생 연

고대 그리스 육상 경기가 그려진 채색 토기

금을 받았으며 어디에 가든 귀빈 대우를 받았습니다. 예나 지금이나 올림픽 우승자는 VIP 대우를 받은 것입니다.

하지만 패자는 비참했습니다. 그 불명예로 평생 수치감에 살아야 했으니까요. 그래서 복싱이나 레슬링 참가자들은 목숨을 내놓고 경기를 할 수밖에 없었습니다. 경기 제한 시간도 없었기에 실제 경기 중에 많이 죽기도 했습니다. 하지만 반칙을 범한 자의 처벌은 매우 엄격해 채찍형을 비롯한 태형을 받았고 심하면 사형까지 당하였습니다. 오늘날 올림픽에서 극도로 강조하는 페어플레이 정신은 이렇게 고대 올림픽 때부터 비롯된 것입니다. 또한 올림픽을 이야기할 때 평화가 논의되는 것은 당시 고대 올림픽이 열리는 전후 3개월 간은 모든 폴리스에서 전쟁이 금지된 전통에 기인합니다. 현대의 세계인에게 많은 것을 준 고대 올림픽이었습니다. 그런데 당시 올림픽이 4년에 한 번 열린 것은 좀 의외라는 생각이 듭니다. 딱히 다른 이벤트나 오락 등이 많지도 않았던 시절이고, 인간의 평균 수명이 현대보다 훨씬 짧았던 시절인데, 길다면 길 수도 있는 4년에 한 번씩밖에 그 대회가 열리지 않았으니까요.

당시 열렸던 경기들 중엔 우리에게 익숙한 달리기, 복싱, 레슬링, 투창, 원반과 영화 속에서 보던 전차 경기 등이 있었습니다. 그리스 전투에서 유래된 마라톤은 고대 올림픽엔 없었습니다. 스타디온stadion 이라는 단거리 경주가 있었는데 이것에 재미있는 유래가 있습니다. 192.27m를 달리는 종목인데 이 거리는 헤라클레스의 발 길이의 60배라고 합니다. 그가 숨을 참고 걸을 수 있는 최대 거리라 이 규격이

올림피아의 경기장 터에서 달리기(스타디온?)를 체험하는 관광객들

정해졌고 경기로도 채택되었다는 것입니다. 신화의 영웅이자, 힘이 장사이고, 체력이 최고인 그를 기리기도 하고, 선수들에게 도전성을 부여하기 위해 그 경기가 만들어졌을 것입니다. 물론 선수들은 그처럼 숨을 참고 뛰지는 않았을 것입니다. 룰이 그렇다 해도 그 시대엔 그것을 확인할 방법도 없었겠지요. 이 스타디온 경기에서 라틴어로 경기장을 가리키는 스타디움stadium이 나왔습니다. 지금 우리는 올림픽의 개폐회식이 열리는 주 경기장을 가리켜 메인 스타디움이라 부릅니다. 그 경기장 어딘가에 죽어서 불사의 신이 된 헤라클레스가 숨어서 그의 올림픽 후예들의 경기를 구경하고 있을지도 모릅니다.

## 제우스께 영광을, 고대 올림픽

제우스를 위한 제전인 고대 올림픽엔 운동 경기만 열린 것은 아닙니다. 그 자리엔 그리스 연합의 모든 시인과 철학자, 연극인과 예술인들이 다 모였습니다. 경기는 경기대로 벌이고 그들은 그곳에서 연극제와 시낭송회 등을 통해 제우스를 찬미한 것입니다. 한마디로 종합 제전인 올림픽에서 축제의 향연을 벌인 것입니다. 5일째 마지막 날엔 시상식 후 연회가 열렸는데 그날은 아마도 술에 취한 그 심포지엄이 절정에 달했을 것입니다. 요즘도 고대 올림픽과 목적성은 다르나 그때와 같이 올림픽 기간 중엔 많은 국제 행사와 예술제가 열리곤 합니다. 개최 도시를 세계에 알리는 다양한 도시 마케팅을 실시하는 것입니다. 그 기간 중엔 고대와 같이 그 향연을 제대로 즐기는 자들로 인해 술의 판매량도 크게 늘어날 것입니다.

고대 올림픽이 기원전 776년에서 서기 393년까지 지속되었다는 것은 그 제전이 그리스 시대에만 한정되지 않았다는 것을 의미합니다. 로마 시대까지 이어진 것입니다. 지중해의 신흥 강자 로마는 제국을 이루어 도시 국가들의 연합체인 그리스를 하나하나 격파해 나가더니 기원전 142년 그 나라를 정복했습니다. 우리가 역사에서 통상 그리스의 역사 중 고대라는 시기가 끝나는 시점입니다. 고대 그리스의 절정기는 통상 기원전 500년부터 기원전 300년 사이를 가리키는데 이때에 우리가 아는 그리스의 제왕과 영웅, 그리고 철인과 문예인들이 활동을 하였습니다. 아테네의 철학자 소크라테스가 있었고, 그리스 연합과 페르시아 제국이 전쟁을 벌여 승리하기도 했으며, 마케도니아의 영웅 알렉산드로스가 동방 원정을 떠나기도 했습니다. 신들도 그 시기엔 왕성하게 활동을 하였을 것입니다. 그 그리스의 중흥기가 끝나가는 시점에 로마가 밀고 들어온 것입니다.

그리스 정복 후 로마인은 그리스의 많은 것들을 그대로 계승했는데 가장 대표적인 것이 종교였습니다. 그리스의 종교는 신화와 인간이

어우러진 말 그대로 그리스 신화가 경전이었는데 그들은 그 많은 그리스의 신들을 차별대우하지 않고 그대로 고이 모시며 받들었습니다. 로마인의 그리스를 힘으로는 이겼지만 그들의 문화적 열등감으로 인해 그리스의 것인 신화는 그대로 계승한 것입니다. 뿌리가 없는 평민이 귀족의 족보를 돈으로 산 것과 같은 경우일 것입니다. 대신 로마인은 주신인 제우스는 주피터로, 그의 아내 헤라는 주노로, 그의 비서실장인 헤르메스는 머큐리 등으로 모두 개명을 시키고 문패를 새로 달게 했습니다. 로마 시대에도 올림픽이 계속해서 4년마다 열릴 수 있던 것은 나라와 주인은 바뀌었어도 제우스를 비롯한 그 신들은 그대로 존재했기에 존속이 가능했습니다.

## 그리스교 vs 그리스도교

그런데 그 신들이 차별을 받기 시작했습니다. 기존 로마의 신에게 밀린 것이 아니라 로마에 없던 새로운 신이 나타나서 그런 것이었습니다. 로마 저 아래 유대라는 지역의 속주에서 태어난 사람의 아들 예수 그리스도에서 비롯된 신흥 종교가 로마의 탄압 속에서도 굳건히 성장하고 교세를 확장하더니, 서기 313년 콘스탄티누스 황제 때엔 공인을 받고, 392년 테오도시우스 1세 황제 때엔 국교로까지 승격된 것입니다. 기독교의 출현입니다. 결국 신들의 전쟁에선 여호와라 불린 하느님과 그의 독생자 예수 그리스도 부자가 그리스와 로마의 그 수많은 신들을 모두 물리쳤습니다. 이제 그간 나라는 바뀌어도 창씨개명을 하며 호강을 누려왔던 그리스와 로마의 신들은 뒷방으로 밀려나 말 그대로 종교가 아닌 신화 속 가십거리로 위치가 격하되었습니다.

당연히 그 신들을 찬미하던 제사도 모두 중지되었는데 그 된서리를 올림픽도 맞은 것입니다. 제우스의 제전인 그 대회가 기독교로 인해 존재 가치를 잃은 것입니다. 그래서 고대 올림픽은 로마에서 기독교가 국교로 된지 불과 1년 후인 393년 대회를 마지막으로 그리스와 로마는 물론 지구상에서 사라졌습니다. 매우 신속한 결정이었습니다. 물론 그 이전부터 서커스 정치의 일환으로 콜로세움에서 열린 스펙터클한 전차 경기나 검투사의 결투로 올림픽의 열기는 과거 그리스 때보다는 시들해져 가고 있었을 것입니다. 그렇게 기독교로 인하여 중단된 올림픽은 영화 속 미라와 같이 깊은 잠에 빠지게 됩니다. 그리고 영원히 깨어날 것 같지 않았던 그 대회가 1896년 한 프랑스인에 의해 기적적으로 다시 깨어난 것입니다. 부활하기까지 무려 1,503년이나 걸린 것입니다.

기독교의 출현으로 고대 올림픽은 대회만 사라진 것이 아니라 그 대회의 흔적과 자취도 사라졌습니다. 기독교를 국교로 선언한 테오도 시우스 1세 황제의 손자인 같은 이름의 2세는 할아버지보다 한 발 더 나아가 426년 이교신전파괴령을 공표해 제국 내 기독교의 유일 신인 하느님을 제외한 모든 이교도의 신전을 파괴하였습니다. 십계 명에 나오는 대로 우상 숭배를 원천적으로 막는 조치를 취한 것이었 습니다. 그 명령은 그리스와 로마의 신전들도 예외가 아니었습니다. 그래서 고대 올림픽이 열렸던 올림피아의 올림픽 신전과 유물 등도 이때 큰 피해를 당하여 상당 부분 훼손되었습니다. 그리고 그렇게 박 대를 받았던 올림피아의 그 유적들은 6세기경에 발생한 지진으로 인해 완전히 붕괴되었습니다. 만약 올림피아가 그런 피해를 당하지 않았다면 우린 지금 고대의 수많은 스포츠 영웅들과 그의 기록들을 역사적 사실로 알거나 볼 수 있을 것입니다. 당시 함께 벌어진 문학 과 철학, 예술 행사 기록들도 마찬가지겠지요.

이렇듯 서구 문명의 두 축이라 불리는 헬레니즘과 헤브라이즘의 대 립은 올림픽에서도 보인다고 하겠습니다. 헬라스라 불린 고대 그리 스에서 시작되어 주류 문명으로 로마까지 이어져 온 헬레니즘은 기 독교가 종교를 넘어선 주류 사상으로 올라서면서 여러 방면에서 존 재감을 잃게 됩니다. 대신 그것을 대체한 기독교의 헤브라이즘은 이 후 중세 천 년 동안 서구 문명의 주도권을 쥐게 되었습니다. 그 기간 동안 올림픽을 비롯한 헬레니즘의 소산인 그리스의 것들은 번뜩한 영감이나 새로운 창조의 능력은 잃고 과거 역사 속 유적과 유물로만 존재하였습니다. 그러다가 르네상스가 오면서 고대 그리스는 다시 부활하여 화려하게 피어난 것입니다. 그리고 이후 근대로 접어들면서 기독교와 그리스 문명은 별 충돌 없이 공존의 시

고대 조각상인 미론의 '원반 던지는 사람'을 메인 이미지로 쓴 1948년 14회 런던 올림픽 포스터

대를 맞게 됩니다. 예술과 문학에선 고대 그리스의 정형을 추구하던 말 그대로 클래식한 고전주의와 중세 기독교 문명과 기사도 정신 같은 신비주의를 추구했던 낭만주의가 서로 주거니 받거니 하면서 말입니다. 이윽고 20세기 코앞인 1896년 고대 올림픽이 근대 올림픽으로 화려하게 부활하면서 서구 문명은 잃었던 고대 그리스의 모든 것을 되찾게 되었습니다.

## 서울 올림픽과 부산 엑스포

내년도인 2024년 파리 올림픽은 근대 올림픽으론 33회 대회이면서

전 세계에 대한민국과 서울을 알린 88서울 올림픽의 휘장

도시 파리로는 세 번째로 개최하는 대회가 됩니다. 앞서 그리스의 아테네는 2004년 28회 올림픽을 개최하며 1회 올림픽 이후 두 번을 개최한 도시에 이름을 올렸습니다. 이렇듯 올림픽의 개최 장소의 주체는 국가가 아니라 도시이기에 앞에 도시명이 붙습니다. 당연히 1924년부터 별도로 분리되어 시작된 동계올림픽도 마찬가지입니다. 1988년 24회 서울 하계올림픽과 2018년 23회 평창 동계올림픽은 우리나라가 개최한 것이 아니라 지자체인 서울과 평창이 개최한 것입니다. 하지만 개최의 주체는 그렇다 쳐도 올림픽의 유치와 개최엔 해당 국가의 역량이 총동원될 수밖에 없습니다. 아마와 프로의 구분이 전혀 없는 올림픽과 쌍벽인 축구의 월드컵은 개최의 주체를 국가로 하고 있습니다.

서울시는 현재 글로벌 도시의 위상에 맞게 올림픽을 두 번 개최한 도시에 이름을 올리려고 2036년 36회 하계올림픽의 개최 후보지로 출사표를 던진 상태입니다. 하지만 그 이전에 역시 또 도시가 주체가 되어 진행하는 세계적인 이벤트에 우리나라의 한 도시가 유력 개최

후보지로 이름을 올리고 있습니다. 요즘 언론과 광고에서 많이 보이는 2030년 부산 엑스포입니다. 그것은 등록박람회라 불리는 엑스포로 올림픽, 월드컵과 함께 세계 3대 이벤트로 분류되는 최상급 엑스포로 우리나라가 최초로 도전하고 있는 것입니다. 후보지는 올해 11월에 발표될 예정입니다. G8을 향해 세계로 도약하는 우리나라의 국운 상승을 위해서도 부산 엑스포 유치가 성공하기를 기원합니다. 그리고 그다음은 또 올림픽입니다.